ニクラス・ルーマン入門

社会システム理論とは何か

クリスティアン・ボルフ 著　庄司 信 訳

新泉社

NIKLAS LUHMANN
by Christian Borch

スザンヌに捧ぐ

第4章

近代社会の機能的分化

146

第5章

機能的分化の帰結

200

謝辞

著者が以前、公表した著作の転載を認めていただいたことに対し、下記の出版物および出版社に感謝申し上げる。

『ディスティンクション—スカンジナヴィア社会理論ジャーナル』誌には、「形式の中の形式—ルーマンとスペンサー＝ブラウン」からの転載を認めていただいた。［Christian Borch（2000）‘Former, der kommer i form—om Luhmann og Spencer-Brown’, *Distinktion: Scandinavian Journal of Social Theory* 1: 105-122.］

セイジ出版社には、「システミックな権力—ルーマン、フーコー、権力分析論」からの転載を認めていただいた。［Christian Borch（2005）‘Systemic Power: Luhmann, Foucault, and Analytics of Power’, *Acta Sociologica* 48(2): 155-167, Sage Publications.］

ザムフンズリテラトゥール出版社には、「ニクラス・ルーマン—メディアとしての業績」からの転載を認めていただいた。［Christian Borch（2006）‘Niklas Luhmann: Magt som medium’, pp.385-407 in Carsten Bagge Laustsen and Jesper Myrup（eds）*Magtens tœnkere: Politisk filosofi fra Machiavelli til Honneth*. Frederiksberg: Roskilde Universitetsforlag, Samfundslitteratur.］

凡例

・本書は、Christian Borch, *Niklas Luhmann*, Routledge, 2011. の全訳である。

・ルーマンの著作からの引用部分については英語原文を基本に訳出する方針をとったが、ドイツ語原文が参照できて英訳が必ずしも適切と思われない場合には、ドイツ語原文から訳出した。そのため、英語原文と本書を対照すると、異同があることをお断りしておく。また、ルーマンの原書の邦訳書がある場合でも、それと必ずしも完全には一致しないこともお断りしておく。

・原文のイタリック体の箇所は傍点を付した。

・山括弧〈 〉は、見た目のまぎらわしさをさけるため、あるいは、わかりやすさを意図して、訳者が補ったものである。

・原注は＊で、訳注は†で示し、巻末に各章ごとにまとめた。

ニクラス・ルーマン入門

社会システム理論とは何か

第1章

序論

社会の理論

社会的世界全体の複雑性を捉えるなどということは可能なのだろうか。気候変動に関する政治から、私たちがお気に入りのテーマを取り上げる際のその扱い方に至るまで、じつにさまざまな現象を説明するなどということはどうしたらできるのだろうか。社会学のたった一つの理論枠組みで、現代の科学と経済からブラジルの貧民街における排除のパターンに至るまで、あるいはまた、法的な決定から芸術家たちのコミュニケーションの仕方に至るまで、どんなことでも考え出すなどということは可能なことなのだろうか。多くの者はそのような試みは壮大すぎて無謀だと思うであろう。しかし、ドイツの社会学者ニクラス・ルーマンは、やってやれないことではないと考えたようである。彼は、一つの単純な分離、すなわちシステムとその環境との区別にもとづく、きわめて洗練された社会の理論を展開した。彼は、この根本的な分離を基礎に、世界の複雑性を把握するという冒険の旅に出たのであり、それを約七五冊の著書と五〇〇本の論文で追求しつづけた。

ルーマンは、ドイツのビーレフェルト大学の社会学者として仕事を行った。彼が同大学の教授に任命されたのは、同大学が設立されたばかりの一九六九年である。人口は今日およそ三三万人、ベルリンの西方約四〇〇キロメートルに位置するビーレフェルトは、ドイツの社会的および政治的風景の中心的場所にあるわけではないが、この町の大学は、設立以来ずっと社会学的思考を育むうえできわめて刺激的な環境を創造しつづけてきた。その魅力に引き付けられて、多くの著名な社会学者がこの町にやってきた。たとえば、ノルベルト・エリアスは、数年間、同大学社会学部の客員教授であった。同様に、カリン・クノール・ツェティーナは、ほぼ二〇年間ビーレフェルト大学の教授であった。ルーマンが彼の壮大な社会学プロジェクトを展開したのは、まさにこのような知的刺激に満ちた環境においてであった。

ルーマンはあるところで過去を振り返って、彼が一九六九年にビーレフェルト大学に着任した際、彼の研究プロジェクトに名前を付けるように要請されたと書いている。「私のプロジェクトは、当時もその後も、社会の理論と名付けられた。期間は三〇年、所要経費はゼロである」[1997a: 11]。ルーマンにとって、社会の理論とは、社会のすべての現象を説明することができる社会学理論のことである。この壮大な課題に、彼はその研究者としての生涯を捧げたのである。ルーマンの理論重視は、たまたまそうだったということではなく、彼が社会学という学問の中心的問題と見なしたことからの当然の帰結である。ルーマンは、綱領的文書の中でつぎのように書いている。

> 社会学は理論的危機に陥っている。経験的研究は、全般的には成功を収め、知識の増大をもたらしてきたが、社会学にとっての統一的理論を生み出すことはできなかった。経験科学である社会学は、現実から得られたデータにもとづいて、自らの言明の適否を吟味するという主張を放棄するわけにはいかない。それは、データが注ぎ込まれることになるボトルがどれほど古かろうが新しかろうが、そのこととは関係なく変わらないことである。しかし、この経験的検証の原則をもち出しても、それによって、固有の研究領域の独自性を説明したり、一個の学問としての統一性を説明したりすることはできない。この点については、あきらめ気分が広まってしまっているため、もはやそうした説明を

試みる者さえいない有り様である。

［Luhmann 1995g: xlv. 強調は引用者］

ルーマンはこうしたあきらめを受け入れることはできなかった。そこで、彼は、普遍的な社会学理論というアイディアを再活性化することに全精力を注ぎ込んだ。つまり、社会学が、近代社会をそのあらゆる側面で、従来よりも精密に記述することができるようになるような理論の構築を目指したのである。言うまでもなく、そのような統一的理論を創り出すことは、きわめて抽象的な企てであらざるをえず、それが気楽な旅でもあるかのようなことを、ルーマンは一言も言わなかった。さらに、右の引用に続くところで、この旅が、経験的データを満載していくような旅ではないことを、ルーマンははっきり述べている。まさにその反対で、彼はコックピットに座っているパイロットという比喩を用いて、この冒険の特徴を示そうとする。

私たちのフライトは雲の上を行く。空を覆う雲は相当厚いものと予想しなければならず、私たちは、さまざまな計器を頼りにするほかはない。ときおり地上を垣間見ることができるかもしれない。そこには私たちが慣れ親しんだものを思い起こさせる道路や町、川や海岸線が見えるであろう。あるいはまた、マルクス主義という死火山を含む、より広大な景色が垣間見えるかもしれない。しかし、いずれにしても私たちのフライトを誘導するためには、これらのわずかな目印だけで十分であるなどという幻想の犠牲になってはならない。

[1995g: ⅰ]

抽象的な理論化に対するこのような加担は、社会理論の分野におけるルーマンの独自の位置を示す第一の指標である。ルーマンは、たとえばフーコーのように、経験的仕事に没頭することはなかった。フーコーは、空高く飛行するパイロットというよりは、ときおり水面に浮上するマッコウクジラに喩えて、自分の仕事の特徴を述べている [Foucault 2003: 4]。たしかに、統一的な社会学理論に対する強固な信念は、C・ライト・ミルズによるタルコット・パーソンズの批判から、デュルケームからピエール・ブルデューまでの聖典化された社会学の伝統に対するブルーノ・ラトゥールの批判まで、猛烈な反論を呼び起こしてきた。言い方を変えれば、普遍的理論を展開するという課題に直面したとき、多くの者があきらめるだけでなく、かなりの数の社会学者が、その意義を否定するであろうということである。この点でルーマンは意見を異にし、新たな理論体系が提供されなければ、社会学の進歩はありえないと主張する。

あらゆる社会的現象を理解できると主張する理論が、容易に理解できるとは考えにくい。社会的世界の複雑性は、当然、理論の全体に反映されなければならないであろう。このことは、ルーマンの社会学にもあてはまる。しかし、ルーマンの場合、その複雑性は、彼が分析する社会的現象が多様であること（法、政治、科学、芸術、愛、経済等々）のたんなる反映ではない。それと同じくらい、彼の独特のアプローチの結果でもある。つまり、ルーマンは、エミール・デュルケームやマックス・ヴェーバーやタルコット・パーソンズが提示したような、古典的な社会学理論のたんなる再解釈を展開するよりも、生物学、哲学、数学、サイバネティクス、いわゆる一般システム理論など多様な分野の成果にもとづく理論枠組みを展開したのである。こうした多様な分野の成果は啓発的なものではあるが、各分野に精通している社会科学者はごくわずかしかおらず、それらを学際的に取り入れたことで、ルーマンの著作は、多くの社会学者が（正しく）感じているように、まったく理解できないとまでは言わないにせよきわめて難解、という性格を帯びるようになってしまった。しかし、まさにこの学際的なアプローチという土台があったからこそ、現代の社会学の基礎を根本的に刷新しようとしてルーマンが提起した最も知的刺激に満ちたアイディアのいくつかが誕生したのである。たとえば、ルーマンは主体概念を徹底して拒絶する。彼は、主体と客体という基本的区別にもとづいて論じるかわりに、システムと環境の分離を提案し、人間は社会の一部ではなく、社会の環境に属すると主張する。これ自体、人を怒らせるようなアイディアであるが、それ以上に人を唖然とさせるのではないかと思われるのが、ルーマンが、同時に、彼のシステム理論をコミュニケーション概念を中心に展開し、人間あるいは主体がコミュニケーションするのではなく、コミュニケーション自体がコミュニケーションするのだと主張する点である。

本書では、ルーマン社会学の複雑性のいくらかを解きほぐすことを試みる。目指すのは、たとえルーマンが用いている語彙が、最初は馴染みのないものであっても、実際にはわずかな中心的概念に習熟しさえすれば、社会的世界がそれまでとはまったく違った仕方で、つまり、社会学的システム理論の視点から観察したときに立ちあらわれる見え方で、見えはじめることを明らかにすることである。

本書の構成はつぎのとおりである。導入にあたるこの第1章では、まず最初に、ルーマンの伝記的側面に関わるいくつかの事項について、ルーマンの初期の理論的成果についての注釈も織り交ぜながら、手短に論じる。章の最後では、ルーマンの全著作を概観したとき、そこにいくつかの段階を確認できることを論じる。第2章では、ルーマンのシステム理論の基本的な構成について論じる。とりわけ彼の社会システムの概念について、作動において閉じており、オートポイエティックに組織されているとはどういうことなのか、また、社会システムはどのように心理システムから区別され、しかも密接に関係もしているのか、を見ていく。第3章では、ルーマンのいわゆる二次観察への転回を論じ、それが彼の理論展開にどのような認識論的影響をもたらしたのかを検討する。第4、5、6章では、近代性に対するルーマンの全般的診断、すなわち、近代社会の最も重要な特徴は、機能的に分化しているという性質にあるという診断の異なった側面を検討する。まず第4章では、この診断の要となる要素、すなわち、機能的に分化したシステムはどのように組織されているのかを示す。それを踏まえて、第5章では、機能的分化の含意を検討する。ここでの議論は、機能的分化という診断が含意する、近代社会の脱中心化をめぐってなされる。たとえば、エコロジカルな課題やリスクの問題に対処する社会の能力にとって、この脱中心化がどのような意味をもつかといったことが論じられる。この章ではまた、社会的分化の新たな様式でありうることをルーマンが論じている、〈包摂／排除〉の分化も取り上げる。第6章では、政治的な機能システムについて詳細に検討するとともに、ルーマンの権力概念について批判的に論じる。第4、5、6章で共通して試みているのは、機能的分化というルーマンの診断を支えている規範的指針を明らかにすることである。ルーマン自身は自分の理論が非規範的であると公言しているが、それとは裏腹に、機能的分化に関する彼の議論こそ、紛れもなく近代性を規範的に擁護している証拠である、ということを私は主張したいと思っている。この規範的擁護は、きわめてはっきりしている場合もあれば、偽りの姿であらわれることもある。最後の第7章では、私がルーマンの主要な業績と見なすものについて手短に述べるとともに、彼の仕事における主要な盲点のいくつかについても論じる。

私はルーマンに忠実に、しかし批判的に、ルーマン理論について論じることを目指す。教条的にはならずに、彼の主要なアイディアを正確に紹介するとともに、彼のシステム理論が提示するきわめて刺激的で思考を挑発する提案のいくつかを、より具体的なものにしてみるつもりである。しかし同時に、彼のパースペクティヴに異議を申し立て、私には議論の余地がある、あるいは問題だと思われる提案に光をあてたい。批判的反省は、本書のあらゆるところで行われるが、とりわけ最後の章で展開される。また、ルーマン理論の強みと弱みを理解するために、本書全体を通じて、他の重要な社会学者や社会理論家の仕事との関係についても言及するつもりである。

社会学的啓蒙

ニクラス・ルーマンは、一九二七年一二月八日、ドイツのリューネブルクで生まれた。したがって、ピエール・ブルデュー（一九三〇－二〇〇二）やユルゲン・ハーバーマス（一九二九年生まれ）といった現代の重要な社会学者たちと同じ世代に属する。ルーマンが若かった時期の伝記的事項で最も重要なのは、一五歳のときに、彼の意思に反して、ドイツ空軍に召集されたことである。ルーマンと彼の家族は、ナチ体制に断固反対であった。そして、全体主義の経験は、ルーマンの後の理論展開に、痛切な規範的影響を与えた。すなわち、ルーマンにとって、社会学の営みにおいて明確に非規範的立場をとることは一つの美徳であったが、現代社会が多くの自律的な機能システムに分化していることについては、つねに規範的に支持していた。なぜなら、この分化こそが、社会が全体主義へと頽廃することを防ぐ防波堤だからである。しかし、だからといってルーマンが誤った考えに囚われていたわけではない。つまり、社会の分化が、一切の害悪が生じないということを保証するわけではまったくないということはわかっていた。このことを、ルーマンは青年期の人格形成に関わるもう一つの経験から知った。それは、第二次世界大戦の末期に、ルーマンがアメリカ軍に捕えられたときの経験である。最初はナチ体制からの喜ばしい解放と思えたであろうことが、すぐに忌まわしい経験を追加するものであることが判明したのである。ルーマンは、戦争捕虜の扱いが、いかに国際協定に反するものであるかということを、まさに身をもって知ったのである [Luhmann in Horster 1997: 28]。この経験は、政治体制を評価する際には、「良い」とか「悪い」といった観念を軽々に用いるべきではないということをルーマンに教えた [Luhmann 1987a: 129]。

戦後、ルーマンは法律を学び、その後、行政機関で数年間働いた。仕事のかたわら、学問的関心を抱きつづけ、行政や組織に関する論文をいくつか発表した。奨学金をもらって一九六〇年から六一年にかけてハーバード大学のタルコット・パーソンズのところへ行くことができたことで、彼の学問的関心はいっそうふくらんだ。ルーマンは、ハーバードに留学する以前に社会学理論に精通していたが、パーソンズはルーマンが社会学的関心を深めるよう刺激を与え、さらに、パーソンズが提唱していた機能主義的アプローチを詳細に探究してみるよう促した。その成果は間もなくあらわれた。アメリカから帰国後に発表された最初の数本の論文では、社会学における機能主義のメリットが論じられている［Luhmann 1962; 1964］。

しかしながら、ルーマンとパーソンズの機能主義の理解には重大な違いがある。パーソンズが展開した包括的な構造－機能主義理論は、社会システムは一定の構造（共有された価値システムとパーソンズは呼んでいる）によって特徴づけられ、またいくつかの特定の機能を満たす場合にのみ維持されうると主張する。このようにシステムの維持に焦点をあてたことが、パーソンズの社会学プログラムは本来的に保守的であり、システムに起こりうる変化を適切に説明するものではない、という批判を呼び起こした。パーソンズとは対照的に、ルーマンは構造を議論の出発点にはしなかった。それどころか、彼のアプローチは機能を中心とするものであり、だからこそ（パーソンズ的な）構造論的な機能主義から機能主義的－構造論的システム理論への転換を実行すると主張したのであった［たとえばLuhmann 1967a］。より具体的に言えば、ルーマンにとっての主要点は、機能にパーソンズが与えた意義とは大幅に異なる意義を与えることであった。すなわち、ルーマンにとって機能主義とは、問題と解決策との間の可能な関係を探究し、それらを比較することを基本とするアプローチである。つまり、与えられた問題とその解決策との間の厳密な因果関係を問題にするよりも、機能的に等価な選択肢を探究するために、社会学は機能主義を用いることができるだろうと、ルーマンは主張する。たとえば、私たちは気候変動の問題は政治的解決を必要とする問題だと見なすことに慣れてしまっているが、ルーマンの機能主義的アプローチは、この問題を解決するための別のやり方——経済的、科学的、法的等々いかなる形のものであれ——がないのかを探究し、比較するように私たちを促す。このような意味で、機能的方法とは、社会的世界の新しい捉え方を提供しようとするものである。

ハーバード大学に留学したことで、ルーマンは研究者の道を歩みたいと思うようになった。そこで彼は一九六二年、行政機関を辞し、ドイツのシュパイアー行政大学院に職を得た。二年後、最初の主要著作『公式組織の機能とその派生的問題』を出版したが、これによってルーマンは、ドイツにおける組織論の第一人者として有名になった。彼の知的能力の高さは容易にわかったので、間もなく当時ドイツで最も影響力のあった社会学者の一人であるミュンスター大学のヘルムート・シェルスキー教授から声がかかった。シェルスキーがミュンスターから指揮を執っていたドルトムントの社会調査研究所の一員になって、一緒に仕事をしないかという誘いであった。さらに、シェルスキーはドイツの最も有名な社会学者の一人であったので、ビーレフェルト大学の設立にも深く関わっていた。とりわけ、ビーレフェルト大学にドイツで最初の社会学部が設けられることになったことに関しては、彼が重要な役割を果たした。ルーマンが一九六九年に教授に任命された学部こそ、この新しい学部であった。ルーマンは一九九三年に退官したが、一九九八年一一月六日に亡くなるまで、ビーレフェルト大学との密接な関係は続いていた。

ビーレフェルトに引っ越す少し前に、ルーマンは自らの研究の方向性を示す教授就任講演をミュンスター大学で行った。講演のタイトルは「社会学的啓蒙」[1967b] であり、ルーマンが、自分の社会学を、啓蒙の伝統に則ったものと考えていることを示唆していた。しかし、彼が主張したのは、現代の啓蒙の概念は、この語の古典的理解を脱して刷新されなければならないということであった。とりわけ強く主張したのは、今日、社会の複雑性はきわめて高いので、啓蒙の最も洗練された観念である理性に訴えても、それが社会問題の究極的解決をもたらすなどということはもはやありえないということである。理性への訴えに代わるアプローチとしてルーマンが提案するのは、社会学が、応用された啓蒙としてではなく、つまりあらゆる問題に対する万能の解答としての理性を促進するものとしてではなく、啓蒙の限界をも自覚している「円熟した啓蒙」[†1] として活動することである [1967b: 98]。

当然のごとく、この洗練された啓蒙の概念は、ルーマン自身のシステム理論のプログラムと関係していた。具体的には、ルーマンは、この啓蒙概念に、彼の初期の仕事の代名詞のようになってしまった決まり文句、つまり「複雑性の縮減」を結びつけた。ルーマンのあらゆる仕事の根底にあるこの世界観を何と呼ぶにせよ、社会的世界は巨大な複雑性を含んでいて、各社会システムはそれぞれのやり方でそれを縮減する、とルーマンは論じた。これは、事実上、社会システムの初期の定義をルーマンが提案したようなものであった。すなわち、システムとは、その環境の複雑性を縮減するものである。これこそが、経済や科学をそれぞれ社会システムとして語ることに意味がある理由である。たしかに経済も科学もそれら自体が極度に複雑である。にもかかわらず、それぞれが社会の複雑性を劇的に縮減するやり方を暗黙のうちに示しているのである。つまり、経済は社会的世界のひとつの景観を提示していて、その景観の中では社会的世界の複雑性は、支払い、利益率、資本等々の問題へと縮減されている。同様に、科学システムは、世界の複雑性を扱う（そして縮減する）ための理論と方法とを提案しているのである。ルーマンにとって、複雑性の縮減は、したがってまたシステムの形成は、不可欠にして不可避の出来事である、ということを強調しておくことは重要である。世界の複雑性は圧倒的なので、私たちは、何らかの仕方で複雑性を縮減する場合にのみ、有意味な生き方を達成することができるのである。社会学的システム理論が示すのは、まさにこれが事実であるということだけでなく、複雑性の縮減がどのように展開するのかということである。

ルーマンが、彼の啓蒙概念と結びつけたのが、この複雑性の縮減というアイディアであった。ルーマンの解釈では、啓蒙とはより多くの知識を集めることに関わるわけでもなければ、理性を奨励することに関わるわけでもなかった。実際、ルーマンは、そのような古典的な啓蒙理解は、たんなる知識の集積は複雑性を縮減するよりも増大させるであろうことを無視している、と論じている。ルーマンが念頭に置いているこうした啓蒙の限界の例として、今日、健康な生活を送るためにさまざまな提案がなされていることを取り上げてみよう。何を食べる（食べない）べきか、どのように振る舞う（振る舞わない）べきか等々について、さまざまな研究がつぎからつぎへと新しい提案をもたらす。こうした情報をすべて蓄積することは啓蒙の理想にかなったことだが、研究がもたらす新たな知見が相互に矛盾していることはよくあることである（あるときまで健康に良いと言われていた食べ物が、急に健康に良くないと言われるようになる）。このことが意味しているのは、知識の蓄積は、実際には、生活の指針を提供するよりも、複雑性の増大をもたらすということである。

ルーマンは、彼の機能主義的システム理論の方が優れていると信じていた。この理論装置が主張するのは、知識と理性を自己目的的に促進することよりも、どのように社会システムが「複雑性を把捉し縮減するための潜在能力を増大させる」［1967b: 123］かを理解すべきだということである。さらに、それぞれの社会システムは異なった仕方で複雑性を縮減するのだから、システム論的なものの見方は、単一の（大文字で表記される）理性は存在しないと本気で思っているということも含意している。それどころか、複雑性の縮減は、つねに偶発性——ルーマンのもうひとつの主要マントラ——によって特徴づけられる。すなわち、ルーマンが好んで用いる表現によれば、「必然でもなければ不可能でもない」［1998c: 45］ものとして特徴づけられる。世界を別様に理解しアプローチする（したがって複雑性を縮減する）仕方を考えることはつねに可能なのである。

偶発性の強調は、ルーマンの社会学的啓蒙のためのプログラムにおいても決定的な役割を果たしている機能主義的方法と密接に結びついている。潜在的なものと顕在的なものを区別することでルーマンが主張したのは、何らかの特定の文脈において複雑性を縮減する現行の（顕在的な）やり方のほかに、同様に利用可能な潜在的な（機能的に等価な）選択肢を指摘することができるということである。したがって、ルーマンにとって社会学的啓蒙とは結局のところ、この潜在的選択肢を顕在的にすることである。つまり、社会は所与の時代の所与の文脈における「真理」に服従する必要はなく、他の解決策がありうるということを示すことである。社会学者たちにそうした他の解決策を熟考し、比較し、反省するよう誘うのがシステム理論である。

ハーバーマスとの論争

ルーマンは、早い時期からドイツの社会学界の中で名の知れた人物となったが、それは必ずしも彼一人の力で成し遂げたことではなかった。つまり、彼が有名になったのは、部分的にはユルゲン・ハーバーマス――一九六〇年代と七〇年代の批判理論の代表的理論家――との有名な論争の効果であった。ルーマンとフランクフルト学派との曖昧な結びつきは、一九六〇年代の末に見られる（曖昧な、というのは、ルーマンの理論はフランクフルト学派の批判を基本とする立場とは明らかに対立しているのに、フランクフルト学派との出会いによって利益も得ているからである)。フランクフルト大学でストライキがあった時期、一九六八年から六九年にかけての短い期間であったが、ルーマンは、フランクフルト大学でセオドール・W・アドルノが占めていたポストについている。これは、少なくとも二つの点で興味深い。第一に、トマス・アンツ［2009］が言及しているように、アドルノとハーバーマスがはっきりと同意することなしに、ルーマンがアドルノの代わりとして招かれるなどということは、到底考えられない。これは、フランクフルト学派の人々が、自分たちの立場とはほとんど真逆と思える立場を真剣に受け止め、それと対決しようとする開かれた精神の持ち主であることの証拠であり、賞賛に値しよう。第二に、フランクフルト大学での在任期間はきわめて短かったが、その間、ルーマンは愛についてのゼミナールを開講し、ゼミナールの準備のために短い文章を書いている。この文章は、ルーマンの死後、二〇〇八年に公刊されたが［Luhmann 2008b］、その主要な考察はすでに何年も前から知られていた。一九八二年に出版された本『情熱としての愛』*1［1998a］において、精緻な考察が展開されていたからである。ここでとくに言及しておきたい興味深い点は、アンツが注目しているつぎのようなアイロニカルな事態——たぶんルーマンの方が意図的に行った——である。すなわち、愛についてのゼミナールを開講しているのが、つまらない保守的な機能主義を連想させる行政と組織の理論家ルーマンであり、同じ時期にハーバーマスが彼の学生たちに教授していたテーマが「組織と官僚制」であったという事態である［Anz 2009. またKluge 2009: 497-517およびPrecht 2009も参照］。

いずれにせよ、フランクフルトに滞在したことで、ルーマンは、当然ながら批判理論というローカルな環境に接することになった。このことがもたらしたことでおそらく最も重要なことは、彼自身が当事者となって行ったハーバーマスとの論争である。この論争は、一九七一年に二人が共同で出版した本において最高潮に達した。本のタイトルは『社会の理論か、それとも社会テクノロジーか——システム研究は何をもたらすのか』であった。

このタイトルは、両者の主要な争点を的確にあらわすものであった。ルーマンは、彼のシステム理論は社会についての新しい代替理論を提供するものだと強く信じていた。すなわち、社会的世界の複雑性を把握することができる理論である。ルーマンにとって、この理論枠組みは、社会学に革命を起こす可能性を秘めたものであった。これに対して、ハーバーマスには、システム理論に革命的な潜在能力があるなどとはまったく思えなかった。むしろその正反対であって、ハーバーマスの目から見ると、ルーマンの理論は一個の社会テクノロジーという性質を主とするものであった。すなわち、その基本的性格からして現存の秩序の、したがって現存の支配形式の、再生産に貢献するテクノクラート的な試みであった。言い換えれば、ハーバーマスには、ルーマンが社会に対する何らかの批判を表明しているとはとても思えなかったのである。それゆえに、システム理論は結局、既存の社会構造をイデオロギー的に防衛することになるとハーバーマスには思えたのである［Habermas 1971: 266-7］。ルーマンがシェルスキーから厚遇されたこと、ルーマンが探究していた機能主義的システム理論は、当時パーソンズという名前と結びついていたこと、これらの事実を思えば、このような批判がまったくの的外れだったとは言えない。シェルスキーもパーソンズも保守的な社会学者と見なされていたのであり、したがって、ルーマンがこの二人と親しい関係にあるということは、ルーマンも保守的な立場をとっているという印象を増幅することになった。

ルーマンは、自分のシステム理論が保守的なアプローチを体現しているという批判を受け入れなかった［Luhmann 1971b: 398-405］。ルーマンによれば、現在の社会のように急速に変化する社会においては、保守的な立場と進歩的な立場とをはっきりと区別することにもはや意味はない。一方で、そもそも社会が変化しやすいということは、あらゆる社会的領域を変化させてしまうほどの流動化を防ぐために、創意に富んだ工夫が求められるということである。換言すれば、構造を維持するためには、きわめて進歩的でなければならないということである。他方で、進歩的な理想が、そのときどきの社会秩序にもはや対応していない時代遅れの考えに依拠していることも少なくない。この挑発的な指摘は、もちろんハーバーマス陣営に向けられていた。ルーマンからすれば、ハーバーマス陣営は、批判的 - 進歩的大志を公然と掲げてはいるものの、本質的に保守的な思考の系譜を継承するものであった。たとえば、ハーバーマスが展開するような批判理論は、一種の「解放保守主義」の具体化であるとルーマンは主張する［Reese-Schäfer 1992: 142］。これは、抑圧的な社会構造から解放されるべきであり、かつ解放可能であるとされる主体の存在を当然の前提にしている解放という概念を、改めて疑問に付すものである。ルーマンにとって、このような解放の強調は、古くさい時代遅れの語彙を保持していることの証拠であった。社会的世界の複雑性はシステムと主体の対立へと縮減できるようなものではなく、社会的世界の複雑性を適切に理解しようと思うのであれば、そうした語彙はもはや相応しくない。ルーマンは、システムとその環境という区別こそが、そうした誤った考えを無効にする主導原理的な区別であると信じていた。

今述べた両者の対立は、おもに社会学の政治的役割に関わるが、それだけではない。それ以外の重要な違いもまた、両者の対立には反映している。たとえば、社会学的啓蒙に関する講演を行ったことで、人々は即座に、ルーマンは合理性の問題に取り組んでいると思った。そして、合理性はハーバーマスも積極的に取り組んでいるテーマであった。しかし、こうした事実は、かえって両者の間にある重大な違いを見えにくくしてしまった。際立った違いは、ハーバーマスが、理性には支配に対抗するという進歩的機能があると信じているのに対して、ルーマンはそのような信念を共有しなかったことである。[*2] 先に紹介したように、ルーマンは、理性による救済という申し立てに対しては批判的なアプローチをとり、それに代えて、修正された啓蒙概念（円熟した啓蒙）を提唱した。このことはさらに、ハーバーマスとルーマンの論述スタイル上の重大な違いにも光をあてる。ハーバーマスと批判理論家たちが、近代の資本主義社会とその抑圧的傾向に対する激しい批判を展開したのに対して、ルーマンははるかに冷徹な態度をとった。ルーマンが提唱したシステム、複雑性の縮減、機能主義等々の概念は、まさに積極的な政治的関与を鼓舞するものではなかった。その反対で、こうしたテクニカルな語彙は、ルーマンは人々が日々経験している苦しみや不正からかけ離れたテクノクラート的関心の虜になっているという批判に自ら手を貸すようなものであった。ある意味でこの批判は正しい。ルーマンは自らの理論化によって何らかの政治的運動が盛り上がるようなことは考えていなかった。ルーマンの野心はあくまでも科学的なものであり、より厳密に言えば、理論的なものであった。ルーマンからすれば不適切としか思えない理論的基盤にもとづいた規範的な政治プログラムを広めることよりも、理論を刷新することの方がはるかに重要だ、というのがルーマンの言い分である。

ルーマンが冷徹な理論的アプローチを優先し、経験的仕事よりも理論的仕事に携わることに重きを置いていることが如実にわかる叙述が、『エコロジーのコミュニケーション』の序文に見られる（第5章で改めて論じる）。

理論に主導される分析に対しては、いつでも「実践との結びつき」が欠けていると非難することが可能である。そうした分析は、誰かに処方箋を提示したりはしない。ただ実践を観察し、もしも人々が事を急ぐあまり修正を必要とする観念にもとづいて行為している場合には、いったいそれがどれほど役に立つのかと、折に触れて問うだけである。もちろん、修正を必要とする観念にもとづいて行為する場合でも何らかの有用な成果が得られる可能性は否定されない。しかし、そうだとしても理論には相変わらずつぎのような意義があるであろう。すなわち、よりよく統制された方法にもとづいて考えを構築するならば、有用な成果をもたらす可能性を高めることができる――とりわけ、無益な興奮をもたらす可能性を低めることができる、という意義である。

［1989a: xviii. 強調は引用者］

興奮した政治談議や安易な道徳的判断に流されることを一貫して拒否する、こうした冷徹さこそ、私たちがルーマンの仕事に、紛れもなくシニカルな（ルーマン本人は、「冷めた」と言うであろうが）態度を感じてしまう所以である。ルーマンの著作の大半は、こうした冷徹で、技術的-理論的で、非規範的な――しばしばアイロニーを利かせた――姿勢によって特徴づけられる。しかし、ごくまれにではあるが、いわば「らしくない」振る舞いも見られる。一つは、先に指摘したように、現代社会の機能的分化を熱心に擁護したことである。ルーマンはこの分化を全体主義に対する防波堤と見なしていたのであり、ハーバーマスと同じように全体主義は是が非でも回避しなければならないと思っていた。比較的暖かな心と積極的関与を感じさせるアプローチのもう一つの例は、一九九〇年代に入ってから展開された包摂と排除の議論である。この議論においてルーマンは、ブラジルの貧民街に関する個人的経験を踏まえて、〈包摂／排除〉が、将来、社会の新たな主要な差異になっていくかもしれないという懸念を表明した。この懸念が本気である証拠に、ルーマンはこの問題への対処の仕方として考えられる方策をいくつか挙げているほどである。ルーマンの〈包摂／排除〉に関する考察と、いずれにしても見えにくいルーマンの規範的性格に関しては、後の章で改めて論じる。

ルーマンとハーバーマスの論争のピークは一九七〇年代だったかもしれないが、程度の差こそあれ両者の論争はルーマンが一九九八年に亡くなるまで続いた。ハーバーマスにとって、ルーマンのシステム理論は真剣に受け止めるべき理論でありつづけたが、社会を批判する可能性を与えてくれるものではなかった。ルーマンに関するそうした批判的分析の一例は、ハーバーマスの『近代の哲学的ディスクルス』に見られる［Habermas 1987］。同書は、ヘーゲルとニーチェから、アドルノとホルクハイマーを経て、フーコーとルーマンに至るまで、主だった社会思想家たちを取り上げ、ハーバーマスの独自の解釈を提示したものであり、重要な著作である。ルーマンに関する章において、ハーバーマスは、ルーマンの理論（とくに一九八〇年代に展開された理論）によれば、近代社会は多くの機能システムに分化し、そのいずれもが固有の論理と合理性に従っていて、社会のどこにも中心がない、と的確に捉えている。そのような社会にはすべてを包括するような合理性はない。あるのは各システムに特有の合理性だけである。しかし、とハーバーマスは言う。「近代社会には合理的アイデンティティを形成する可能性がまったくないとすれば」、つまり、合理性の相互主観的な共通形式に訴えることができないとすれば、「私たちには、近代性を批判するいかなる拠り所もないことになる」[1987: 374]。違った言い方をすれば、ハーバーマスからすれば、ルーマンのシステム理論には保守的傾向があるということである。

ルーマンの方に目を転ずれば、一九八〇年代と九〇年代を通して、ハーバーマス的な展望に対する批判は、しばしば皮肉を言うという形でなされた。しかし、ハーバーマスの立場と対比することで、より洗練された言葉づかいで自らの仕事を位置づけることもあった。一例は、ルーマンの一九九一年の論文「批判的社会学の終わり」である。ソビエト共産主義体制が崩壊した直後に発表されたこの論文においてルーマンは、ハーバーマスの批判的プロジェクトに対する根本的な批判を提示した。この批判は、共産主義の崩壊を、ハーバーマスの左翼的プロジェクトの足元をすくうための材料として利用するようなものではなかった。政治的出来事から、直接そのような社会学的含意を導き出すなどということは誰にもできないとルーマンは警告する[1991: 147]。彼のハーバーマスに対する攻撃は、そんな類のものではなく、存在論的および認識論的問題に関するものであった。ルーマンは述べる。批判理論は、つねに何でも知っているかのような傲慢な態度をとってきた。つまり、自分たちは、ほかの社会学者や「普通の」人々が行う社会的現実の観察よりも、より真実を捉える仕方で社会的現実を記述できると信じている（虚偽意識という古い概念はその証拠）。

ルーマンによれば、現実へのこうしたアプローチの仕方は、彼の用語で言えば、一次観察に等しい。つまり、世界とは何であるかということについての一種の（存在論的）観察である。ルーマンは、社会批判のためのベンチマークとなるような「真の」社会像を手に入れられるという考えに、ほとんど共感しない。存在論的観察はどのようなものであれ、異議を唱えることが可能であるとルーマンは考える。[*3] こうした理由から、ルーマンは、一次観察から二次観察への転換を提唱する。つまり、他の観察者（たとえば批判的社会学者）がどのように観察するかを観察することである。ルーマンによれば、これによって存在論から認識論への転換がもたらされる（第3章でよりくわしく検討する）。今、論じていることとの関係でより重要なのは、この転換が、批判概念の根本的変更を含意していることである。すなわち、社会的世界の成り立ちはかくかくしかじかであるということから出発して、そういう社会は非正統的である、不公正である、抑圧的である等々と批判可能であると考えるよりも、観察者たちが社会の成り立ちをどのように観察しているのかを批判的に観察することをルーマンは推奨する。ハーバーマスであれば、このような変更は、やはりルーマンの理論には社会を批判する能力がないことを示すもう一つの証拠だと見なすであろうが、ルーマンは、この変更を、社会的現実に対するアプローチとして、はるかに適切で洗練されたやり方だと賛美することだろう。社会の「実態」はこうであるというふうに何らかの社会構造を批判する代わりに、二次観察のパースペクティヴが必要なことと見なすのは、社会問題や重大事とされることがどのように構成されるのか、その構成のされ方を評価することである。

この二次観察への移行は、フランクフルト学派の意義をめぐって開催された大会においてルーマンが行った論争的講演の背景にもなっている。その講演は「あなたが見ないものを私は見る」という題で活字化された[Luhmann 2002g]。このテキストにおいて、フランクフルト学派の人々が行っている観察に対する二次観察による分析がなされている。その分析結果は破壊的なものであった。ハーバーマスとその同僚たちが近代社会を観察するために用いている諸観念は、啓蒙主義とフランス革命に由来するものであり、「明らかに有効期限を過ぎている」とルーマンは断じた[Luhmann 2002g: 192]。言い方を変えれば、フランクフルト学派は、社会が近代的な構成へと生まれ変わりつつあった時代にさかのぼる語彙を使用しているということである。現代社会をそのような古い(そして、ルーマンから見れば、時代遅れの)用語にもとづいて記述するならば、その成果は不適切なものでしかありえない。したがって、近代社会をもっと現代的で適切な用語で記述できるような概念装置を、どこか別のところで見いだされなければならない。その有力な候補が社会学的なシステム理論である、とルーマンは考えていた。

ハーバーマスの理論に対する論評はこれだけにとどまらないが、いずれにせよこうした論評は、ルーマンが自分の理論にますます自信を深めつつあったことの証拠である。一九七〇年代、ルーマンはもっぱら防衛的立場に立たされていたが、一九八〇年代後半以降は、そうではなくなったように見える。実際、一九七〇年代における論争においてはハーバーマスが優勢という受け止め方が一般的であったが、情勢は次第に変化した。重大な転機は、一九八四年に出版された『社会システム』（同名の英訳は一九九五年刊行。邦題『社会システム理論』、以下邦題で表記）でルーマンが発表した理論プログラムであった。ルーマンは同書を、社会学におけるパラダイム転換を示すものと考えていた。たしかに、同書は新鮮な展望を開示し、ドイツの多くの学者はそれを肯定的に受け止め、理論的討議のための新たなスタートと見なした。その成り行きをハンス－ゲオルク・メラーはつぎのように書いている。「いささか弁証法的な潮流の転換の中で、ハーバーマス的な社会理論が、年老いた左翼知識人たちの、すでに名声を確立した信仰体系と化したのに対して、ルーマンの理論は、今や革新的で前衛的なアプローチをとるものと見なされるようになった」[Moeller 2006: 188]。もし進歩的か保守的かという区別を受け入れるならば、一九七〇年代に保守的な理論家と断定されていたルーマンが、今や進歩的な理論家と見なされるようになったのである。

ハーバーマスとの対決は、ルーマンの理論が直ちに認知されるという事態をもたらしたが、それは、あのハーバーマスがルーマンのシステム理論を批判するために時間を費やすということは、この理論がまさに論争に値する理論であることの証拠だ、と人々が受け止めたということであった。しかし、たとえ両陣営がたいていは冷静な態度を堅持し、相互に相手の議論に敬意を表していたとしても、そのことは、理論の実質的なところで何らかの一致点があったということではない。両者の立場の対立は強固であったし、強固でありつづけた。それでも、ルーマンは、一九七〇年代のアカデミックな世界に自らを位置づけるために、この対立を利用することができたし、実際利用した。その後、ルーマンは、ハーバーマス以外の立場との対比で、とくにフランスの哲学者ジャック・デリダの立場との対比で、自らの社会学理論を位置づけることにより大きな関心を抱くようになった。この点については、以下において、および第3章において、改めて取り上げる。

ルーマンの著作――段階と評価

本章の冒頭で、ルーマンの驚異的な理論活動に言及したが、実際その生産力は伝説的である。彼がその生産力を維持するために用いたおもな技術的手段の一つであるカード・ファイル・システム、いわゆる〈カードボックス〉はとりわけ有名である。ルーマンがこのカード・ファイル・システムを用いて仕事を始めたのは一九五〇年代初めであり、このシステムは彼の生涯を通じて膨張しつづけた。このシステムの意図するところを簡単に述べれば、数字を付すことで明確に識別できる紙のファイルにさまざまなアイディアを書きとめるということである。書きとめられるアイディアは、多くの場合、読書によって――たとえば、ルーマンがパーソンズの著作を読むことで――得られた。いずれのファイルもほかのファイルの参照を指示することが可能なので、参照指示が一直線的でなく縦横無尽になされたシステムができあがった。ルーマンは、何らかのテーマについての論文や本の章の準備に取りかかるとき、当該テーマに関わるすべてのカード・ファイルをずらっと並べ、それを一定の順序で並べては、それをまた考え直すということをよくやっていた。カード・ファイルを新奇に組み合わせることで新たな相互参照の連関が見えてきて、それが当該テーマに関する新たなアプローチをもたらすのである。ルーマンは、カード・ファイルの新たな組み合わせが、どのように創造性の新たなレベルをもたらすかということについても記述している［1987a: 142-5; 1992a］。多かれ少なかれカード・ファイルにもとづいて書かれる論文や章は、そうしたレベルで書かれたということである。驚くべきことに、ルーマンが他界した後も数冊の本が出版されたことで、彼の驚異的な生産力は死後まで持続したことになるが、そのような桁外れの生産力をルーマンが維持することができたのは、まさにこの作業方法のおかげである。死後出版は、かつてのルーマンの同僚で、ルーマンが残した草稿を編集した者たちによってなされた。

ルーマンの膨大な社会学の著作の中に、いくつかの段階を区別することは可能である。よくなされるのは、ルーマンの著作を二つの主要な部分に分けることである［たとえばKneer and Nassehi 1993: 34］。第一段階は、機能主義という概念と結びついている時期で、彼の最初期の著作から、一九八四年に『社会システム理論』で大きな注目を集めるまでの時期である。『社会システム理論』は第二段階の始まりを告げる著作であるが、この段階と結びついている概念はオートポイエーシスであり、この段階の始まりを特徴づけているのは、基礎的な社会的事実としてコミュニケーションに第一義的重要性を認めるようになったことである。

ルーマン自身、彼の著作をこの二つの主要部分へ分割することを積極的に肯定するような発言や記述をしている。たとえば、『社会システム理論』は、社会の理論がどのように構成されるべきかということについての新しい考え方の最初の礎石を置いたという意味で、彼の理論的活動のゼロ地点であるとルーマンは主張している［Luhmann in Horster 1997: 42; Luhmann 1987a: 142］。追加的な建築ブロックは後からぞくぞく登場することになった——とりわけ個々の機能システム（経済、法、科学、芸術、政治、宗教等々）に関する本のシリーズという形で——が、その基礎的な枠組みを設定したのは『社会システム理論』だというのである。

このように、ルーマンの著作を機能主義の段階とオートポイエーシスの段階に分割することにはお墨付きが与えられているわけだが、他方でこの分割は一九八四年以降に公表された著作の内部で、何点か複雑な変化が起こっていることを覆い隠す。したがって、私は、ルーマンの著作を十全に理解するために、第三の段階について語ることが有意義であると主張したい。つまり、『社会システム理論』の後に公表された著作を綿密に検討してみると、オートポイエーシスという一般的枠組みは維持しつつも、一九八〇年代後半以降、彼の理論が新しい方向に向かったことは明らかである。この時期、彼はますます観察という概念に関心を抱くようになり、この概念を核とするまったく新しい語彙を発展させた。この新しい関心によって、認識論的問題が重視されるようになったが、ルーマンはこうした関心の一環として、古い理論的概念を観察に関連する術語で言い換えていった。本書ではもっぱら一九八〇年代と九〇年代の著作に注目するが、それはルーマンが最重要社会学者の一人であることを最も強く決定づけているのが、この時期の著作だからである。

ルーマンの思考の中にいくつかの段階を確認することができるにせよ、いくつかの重要な連続性も存在する。ひとつは知識社会学に属する歴史的研究についての関心である。その成果は、『社会構造とゼマンティク』というタイトルのシリーズ本として出版された。この研究のねらいは、社会が自己を記述するために用いる語彙あるいはゼマンティクの探究である。より正確に言えば、ルーマンがこの分野の研究で関心をもっていたのは、第一義的な分化様式によって定義される社会構造が、どのように特定のゼマンティクをもっともなものとして通用させるのかということである。とりわけ、伝統的な(成層的/ヒエラルヒー的に分化した)社会から近代的な(機能的に分化した)社会への転換が、ゼマンティクに関してどのような変化をもたらしたかをルーマンは分析しようとした。かつてこの知識社会学について概略を示した際に、ルーマンはつぎのように書いている。

このプロジェクトは、社会または時代を記述するために使われる基本的なゼマンティクの用語は一八世紀の後半期に根本的な変化をこうむった、という仮定から出発する。同一でありつづけた単語でさえ新たな意味を帯びるようになった。しかし、歴史家たちは、こうした変化の理由を説明してこなかった。たしかにそういう変化が起こったということをたんに確認してきただけである。

[1998a: 2]

ルーマンは、歴史家たちが説明し損ねたことを理解し、それを記述したかったのであり、実際に詳細な——そして目先を変えるために——経験的な研究でそれを実行した。このプロジェクトの第一巻が出版されたのは一九八〇年であり、最後の第四巻は一九九五年に登場した。形の上ではこのシリーズの一冊ではないが、ルーマンの「情熱としての愛」に関する本[1998a]も、知識社会学のプロジェクトに含まれる。この本は、愛のゼマンティクの展開を記述したものであり、近代の機能的に分化した社会への移行が、どのように親密なコミュニケーションの新たな形式をもたらしたかを具体的に述べている。

もうひとつのシリーズ本のタイトルは『社会学的啓蒙』であり、ルーマンの研究者人生のほぼ全期間にわたって出版されつづけた。全部で六巻からなり、いずれの巻もすでにほかのところで発表された論文を中心に構成されている。シリーズのタイトルには一九六七年の教授就任講演の演題が採用されているが、それぞれの巻は特定のテーマ（機能的分化とか構築主義など）に焦点をあてており、綱領的な就任講演とは間接的にしかつながっていない。また、それぞれのテーマについて、ルーマンの社会学理論の発展を反映するように各巻の編成が行われている。最後に、以上のものにくらべて他者との共同研究という性格の強いシリーズ本が、一九八〇年代の初頭から登場する。それは、カール・エーバーハルト・ショールと共同で行われた、システム理論の立場からの教育学の研究である。

これらのシリーズに加えて、ルーマンはあらゆる種類のテーマ（権力、信頼、組織、リスク等々）について、膨大な数の本と論文を書いている。それらの著作は特定のシリーズに分類できるものではないが、いずれもルーマンの壮大なプログラム、すなわち社会のグランド・セオリーを展開するというプログラムの一部を構成している。社会のグランド・セオリーを展開するという大目標は、とりわけ彼の研究者人生の第二、三段階の時期に出版された一連の本によって追求された。この系列の本の引き金となったのは『社会システム理論』である。すなわち、同書の出版後、社会の各サブシステムを扱った本が続々と出版された。これらの本のタイトルは、共通のプロジェクトとの結びつきを雄弁に物語っている。『社会の経済』〔1988b〕、『社会の科学』〔1990a〕、『社会の法』〔1993a〕、『社会の芸術』〔1995a〕、そして死後出版された『社会の政治』〔2000b〕、『社会の宗教』〔2000c〕、『社会の教育システム』〔2002b〕。集大成ともいうべきは、二巻からなる主著『社会の社会』〔1997a〕である。

これまで英訳されているのは、ルーマンの全著作のうちのほんの一部だけである〔邦訳については巻末「参考文献」参照〕。翻訳された本と論文は一応ルーマンの理論活動の全段階をカバーしており、したがってルーマンの研究関心について偏りのない像を提供しているが、それでも公平に見て、ルーマンの著作が、多くの人々が受けるに値すると思っているほどの大きな注目を英語圏で集めているとは言いがたい。そこで、この序論の最後に、ルーマン社会学理論の受容に関して少し言及したい。

社会のグランド・セオリーを提供するという目標を含めて（グランド・セオリーの展開はドイツの得意分野と言えなくもないが）、ルーマンの確固不抜な理論的野心に魅力を感じているのが、おもに彼と同じように理論的志向の強い人々であることは疑いをいれない。したがって、これまでの受容のされ方も、もっぱらルーマンの理論的発展の道筋に沿うものであった。ゼマンティクの研究を除けば、ルーマンは体系だった経験的分析をほとんど行っていない。少なくとも古典的なやり方（聞き取り調査、エスノグラフィックな研究、アンケート調査等々）によるものはない。しかし、それはたんにルーマンの好みの反映であって、システム理論を経験的研究に応用することができないということを意味するわけではなかった。したがって、近年はルーマンの著作に依拠した経験的研究も多数登場してきている［たとえばAndersen 2008; 2009; Højlund 2009］。

すでに言及したように、ルーマンの膨大な著作には、政治、法、愛、教育、芸術、科学、宗教、組織等々の分析が含まれている。このことは、システム理論が、社会学においてだけでなく、社会学以外の分野でも受容されることに貢献した。ルーマンの著作がとりわけ議論されてきたのは、法理論、政治学、組織研究、美学理論、教育研究の分野である[*4]。地理的観点から見ると、スカンジナビア諸国やオランダやイタリアで、そしてチリでも、ルーマンに対する強い関心が見られるものの、実際に議論がなされているのは大半がドイツ語圏のようである。興味深いことに、英語圏の国々では、これまでのところ、比較的わずかな議論しか起こっていない。しかもイギリス以上にアメリカでは少ない。さらに、アメリカではルーマンの著作が、社会学のスタンダード理論の一つとは見なされておらず、もっぱら法学科やドイツ語学科や文学科で関心を呼んでいる。

こうした受容パターンは、ルーマンが対話の相手に関して行った戦略的選択と関係しているに違いないと思う人もいるであろう。ルーマンは、一九七〇年代にはハーバーマスを著名な論争相手としていたが、次第にデリダおよびデリダが喚起した脱構築についての関心との関係で自らを位置づけるようになっていった。ヨーロッパ大陸の多くの社会理論家にとって、一九八〇年代および九〇年代の理論的テーマを設定したのは、どちらかと言えばハーバーマスよりはデリダであった。したがって戦略的観点からは、自分の著作とデリダの著作との関係を論じ、システム理論と脱構築の共通点を宣伝することは、ルーマンにとって大いに意味があったはずである。ところが、ヨーロッパの多くの社会学科ではデリダが本格的に取り上げられたのに対して、アメリカでは事情がだいぶ違っていた。つまり、アメリカでは脱構築はもっぱら文学科で議論されたのである。したがって、パーソンズ以来、アメリカの社会学の世界ではいっこうに人気のないグランド・セオリーの追求という点に加えて、デリダとの関係で自らの理論の位置づけを行ったことが、図らずもアメリカの社会学者の間でルーマンの著作が積極的かつ包括的に受容されることを妨げることになったと言ってよいであろう。しかし、それが現実であるにせよ、そうした受容のいかんにかかわらず、私が本書で示したいと思っているように、ルーマンは、社会についての複雑ではあるが非常に興味をそそる見方を提示している。それは、それが提示するさまざまな分析の点でも、また既存の社会学的思考に対して提起する疑問の点でも、真剣に取り組むべきものである。

第2章

社会システム

「以下の考察は、システムは存在するということを想定している」[†1]。ルーマンの『社会システム理論』[1995g: 12] 第1章の有名な書き出しの文である。この文は、「システムは存在すると仮定せよ」というふうにも読まれてきたのであろうが、この文が示唆しているのは、ルーマンの社会学理論の全展開の引き金を引く単純な操作である。すなわち、世界を二つに、つまりシステムとその環境に、区切るという操作である。この分離は一見、無邪気な出発点に見えるが、その含意は、これから本章で論じるように決して単純ではない。システムと環境の区別が含意することを吟味することで、ルーマンは、たとえば社会の新しい、そして驚くべき見方に到達する。社会学者は、しばしば以下の仮定のうちのいくつかを、暗黙にであれ明示的にであれ、採用しているとルーマンは述べる［1997a: 24-5］。

1．社会は、個々の人間および人間相互の諸関係から成り立っている。
2．したがって、社会は人々の間での合意、意見の一致、各人の目標の相補性によって成り立っている。少なくともそれらによって統合されている。
3．それぞれの社会は特定の地域に一定の領土を有するひとつのまとまりである。たとえば、ブラジルはタイとは違う社会であり、アメリカ合衆国はロシアと違う社会であり、とすれば、たぶんウルグアイもパラグアイとは違う社会であろう。
4．したがって、それぞれの社会は人々の集まりとして、あるいは領土として、外部から観察可能である。

［以下の英訳より引用。Moeller 2006: 229-30］

しかし、これらの仮定は、人を惑わすような社会の見方に通じるとルーマンは主張する［1997a: 32; Luhmann in Moeller 2006: 236］。たとえば、社会を構成するものとして人間[†2]を強調することは、領土によって社会を定義することが中身がなさすぎるのと同様に（グローバル化した世界において特定の地域に限定されたものとしてそれぞれの社会を区別することにどれほど意味があるのだろうか）、社会の概念としては多くのことを含意しすぎる（いかなる意味で私の左足は社会の一部なのであろうか）。人間から社会システムへ焦点を移すことで、まったく新しい（そしてより適切な）社会および社会的なものの概念が見えてくる。*1 だが、社会システムとは何であり、どのように作動するのであろうか。そして、この社会システムという考え方を基礎にすれば、どのような社会の概念が浮上してくるのであろうか。

システムとは何か

この問いに答えるためには、ルーマンが彼の社会システムに関する社会学的分析を、通常、一般システム理論という名称で呼ばれているより広い理論枠組みの中に位置づけていることに注目することが有益である。一般理論という構想が示すように、一般システム理論が目指すのは、それぞれのシステムの個別具体的な形式とは無関係に、さまざまなシステムの一般的特徴（どのように機能し、作動するのか）を説明することである。ルーマンは自らの著作において、一般システム理論から多数の知見を取り入れており、とりわけ重要なものについては以下で論じる。同時に、ルーマンの主要な関心は、システム一般がどのように機能するかという点にはなく、社会システムがどのように作動するかという点にある。それゆえ、ルーマンは、下位区分として、すべてのシステムに共通する特徴に加えて、それぞれに特有の性質をもついくつかの類型を区別する。ルーマンが提案するのは、以下の図のような分類である［次頁、図2・1参照］。

社会学者であるルーマンは、生命システム（たとえば、細胞や免疫システム）がどのように作動するのかということに関心はない。同様に、心理システムそれ自体のためにその構成に関心をもつことはなく、あくまでも心理システムがどのように社会システムの重要な環境を形成しているかということに関心があるだけである（社会システムと心理システムとの関係についてよりくわしくは以下で論じる）。しかし、ここまでの説明では、肝心の問いにはまだ何も答えていない。システムとは、より具体的には、何か。そして、社会システムという特殊な類型はどのように特徴づけられるか、という問いである。

第一に、まずはシステムがその環境から区別されなければならないということを認めなければ、私たちはシステムについて語ることはできない、とルーマンは主張する。この最初の区別がなされなければ、システムはありえない。システムがその統一性を獲得し、独力で作動できるのは、あくまでもこの区別にもとづいてである。たとえば、ある団体をその環境から区別できなければ、その団体について語ることはできない。あらゆるものがそれ以外のすべてのものと渾然一体となっていて、明確な境界を確定できなければ、そこにシステムは存在しない。存在論の言葉づかいで表現すれば、システムとはその環境との区別そのもので「ある」［Luhmann 2002a: 66］。

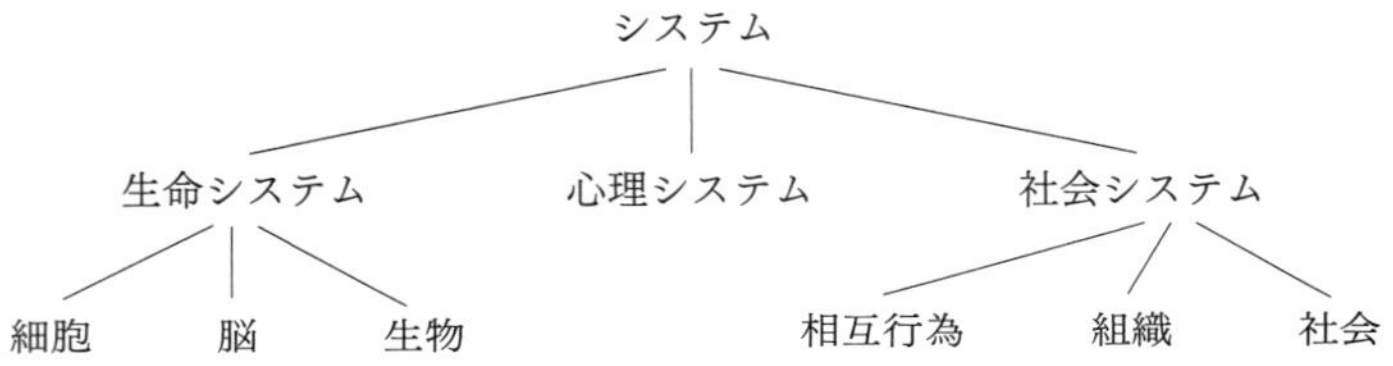

図 2.1　システムの類型区分
（Luhmann 1990a: 2; 1995g: 2 より）

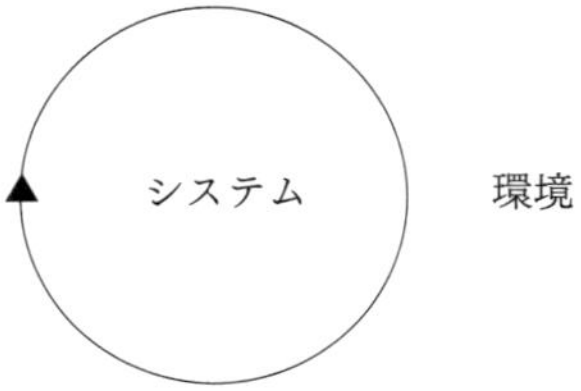

図 2.2　システムと環境

以上のことから導き出されることは、システムはその環境と特別な関係にあるということである。システムは環境から区別されるが、同時に環境なしには存在できない。[*2] しかし、システムと環境が区別されるということは、システム内部の構成に関して言えば、つぎのことも含意している。すなわち、システムは、自己を環境から区別できるために環境を必要としているにせよ、システム内で生じるすべてのことは、システム自身の事柄であり、あくまでもシステムの境界内でのみ起こることである［前頁、図2・2参照］。

身近な例を挙げるならば、パンク信奉者の集団は自らを（伝統や体制に順応的な）環境から区別するシステムを構成していると見なしてよいかもしれない。パンク信奉者たちのシステム的性格を成り立たせているのは、彼らの独自のライフスタイルやセンスや態度などであり、それらは集団の内部で生み出され、再生産されている。もしもパンク信奉者たちが、自分たち以外の社会との差異を維持できないならば、彼らはもはやシステムではありえないであろう。これはすべてのシステムにあてはまることである。システムが存在するのは、自らをその環境から区別できるかぎりにおいてのみである。

システムと環境の区別には、これ以外にも重要な含意がある。たとえば、システムはその環境に依存しているが、同様に環境はシステムに応じた特有なものである。これは、各システムは、環境それ自身の環境を基盤として出現するという主張からの当然の帰結である。したがって、環境は「すべてのシステムごとに異なっている。なぜなら、各システムは、自分自身だけをその環境から排除するからである」[1995g: 17]。それゆえ、パンク信奉者たちのシステムにとっての環境は、ワインの熱狂的愛好者たちのシステムのそれとは異なっている。

さらに、システムと環境の区別は、環境はシステムではない、ということも含意する。これは決して取るに足りない言明ではない。むしろ、「環境は自己反省を行わないし行為能力もない」、これらはシステムにのみ認められる能力である[1995g: 17]、という中心的主張に関わる重要な言明である。この中心的主張は、あらゆる種類の行為をシステムが環境に帰属させることを否定するものではない。たとえば、パンク信奉者は、反体制的であることが必要なのは、パンクを支持しない奴らが体制順応的に振る舞うからだ、と主張するかもしれない。しかし、これはあくまでもシステムが帰属させるのであって、環境が行うことではない。

最後に、システムと環境の区別を、システムとその環境内のシステムとの区別と一緒にしないことが決定的に重要である。要するに、〈システム／環境〉関係と〈システム／システム〉関係とを混同してはならないということである。すべてのシステムはその環境から区別されるが、この環境には別のシステムが含まれていることがある。そして、社会的世界こそは、きわめて多様なシステムから成り立っており、しかも多くのシステムがさまざまな仕方で相互に関係している、とルーマンは言う。とは言え、これらのシステムの境界はそれぞれ別々なので、いずれのシステムも、他のシステムがどのように作動し、それぞれに特有の環境とどのように関係するのかを、決定することはできない。システム相互の関係については後で改めて検討するが、その前に、ルーマンが、作動における閉鎖、自己組織、オートポイエーシス、自己言及等の概念によって分析する、システムの内的構成について理解することが重要である。

作動における閉鎖と自己組織

きわめて一般的に規定するならば、システムとは、その要素が一定の仕方で相互に関係している存在である [Kneer and Nassehi 1993: 17-18]。しかし、それでは要素を構成するのは何であり、要素同士の結びつきをどのように記述すればよいのだろうか。前掲のシステムの類型区分 [図2・1] を踏まえて、ルーマンは、生命システムは生命を焦点とする作動によって特徴づけられ、心理システムの作動は意識によって成り立っているのに対して、社会システムを特徴づけるのは、コミュニケーションが社会システムに特有の作動であることである、と主張する [次頁、図2・3参照]。

システム間の境界のおかげで、あるシステムの作動が別のシステムにそのまま伝わることはありえない。たとえば、社会システムが、突然、免疫システムに由来する作動を取り込むなどということはない。もちろん、社会システムは、生物がどのように活動するかということについて議

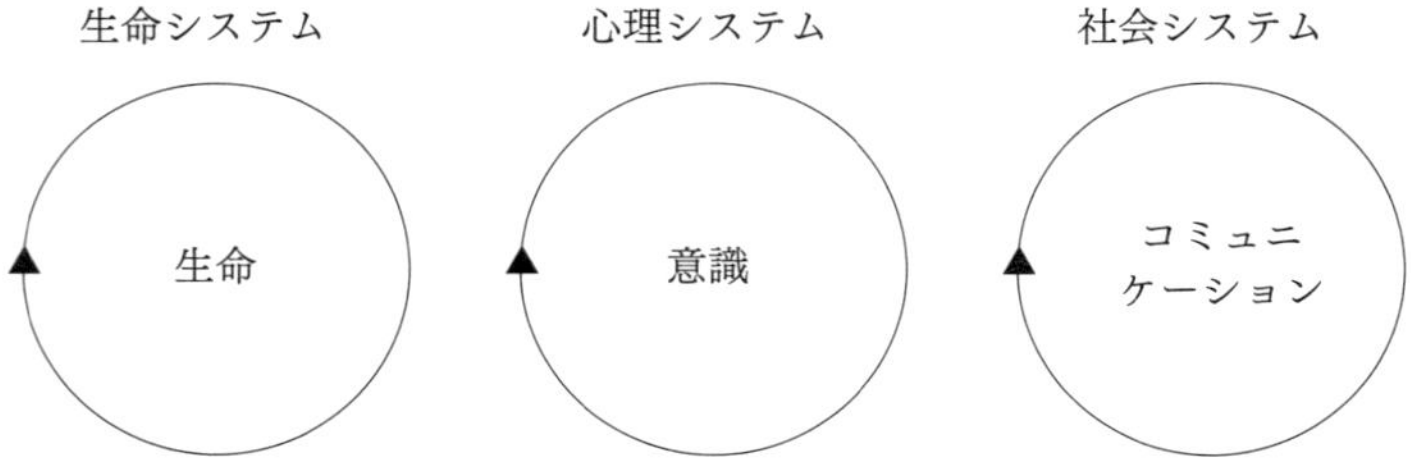

図 2.3　システムの作動
（Luhmann 1990a: 2; 1995g: 2 より）

論するために、それ自身の作動、つまりコミュニケーションを用いることはできる。こうした事情は、同種の一般的作動を用いるシステム同士の場合も基本的に同じである。たとえば、あらゆる社会システムにとってコミュニケーションが不可欠の作動だとしても、いかなる社会システムも、他の社会システムの作動に干渉することはできない。これは、いかなるシステムも自己の境界をまたぎ越えることはできないということの別表現である。システムの外部の作動を取り込むことができないということは、いわゆるシステムの作動における閉鎖からの必然的帰結である。いかなるシステムも、各システム固有の作動にもとづいて閉じている。たとえば、科学はその要素を特有のやり方で結びつけることで、作動において独自の社会システムを構成している、とルーマンは論じる。具体的には、科学システムは、何が真であり何が偽であるかに関するコミュニケーションを用いて作動し、いかなる場合にある言明が真または偽と見なされるべきかを決定するために理論と方法を用いる、とルーマンは言う。同様に、法システムは、ある行為が合法と見なされるべきか違法と見なされるべきかに関するコミュニケーションに専念している。両システムが作動において閉じているということが意味するのは、科学システムは法システムの作動を自己の作動として受容することはできないし、その逆の場合も同様である、ということである。法的判断は科学的判断ではないし、法的手続きは科学的手続きではない。

今、論じている閉鎖とは作動の次元に関することであり、あくまでもいかなるシステムもその境界をまたぎ越えて作動することはできないという事実だけに関わることである、という点を確認しておくことは大切である。したがって、ルーマンが何度も何度も注意を喚起しているように「閉鎖とは経験的孤立を意味するわけではない」[1992b: 1431]。これには二つの理由がある。第一に、いかなるシステムも世界の中に埋め込まれているのであり、環境からの一定の支えがなければ存在できない。たとえば、もしも生命体も心理システムもまったく存在しなければ、いかなる社会システムもありえない。システムそれ自体によって満たすことはできない、こうした環境に関わる、あるいはエコロジカルな必要事項を、ルーマンは「物質的基盤における環境との連続性」[†3]と表現している。つまり、社会システムが成り立つための外的な物質的条件である[1997a: 100]。第二に、作動における閉鎖が経験的孤立を含意するわけではないのは、作動における閉鎖には認知における開放性がともなっているからである。ルーマンはパラドキシカルな表現を多用するが、その一つにおいて、社会システムは作動における閉鎖ゆえに（にもかかわらず、ではなく）その環境に対して開かれている、と主張している。この閉鎖こそが、システムがその環境を知覚することを可能にするのである。つまり、知覚は、つねにシステム自身の内部の諸前提に則って処理される以外にないにもかかわらず、環境の知覚が成立するのである。たとえば、科学システムの作動における閉鎖ゆえに、法学者が法的決定を観察し、それについて科学的にコミュニケーションすることが可能になる。同様に、パンク信奉者の集団の作動における閉鎖が、彼らが自分たちの境界の向こうを眺め、環境内で起こる出来事についてあれこれ熟考しはじめることを可能にする。要点を繰り返すならば、社会システムが認知において開かれたシステムであるのは、作動において閉じているからである。

作動における閉鎖がシステムの境界を自ら生み出し再生産する。つまり、システムが誕生するのは、その環境に対する差異が確立するときであるが、この差異は作動によって生み出されるのであり、システムの存立を確実にするためには作動によって再生産される必要がある。システムの要素は相互に特殊な仕方で結びついているということを先に述べたが、このことが意味するのは、作動による再生産は偶然の一致によって起こるのではないということである。作動による再生産は、ルーマンが自己組織という概念で記述する構造的な仕組みに従ってなされる。自己組織的なシステムであるということが含意するのは、作動の場合と同じように、構造はシステムの内部で生み出されるのであって、外部から取り入れることはできないということである。ルーマンは、作動と構造の間で一定の循環関係が問題になることを十分自覚している。つまり、作動は構造を必要とするが、当の構造は作動の結果である。ルーマンは、具体例として言語（構造）と話をすること（作動）の関係を挙げている。言語は話をするための前提条件である。もしも言語が存在しなければ、話をすることもありえず、仮にあるとしても、せいぜい音声と音声を発する行為だけであろう。同時に、言語は話をするという作動によって産出される。もしも誰も言語を話さなければ、言語は崩壊してしまうだろう。このように言語（構造）と話をすること（作動）とは相互につくり、つくられる循環的関係にある。この相互構成は固定的事象ではなく、複雑な発展の論理に服する事象である。ルーマンはつぎのように主張する。システムは、実際には、最小限の構造を要求するだけの作動にもとづいて発展していく。つまり、最小限の構造を要求するだけの作動がやがて複雑な構造を自ら生み出し、その構造がより差異化した作動の可能性を開く、というふうに発展していくのである［Luhmann 2002a: 108-9］。

ルーマンの構造概念は、たとえばマルクス主義であれば想定するであろう社会の基礎的な経済構造のようなものを意味するわけではないことを確認しておくことは重要である。ルーマンにとって、構造とは予期のことである。予期は、システムがその作動をどのように選択するかということに関して、選択の安定性をもたらすものである。「予期は、可能性の範囲を限定することで存在するようになる。最終的には、予期とはこの限定そのものである」［1995g: 292］。これはとても形式的で抽象的な話に聞こえるであろうが、単純明快な具体例を挙げれば理解できるであろう。ワインの熱狂的愛好家たちの社会システムは、潜在的にはどんな話題についても論じることが可能である。新しい交通法規、クラシック音楽、ウィーンの美しさ等々、潜在的には何でもありである。しかし、このシステムの構造が、ワインに関係するような話題、おそらくは特別なワインやワイン造りの特殊なところにのみ関わるような話題が、主要な話題として取り上げられるように強制する。したがって、予期は一種の複雑性の縮減として機能する。つまり、システムによって選択されうるものを制限する。

もちろん予期は裏切られることがある。たとえば、ワインの熱狂的愛好者たちのシステムに新たに加わった者が、何度もワインの話題から脱線して政府のエネルギー政策について不満を述べる、などということがあるかもしれない。そのような予期の裏切りがどのような結果をもたらすかは、当の特定の構造およびその構造に対するシステムの関わり方次第である。ルーマンは予期の基本的形式として二つの形式を区別している。すなわち、認知的予期と規範的予期である。認知的予期の特徴は、予期に反する事態が生じたとき、それへの適応が起こることである。科学システムの内部で、たとえばある仮説が経験的データに照らして支持できない場合のように、ある予期が間違っていることが判明すれば、科学システムはそのことから学んで、その予期を変更する（仮説を修正する）。これとは対照的に、規範的予期の場合は、たとえ予期に反する事態が生じても、予期が維持される。たとえば、刑法は、殺人は悪いことであり、罰せられるべきであるという予期を条文化している。この予期は、実際にはこの予期を裏切って殺人を犯す人がおり、さらに／あるいは監獄から逃亡する人がいても維持される。

あらゆる種類のシステムが予期によって構造化されているわけではない。ルーマンによれば、これは心理システムと社会システムにのみ見られる特徴である。つまり、意識もコミュニケーションも、作動の選択に関しては予期を頼りにしているということである。さらにルーマンは、反照的予期[†4]が発展することが社会システムの特徴だと主張する。社会システムは、たんに起こることについての予期を形成するだけでなく、予期そのものについての予期をも——おそらくは、はるかに熱心に——形成する。人々は、予期に関して形成する予期にもとづいて、自らの行動を誘導する。ルーマン自身の言葉によれば、「自我は、自分の予期と行動を他我の予期と調和させるために、他我が自我についてどんなことを予期しているのかを予期できなければならない[*3]」[1995g: 303]。この反照性がシステムの構造の安定性を確実にする。つまり、現在起こることはさまざまだが、それに左右されることなく構造は存続する。しかし同時に、この反照性は、出来事に対する対応の仕方の複雑性を増大させもする。ルーマンは、アーヴィング・ゴッフマンの有名な『スティグマ』[1963]の分析に触れながら、このことを説明している。

誰も大きな鼻や大きな耳についての予期を予期しないし、太陽や雨についての予期を予期しない。……ただ、他人の鼻の長さに嫌悪を示す人などいないだろうという予期が予期されうるだけである。大きな鼻それ自体を予期することはたやすい。唯一必要なのは、人がその鼻に対してどのような態度をとり、どのように振る舞うかを統制することであり、その統制は予期を予期することで強化される。この高度な、リスクの高いタイプの予期は、結果として、予期可能な出来事の下位領域の分化をもたらす。つまり、社会システムの分化をもたらす。

[Luhmann 1995g: 306]

要約すると、社会システムは自ら生み出した予期構造を用いて、ありうるコミュニケーションの中からどのようなコミュニケーションを選択するかを統制する、作動において閉じた、自己組織するシステムである。すでに明らかだと思うが、この言明に含まれるすべての次元にとって作動の概念が中心的である。システムは作動によって、しかも唯一それ自身の作動によって成り立っている。そして、この作動は構造と循環的関係にあり、作動が構造を自ら生み出すと同時に構造が作動を誘導する。言い換えれば、あらゆるシステムはその作動によって定義され、作動によって再生産される。この再生産を説明するためにルーマンはオートポイエーシスという概念を採用する。

オートポイエーシス、自己言及、構造的カップリング

複雑性の縮減が一九七〇年代のルーマンと結びついたキャッチフレーズだとすれば、オートポイエーシスは一九八〇年代の彼のスローガンである。オートポイエーシスという概念は、ルー

マン自身が発明したものではなく、チリの生物学者ウンベルト・マトゥラーナとフランシスコ・ヴァレラが行った生物学の研究からルーマンが自己の社会学理論に取り入れたものである。一九六〇年代にマトゥラーナによって行われた仕事を始まりとして、マトゥラーナとヴァレラは、自発的に組織化される、いわゆるオートポイエティックなシステムとして生命システムという概念を提案した。オートポイエーシスという概念はギリシャ語のauto（自己）とpoiésis（産出）とを組み合わせたもので、システムの自己産出を意味する。より正確には、オートポイエティック・システムとは、自己の要素を、要素同士の閉じたネットワークを通じて産出し再生産するシステムである、とオートポイエーシスの理論は主張する。この規定は、自分の髪の毛をつかんで沼地から自分自身を引け上げようとしたミュンヒハウゼン男爵を連想させるかもしれない。しかし、マトゥラーナとヴァレラにとってこれはペテンではなく、生命システムにおいて実際に起こっている有機構成を概念化するきわめて洗練されたやり方である。マトゥラーナ自身の言葉によれば、

要素の産出のネットワークにおいて、(1)要素は再帰的に、要素間の相互作用を通じて、ネットワークを自ら生み出し具体化し、そのネットワークが要素を産出する。そして、(2)要素は、それが存在する空間内に、要素のネットワークの実現に関与している要素

がつくり出す、そのネットワークの境界を構成する。[1981: 21. つぎも参照。2002: 12]

ルーマンは、このオートポイエーシス概念に大いに示唆を受けたが、マトゥラーナとヴァレラがこの概念に与えたすべての性質を受け入れたわけではない。示唆を受けた他の理論の場合と同様に、ルーマンはきわめて選択的に、つまりもともとのオートポイエーシス概念に結びついている考え方を修正して、この概念を摂取している。ルーマンによる摂取において最も重要なのは、オートポイエーシスが、たんに生命システム（たとえば細胞）の生物学的な自己産出だけを意味するわけではないことである。それは、コミュニケーション（社会システムにおける）と意識（心理システムにおける）の自己産出にこそ適用される。したがって、ルーマンが、社会システムはオートポイエティック・システムであると言うとき、これが意味するのは、社会システムはそれ自身の基礎的な作動、つまりコミュニケーションを産出し再生産するということである。オートポイエーシスをこのように社会的領域に適用することは、マトゥラーナとヴァレラがこの概念でもともと意図していたこととは明らかに異なる。彼らにとって、オートポイエーシスは生命現象の適切な記述であって、コミュニケーション現象を記述するものではなかった [Luhmann 2002a: 113も参照]。

先に作動における閉鎖に関して論じた際に、システムは外部の作動を、つまり、そのシステム自身のものではない作動を取り入れることはできないということを述べた。この主張は、オートポイエーシス概念によってさらに支持されることになる。なぜなら、オートポイエーシス概念は、ちょうどディーゼルエンジンの車がガソリンでは走れないように、社会システムは、コミュニケーション以外のいかなる作動も自らの燃料として受け入れないということを含意するからである（当然ながら、社会システムはそれ自身の作動を産出するのに対してエンジンはそうではないので、エンジンの喩えは部分的に有益であるにすぎない）。繰り返しになるが、社会システムは細胞や免疫システムの作動を突然取り入れるなどということはありえない。これらの作動はあくまでも生物学的な作動である。この主張は、ルーマンが生命、意識、コミュニケーションそれぞれのオートポイエーシスを厳格に区別するかぎり、当然のことである。生命のオートポイエティックな再生産は、いかなる意識、いかなるコミュニケーションとも関係なく行われる。それは、意識のオートポイエティックな再生産が、いかなる生命、コミュニケーションとも関係なく行われ、コミュニケーションのオートポイエティックな再生産が、いかなる生命、意識とも関係なく行われるのと同様である。コミュニケーションのオートポイエティックな産出と再生産は社会システムだけが行うことであり、コミュニケーションでない事象は何であれ社会システムの環境に属するのである。

これと同じ基本原則が、社会システムが他の社会システムとどのように関わるかということにもあてはまる。すべての社会システムが、コミュニケーションのオートポイエティックな再生産にもとづいているということは、ある社会システムの作動を別の社会システムが取り入れることも可能であるかのような印象を与えるかもしれないが（何と言っても同種の作動を共有しているのだから）、オートポイエーシスが意味するのは、それぞれの社会システムがそれ自身の特殊なコミュニケーション作動を生み出すということである。パンク信奉者たちの社会システムとワインの熱狂的愛好家たちの社会システムはいずれもコミュニケーションにもとづいているが、それぞれがそれ自身の作動を生み出すのであり、突然、お互いに他者の作動を用いて作動するなどということはありえない。たとえば、一九六〇年代末のボルドー・ワインについて微に入り細に入り蘊蓄《うんちく》を傾け合うことが、セックス・ピストルズの遺産に結びついた作動にもとづいてオートポイエティックな再生産がなされているかもしれないパンク信奉者たちによって、重要な作動として受け入れられることはない。同様に、科学システムのオートポイエーシスが意味するのは、同システムが、たとえば技巧的なコミュニケーションを重要なものと見なすことはないということである。真か偽かに関して科学的判定をしようとするとき、あるものが美しいか美しくないかは問題にならない。

　同じことは心理システムにもあてはまる。心理システムは意識の作動からのみ成り立っており、この意識の作動は心理システムによってオートポイエティックに産出され再生産される。意識でないものはすべて心理システムの環境に属する。そして、すべての心理システムが意識によって作動するにしても、各システムはそれぞれに特有な、意識のオートポイエティックな再生産を確立する。私の思考はどこまでも私の思考であり、突然他人の思考と融合するなどということはない。もちろん、私たちはそれぞれの考えについてコミュニケーションするかもしれないが、それはまた別の話である。つまり、それは社会システムにおける出来事である。

あと四点ほど強調しておきたい。第一に、すでにおわかりだろうが、オートポイエーシスが作動による自己再生産を実現するということの含意は、各システムには一種類の作動しかありえないということである。たとえば、社会システムを特徴づけるのはコミュニケーションのみである。第二に、ルーマンが注意を促していることだが、彼にとって、オートポイエーシスは強度や程度の問題ではない。システムが「いくぶん」オートポイエティックであるとか、「極度に」オートポイエティックであるなどということはない。システムはオートポイエティックであるか、そうでないか、そのどちらかである。なぜなら、システムの作動はシステム自身によって産出されるか、そうでないか、そのどちらかだからである[*4] [Luhmann 2002a: 116-7]。そして、もし社会システムがオートポイエティックでないならば、ルーマンの定義によれば、それは社会システムではない。第三に、システムのエコロジカルな前提条件（システムの物質的基盤における環境との連続性）の議論に連なることだが、オートポイエーシスは、システムが環境から完全に切り離されてしまうことを意味しない。オートポイエーシスが関わるのは作動のレベルのみ、つまり、システムの作動の一貫した産出と再生産のみである。このオートポイエーシスをシステムの自給自足と一緒にしてはいけない。システムはまさに環境に依存しているのであって、ただオートポイエティックな仕方でのみ環境と関わるということである［Kneer and Nassehi 1993: 51］。たとえば、社会システムの環境は、栄養物や温かさを供給してくれるが、これらはそれ自体が、コミュニケーション・システムのオートポイエティックな再生産の一部なのではない。第四に、オートポイエーシス概念は、ルーマンのもう一つの重要なアイディアと結びついている。すなわち、作動は出来事であり、現実に起こったその瞬間に消えてしまうものである、というアイディアである。言い方を変えれば、作動は永続性をもたず、だからこそ、いかなるオートポイエティックなシステムにとっても、継続的な自己再生産が決定的な問題なのである。社会システムにとってこのことが意味するのは、コミュニケーションがなされる瞬間のみ社会システムは存在するということであり、社会システムが存続するかどうかは、そのシステムが新たなコミュニケーションを自ら生み出すことができるかどうかにかかっているということである。この時間に関わる側面をはっきり確認することは、ルーマンは静態的で保守的な社会システム概念を提案したという誤った理解を避けるために重要である。ルーマンは、まさに反対のことを、つまり社会システムはつねに更新を強いられているということを提案したのである。

ルーマンは、作動における閉鎖、自己組織、オートポイエーシスといった概念群に、さらにもう一つの概念を加える。すなわち、自己言及である。ルーマンによると、いくつかのきわめて未熟なタイプを無視すれば、あらゆるシステムは自己言及的システムと見なされなければならない。これを認めることが、現代のシステム理論が達成したきわめて重要な成果の一つである、とルーマンは信じている。実際、ルーマンはつぎのように述べている。「われわれのテーゼ、すなわち、システムは存在する、というテーゼは、今や、自己言及的システムが存在する、というより限定的なテーゼに変更可能である」[1995g: 13]。自己言及という概念は、オートポイエーシスおよび作動における閉鎖という概念と密接に結びついている。しかし、他の概念の場合と同じように、自己言及もまた、まずはシステムと環境が区別されることが前提条件である。あくまでもこの区別を基礎としてのみ、自己言及について語ることに意味がある。システムがその環境から区別されるかぎり、システムの作動の仕方は、自己言及的でしかありえない。

自己言及の概念はきわめて抽象的である（し、ルーマンは意図的にそうしている）が、自己言及は普通の日常生活においてありふれた現象である。誰かが、「……と私は思う」とか「私の考えでは……」と言うとき、自己言及が問題になっている。主語であれ目的語であれ「私」という表現は、何らかの自己を指示している。哲学の分野では、自己言及は古くから主要問題である。反省的な主体に関する議論は、基本的に自己言及に関する議論である。自分自身について反省する主体の能力は、論理的に自己言及を含意する。ルーマンは、主体としての人間概念にもとづいて自己の社会学を構築したくないので、自己言及概念を主体中心ではないより広い意味で用いる。一般的に言えば、「自己言及という概念は、要素が、過程が、あるいはシステムが、それ自身にとってひとつのまとまりであるという、その統一性を指し示している。『それ自身にとって』というのは、他者による観察によってそれらがどのように切り刻まれようと、それとは無関係に、ということである」[Luhmann 1995g: 33]。主体理論の伝統においてならば、このことは、「私」とは主体の統一性の自己言及的な呼び名に等しく、このような自称はシステムの（主体内の）達成事象であって、それ自体は他者が「私」のことをどのように思っているかということに影響されない、ということになろう。同様に、他者言及（あるいは異他言及）が問題になるのは、システムがそれ自身についてではなく、システムの環境について言及するときである。主体の伝統でこれに相当するのは、「あなた」とか「彼ら」ということになろう。

上述のように、自己言及概念は、ルーマンのシステム理論における他の鍵となるアイディアと密接に結びついている。たとえば、ルーマンはつぎのように主張する。

もしシステムそれ自身が、当該システムを成り立たせている要素を機能的単位として構成し、しかもこれらの要素間のあらゆる関係において、要素がシステムによって自己構成されたものであることの指し示しがともなっていて、かくしてこの自己構成を継続的に再生産するならば、このシステムを自己言及的と呼んでよい。このような意味で、自己言及的システムは、必然的に自己と接しながら作動する。[†5] 自己言及的システムは、自己と接する以外に、環境と接するための形式をもたない。この言明には、回帰性のテーゼが、要素の間接的な自己言及のテーゼとして込められている。ニューロンの活動の強化や、他者の行為[†6]の予期を通じて行為を決定する場合のように、諸要素は、他の要素を介して自分自身と関係することを可能にする。自己言及的システムは、このような自己言及的な組織化の次元では、閉じたシステムである。というのも、自己言及的システムは、その自己決定において、これ以外の処理の形式を許容しないからである。

[Luhmann 1995g: 33-4. 強調は原文]

繰り返しになるが、この引用はきわめて理論的に書かれているが、これまで紹介してきたアイディアに言及しているのである。すなわち、基礎的なレベルでは、自己言及とは、オートポイエティック・システムの作動による自己構成のことである。オートポイエティック・システムは、自己の再生産にとって適切な要素としてはそれ自身の要素しか認めず、したがって、これらの要素にもとづいて作動において閉じている。ある人が自己として登場するためには、その前にその人が「私」と言える（あるいは「私」に匹敵する記号を使える）ようになっていることが必要だが、同じように、システムがまさにシステムになるためには、その環境との区別を、作動におけるシステム自身への言及によって安定化させることができなければならない。つまり、システムは、一瞬自己を環境から区別するだけで、すぐに消滅してしまうならば、それはシステムではないということである。システムがその境界を維持するためには、それ自身の作動への言及が必要なのである。

ここまで、もっぱらシステムの内的構成について優先的に見てきた。以上のような内部の特性にこれほど多大なエネルギーを費やしてきたのは、まさにルーマンが重視した分野だからである。実際、〈システム／環境〉区別に関して、ルーマンの主要な関心はシステム側にあるといって間違いないであろう。システムはそれに対応する環境がなければ存在できないことは明らかだが、システム理論は主としてシステムの特性の説明に自己を限定している。[*5]「主として」と書いたのは、ルーマンは、システムがその環境とどのように関わっているのかをより具体的に理解するために、いくつかの概念を提案しているからである。すでに言及した「物質的基盤における環境との連続性」という概念は、システムがいかに一定のエコロジカルな前提条件に依存しているかということを主題化するために重要な概念である。しかし、ルーマンは、たいていマトゥラーナに由来する別の概念を用いて、システムとその環境との関係を説明することを好む。すなわち、構造的カップリングという概念である［Maturana 2002: 15-25］。

この概念の興味深い特徴の一つは、これによって古典的な〈インプット－アウトプット〉モデルをルーマンが回避できるようになることである［1992b: 1432］。システムと環境は、環境がシステムに対して何らかのインプットを産出し、それをシステムが処理してアウトプットを生み出すという〈インプット－アウトプット〉関係にあるわけではない。オートポイエーシスという理論枠組みと作動における閉鎖に関するテーゼに従えば、外部の作動をインプットすることは、絶対に不可能である。システムと環境の間に因果関係はありうるが、システムは、いわば構造的前提条件として（作動のインプットとしてではなく）作用するような環境の一定の特徴に依存しているのかもしれない。構造的カップリングという概念が捉えようとしているのがこれである。この概念があらわしているのは、「システムは、その環境内の状態や変化を特定の形式において予め想定し、そのように想定された状態や変化を頼りにしている」ということである［1992b: 1432. 強調は引用者］。構造的カップリングの考え方によれば、システムの内的構成は外部の刺激や攪乱にさらされることがあるにしても、システムのオートポイエティックな性質は維持される。ルーマンはそのように考えていた。ここでいう刺激は、いらいらさせるものというよりは、うずうずさせて行為を引き起こすものと理解すべきである。決定的に重要なのは、刺激はまさに刺激でしかありえないということである。これまたオートポイエーシスという基本的想定から必然的帰結である。

刺激が行為を決定することはない。実際、ルーマンは、刺激はつねに自己刺激であると強調している。刺激は外部から引き起こされるにしても、それはシステムに媒介された形でしか、つまりシステムの構成物としてしか、システムの内部にあらわれることはできない［Luhmann 1997a: 118］。別の言い方をすれば、システムは刺激を自分自身の言葉で解釈する。たとえば、ワインの熱狂的愛好家たちの社会システムは、輸入ワインの値上がりを招く新たな規制によって刺激されるかもしれない。この刺激は外部の出来事によって引き起こされるにしても、それは彼らの社会システムのレンズを通して観察される。同様に、刺激によって生じた結果も、徹頭徹尾システム内的に生み出された効果である。たとえば、ワイン愛好家たちが新しい規制を無視して何事もなかったかのように振る舞いつづけようとするのか、それとも、一例だが、陳情活動によってその規制を撤回させようとするのかは、彼ら自身の選択である。

構造的カップリングの概念によって記述されるのは、〈システム／環境〉関係だけではない。ルーマンは、システム同士の関係を説明するためにもこの概念を用いる。社会的世界では、たとえば、法システムと政治システムは構造的にカップリングされている。それぞれのシステムは、それ自身のオートポイエティックな論理に従って作動しているが（第4章参照）、それらのシステムは構造的に連結されている。なぜなら、いかなるシステムも他のシステムがなければ存在できないからである。政治システムは、政治的決定を実行するためには法システムを必要とするし、同じように法システムは法律を条文化するためには政治システムを必要とし、条文化されればそれを背景として法的決定を行うことができるようになる。

社会システムはコミュニケーションのシステムである

ここまでの議論はかなり抽象的であり、また社会的領域に関してはほんの部分的にしか言及してきていないことを私は自覚している。そこで、ここからは社会システムに固有の特徴のいくつかを取り上げていきたい。[*6] 観察上の主要ポイントは、社会システムを構成する固有の作動はコミュニケーションであるということである。要点を繰り返すならば、ルーマンによると、社会システムはコミュニケーション以外の何ものでもない。実際、ルーマンはつぎのように述べている。社会はコミュニケーション以外の何ものでもない。社会はさまざまな社会システムの総計であり、コミュニケーションの集合であり、それ以上でもそれ以下でもない、と [Luhmann 1997a: 90]。

コミュニケーションでないものの一切は、社会システムの作動領域から除外されるということは、コミュニケーションとしての社会システムという考えの必然的帰結である。もう一つの含意は、社会システムは（マトゥラーナのオートポイエーシスの概念が示唆しているように）物理的境界によって限定されることはないということである。コミュニケーションは、たとえば、肉体が共存する場合にしか成り立たないわけではなく、世界のさまざまな部分の人々を結びつけることもありうる。この点を考えると、前掲の図2・2と2・3は、社会システムはそれ自身のために一定の空間を切り出すかのような、つまり、環境との空間的分離を達成するかのような印象を与えるという意味で、誤解を招くものである。環境と空間的に分離しているという理解は間違っているとルーマンは主張する。実際、社会システムは「空間的にはぜんぜん限定されておらず、まったく異なった境界形式を、つまり純粋に内的な境界形式をもっている」と述べている[Luhmann 1997a: 76]。この境界は、コミュニケーションのオートポイエーシスによって決定されている。非空間的なコミュニケーションというアイディアは、人々が世界中にいる友達や家族や同僚とEメールをやりとりするという日常経験を思えば、じつにそれにふさわしいアイディアかもしれないが、同時に、コミュニケーションと空間のこのような徹底した分離は、ルーマン理論のアキレス腱になるかもしれない。この問題は後で改めて取り上げるつもりである。しかし、ここではこの問題は脇に置き、コミュニケーションからなる社会システムというルーマンの考えの肯定的特性に注目したい。

コミュニケーションこそが社会的なものの基礎的要素であるというルーマンの強調は、ルーマンの理論がパーソンズの理論をはっきりと凌駕している点の一つをあらわしている。この点以外では、パーソンズはルーマンに社会学的な感化を与えた主要人物である。パーソンズはヴェーバーにならって、自分の社会学を行為理論として構想した。「社会システム」に関する彼の著書〔邦題は『社会体系論』〕の最初に書いてあるように、パーソンズの「基本的な出発点は、行為の社会システムという概念である」［Parsons 1951: 3］。ルーマンの初期の著作を読むと、多かれ少なかれルーマンは行為システムというこの考えに賛同していたという印象を受ける。たとえば、ルーマンは、社会システムは基本的に行為と体験のシステムであると論じる［たとえば1971a］。この行為と体験の区別は、帰属の問題をあらわしている。つまり、選択がシステム自体に帰属させられるのか（ルーマンが行為について語るのは、この場合である）、それともシステムが環境に選択を帰属させるのか（これが体験になる）、という問題である。乱暴な例を挙げれば、誰かを殴ることは行為することであり、殴られることは体験である。

　後の章で改めて取り上げるが、ルーマンはこの行為と体験の区別をその後もときおりもち出していた。しかし、次第にまったく新しい社会システムの理解を提示することに関心を抱くようになった。一つの理由は、行為概念が主体としての人間を連想させてしまうことである。行為について語るとき、私たちはほとんど自動的に、行為しているのは当然、主体であると思い込んでしまう。ルーマンは、自分の社会学理論が、結局は主体概念にもとづくものとなることを避けるために、社会システムの究極的な単位を行為からコミュニケーションに変更することが必要だと考えた。もちろん、コミュニケーションの概念こそより強く主体を連想させるのでは、という指摘はありうるが、ルーマンの独特のコミュニケーション概念の改定と再定式化によれば、そうはならないのである。

社会的なものをコミュニケーション概念にもとづいて理解しようというのは、ルーマン理論に限ったことではない。実際、ルーマンの試みは、ミシェル・フーコーやユルゲン・ハーバーマスをはじめとする多くの研究者が関わっている、いわゆる社会理論における言語論的転回の一角をなすものである。とは言え、ルーマンの場合、そのコミュニケーション概念にはきわめて独特の意味が与えられている。その点を説明するためには、ルーマンが克服しなければならないと思っていた古典的なコミュニケーション理解と比較してみるのが最善である。古典的なコミュニケーション・モデルは、コミュニケーションは送り手と受け手の関係として展開すると想定している。すなわち、送り手がメッセージを送り、それを受け手が受け取るとき、コミュニケーションが生じているというわけである。ルーマンは、いくつかの理由で、この〈送り手－受け手〉モデルは不適切だと見なしている。最も重要なのは、ルーマンの理論展開が進展するにしたがって、ますますはっきりするようになった存在論への嫌悪を読者も抱くであろうことを当然視するようにして、このモデルへの不満を述べていることである。

移転のメタファーは存在論的含意が過剰であるため使えない。それは、送り手が何かを受け手に渡し、受け手はそれを受け取るという事態を連想させる。だが、そうした事態の想定は、すでに不正確である。なぜなら、送り手が何かを渡すと言っても、それが手元からなくなるということを意味するわけではないからである。　[1995g: 139]

ルーマンから見ると、つぎの点も問題である。「移転のメタファーは、コミュニケーションの核心を移転という行為に、つまり伝達行為に見ている。このメタファーは、私たちの注意を送り手に向け、伝達のために必要な技能を送り手が備えていることを想定する」[1995g: 139]。これまた誤った想定だとルーマンは思っている。つまり、コミュニケーションをたんなる伝達の問題に還元することはできない。だが、コミュニケーションとは、たんに言葉を伝えることではないとすれば、どのようなものと考えればよいのだろうか。〈送り手－受け手〉モデルに対する代替案としてルーマンが提案するのは、コミュニケーションを三重の選択と理解することである。すなわち、情報、伝達、理解の選択である。

コミュニケーション概念をこのようなものとして理解するためにルーマンが最初に行うのは、「他我」と「自我」の関係の再定式化である[*7]。具体的に言えば、通常の〈他我－自我〉関係を逆転して、自我をコミュニケーションの受け手、他我を発言者としている[1995g: 140-1]。第一の選択は、他我が何かを情報として選択するときに生じる。たとえば、他我は最近、素敵な新車を買った。この情報が、今、たとえばEメールで自我に伝えられたとしよう。古典的な〈送り手－受け手〉モデルに従えば、これで十分コミュニケーション行為がなされたということになろうが、ルーマンにとっては、これだけではまだコミュニケーションとは言えない。コミュニケーションが実現したと言えるのは、第三の選択、すなわち理解の選択を自我が行ったときだけである。そして、理解が生じるのは、自我が、情報と伝達行為とを別々の選択として観察できるときである。つまり、自我は、情報と伝達の差異を観察できなければならないのである。ルーマン自身はつぎのように書いている。

> 理解によって、コミュニケーションは、その内容の情報価値と、その内容が伝達された理由との差異を捉える。その際、どちらか一方が強調されて理解されるということはよくある。つまり、情報それ自体により注目したり、表現行為により注目したりという具合である。しかし、両者を選択として体験し、したがって両者を区別することができなければ、コミュニケーションは成り立たない。
>
> [Luhmann 2002e: 157. 強調は原文]

これは、先の例で言えば、自我は、他我が新しい車に関する情報をEメールで伝えてきた意図は、たとえば今度乗りに来ないかと自我を誘いたいからだろう、などと観察することも可能であろうし、あるいは、新車の情報を他の件に関するEメールの中に紛れ込ませて書いてあるということは、他我は自分のことや新車のことを自慢したりしないように注意しているのだな、などと観察することもあるということである。ここでの要点は、コミュニケーションを知覚から区別することである[Luhmann 2002e: 158]。自我が情報と伝達とを区別できなければ、両者は内破し、たんなる音声へと化す。そこにコミュニケーションはない。廊下で他我が話しているのを聞いたとき、それがコミュニケーションになるのは、自我が情報と伝達との差異を、つまり言われていることと、それを言うことの意図あるいはそのような言い方をすることの意図との差異を、観察できる場合だけである。この区別が確立されなければ、その音声は知覚として記録されるだけである。

情報と伝達の区別に関して決定的に重要なことは、理解とは選択であり、その選択によって(何を強調するかに応じて――右引用文参照)異なったコミュニケーションの展開が起こるということを、この区別が含意していることである。あるいはルーマンの好みの言い方をすれば、理解は、異なった接続の仕方があることを、したがってシステムのオートポイエーシスの継続の異なった仕方があるということを、考慮に入れていることである。選択性という概念もまた、もう一つの重要概念である。これが含意するのは、自我は他我を正確に理解したということを保証するものは何もないということである。言い方を変えれば、他我がある情報を伝達した理由についての自我の理解が正確であるということを保証するものなどないということである。たとえば、素敵な新車を購入したということを伝える他我のEメールは、じつは反語的なものとして書かれたということもありうる（じつは、他我はその車をあまり格好がよいとは思っていないが、もっと格好のよい車を買うお金の余裕がなかった）。あるいは、自我が誤解した可能性もある。メールには「買った（bought）」ではなく「借りた（borrowed）」と書いてあったのに、誤読したかもしれない。

社会システムのオートポイエーシスの観点から言えば、そのような誤解は問題ではない。誤解であっても、さらなるコミュニケーションを生み出すという点では、より事実に即した正確な理解の場合と同じように生産的でありうる。さらに、コミュニケーションが接続することは、つねに「先行するコミュニケーションが理解されたかどうかを検証することになる。……検証の結果、理解されていなかったことが判明することがあるが、それがしばしばコミュニケーションを反省するコミュニケーションのための機会を提供する」[Luhmann 1995g: 143]。たとえば、自我が他我のEメールに返信することで、メッセージが理解されたのか、それとも他我が本気で自我を試乗に誘ったのだということをはっきりさせるためにさらなるコミュニケーションが必要なのか、判明する。

コミュニケーションそれ自体は情報、伝達、理解の三重の選択であるにもかかわらず、あらゆるコミュニケーションは、それ自体はコミュニケーションを越えたところでなされる第四の選択を生じさせる。それは、「コミュニケートされた特定の意味の受容または拒絶」に関わる選択で

ある [Luhmann 1995g: 147]。ルーマンが問題にしているのは、あらゆるコミュニケーションは、自我の中に、どれほどささやかであろうとも変化を生み出すということである。どんなことがコミュニケートされようと、自我はそのコミュニケーションによって何かしら影響を受けることを避けることはできない。たとえば、他我が新しい車を買ったというメールを読めば、自我はぜひ見てみたいと思うかもしれないし、ねたんでそのメッセージを無視しようとするかもしれない。ルーマンによれば、コミュニケーションが自我の内に引き起こす変化は、「一種の限定のように」作用する。つまり「今なお可能なことが不確定で何でもありという状態を排除する」[Luhmann 1995g: 148]。言い方を変えれば、特定のコミュニケーションによって設定された領域内で、自我が実際に応答するだろうという予期が確立される。彼は車に乗ってみたいのだろうか、それとも乗ってみたくはないのだろうか、といった具合である。この問いへの答えが自我次第であることは、明らかに他我にとってリスキーであるが、しかしそれはいかなるコミュニケーションも回避できないリスクである。つまり、第四の選択は全面的に自我の役目なのである。提示されたコミュニケーションに接続するのか、またどのように接続するのか、それを決めるのは自我である彼または彼女である。ルーマンはこれを、より一般的な言葉でつぎのように言っている。コミュニケーションによって設定された制限は「つねに反抗を可能にする。人はそのことを知っており、コミュニケーションしようと決心する前に、そのことを考慮する」[Luhmann 1995g: 148]。

ルーマンのコミュニケーション概念は一致した意見とか合意を含意しないということは、以上のことからの帰結である。ルーマンによると、コミュニケーションは意見の一致を目指すわけでもなければ、それを保証するものでもない。この点の強調は、コミュニケーションは一定の妥当性請求を含意しており、私たちは理想的には意見の一致を目指すべきだと考えるハーバーマスの理論に対する明らかな批判である。こうした立場に反対して、ルーマンはつぎのように主張する。

> 人は、意見の違いをはっきりさせるためにコミュニケーションすることも可能だし、論争を挑むこともできる。また、より合理的であるために意見の違いをはっきりさせるよりも意見の一致を追求しなければならないと思わせるような説得的な理由があるかと言えば、そんなものはない。意見の一致を追求するかどうかは、全面的にテーマとコミュニケーションの相手次第である。意見の一致がまったくなければコミュニケーションが成り立たないことは明らかだが、同じように一切の不一致がなくてもコミュニケーションは成り立たない。
> [2002e: 162]

ハーバーマスを批判するこうした主張には、経験的根拠と規範的根拠の両方がある。経験的には、意見の一致がないからといって、それが社会システムのオートポイエティックな自己再生産の障害になることはない。むしろ、全員の意見が一致するなどということになったら、コミュニケーションが終わってしまうということを心配する人がいるのではないだろうか。意見の一致が達成してしまったら、いったい何についてコミュニケーションしたらよいのだろうか。この点は、意見の一致を理想とするハーバーマスに、ルーマンが異議を唱える規範的理由に関わっている。たとえば、ルーマンの見方からすれば、社会はコミュニケーションが継続する場合にのみ存続する。したがって、意見の一致の追求は、いわば社会の生命力をそぐ可能性があるのである。

コミュニケーションとは三重の選択であるという、ルーマンによるコミュニケーション概念の刷新は、ルーマン理論が提示する唯一の新機軸というわけではない。ルーマンはこれに続けて、誰がコミュニケーションするのかということについても従来の考え方の刷新を試みる。普通の考え方では、暗黙のうちにコミュニケーションするのは個々の主体だと想定しているが、ルーマンは主体理論の伝統に反感を抱いているので、コミュニケーションだけがコミュニケーションできるという過激なテーゼを掲げる［たとえばLuhmann 2002e: 156参照］。このテーゼは、自己言及的でオートポイエティックなシステムというルーマンのアイディアおよび心理システムと社会システムを厳格に分離するという考え方と結びついており、またそれによって具体化されてもいる。ルーマンにとって、社会システムはコミュニケーションがその基礎的な作動の単位であることによって定義される、ということはすでに何度か述べてきた。社会システムは自己言及的でオートポイエティックなシステムなのだから、コミュニケーションを継続的に産出し再生産するし、この自己再生産を遂行するためには、それ自身の建築ブロック、つまりコミュニケーション以外に頼れるものはない。これが意味するのは、心理システムにおける思考は、コミュニケーションにとってはどこまでも外的なものであるということである。意識の中で起こっていることは、コミュニケーションに参入する何かではない。退屈な授業の最中に、学生たちがどのような観念をつぎつぎと脳裏に思い浮かべていようと、それは教室で起こっているコミュニケーションの一部ではない。しかし、もし教師が、学生たちがあくびをするのを見れば、退屈であることがコミュニケーションのテーマになるかもしれない。ただし、その場合でも、コミュニケーションするのは学生でも教師でもなく、コミュニケーションそれ自体である。教師と学生は、コミュニケーションのオートポイエティックな組織化のための、たんなる必須条件である。誤解を避けるために一言いっておけば、ここであれ他のところであれ、ルーマンのコミュニケーション概念は、教師と学生が授業であるテーマについて議論する場合のような、言葉によるコミュニケーションだけを必ずしも意味するわけではない。言葉によらないコミュニケーションもありうる。教師が講義している最中に、学生が新聞を読んだりメールをチェックしたりすることも十分コミュニケーションでありうる。

私は先に、ルーマンのコミュニケーション概念[†7]が、部分的には社会学における先行理論である行為理論に対する批判として構想されたことに言及した。ルーマンにとって、コミュニケーションへと方向転換することは、この伝統から逃れるための一つの方法であった。こうしたルーマンの位置どりを踏まえるなら、実際にはルーマン理論の決定的な箇所で行為概念が登場するのを目にするのは、ますます興味深いことである。コミュニケーションと行為の関係を最も詳細に論じたものの一つにおいて、ルーマンはつぎのように主張する。理論的観点から見れば、「コミュニケーションを行為と見なすことはできないし、コミュニケーションの過程も行為の連鎖と見なすことはできない」[1995g: 164]。ルーマンにとってコミュニケーションはあくまでも三重の選択であって、たんに連続的に伝達行為がなされるという問題ではない。しかし、ルーマンはつぎのような興味深い補足を行う。「コミュニケーションは直接には観察されえず、推定されうるだけである。コミュニケーション・システムが観察されうるためには、あるいは自らを観察できるためには、コミュニケーション・システムに行為システムとしての標識が立てられなければならない」[1995g: 164. 強調は原文]。換言すると、コミュニケーションそれ自体は不可視であり、コミュニケーションの接続がうまくいくのは、コミュニケーションが自らを行為の言葉で記述するときだけである、とルーマンは言うのである。ルーマンがここで言わんとしているのは、コミュニケーションが可能なのは、コミュニケーションがいわば自分をだまして、自分は行為システムだと信じるときだけである、ということである。

これに関連する問題は、ルーマンによると、原理的に「いずれの選択も他の選択を主導することが可能であり、しかもこの主導関係はつねに逆転可能であるかぎり、コミュニケーションは対称的である」ことである［1995g: 165］。対称性はルーマンにとって目標ではない。意見の一致の場合と同じように、対称性もこれから起こることについて何の方向性も与えない。その反対で、完全な対称性においてはあらゆることが同等に起きうる。複雑性を縮減するためには、非対称性が必須である。ルーマンがコミュニケーションにとっての問題解決と見なすものをもたらすのは、この非対称性である。「コミュニケーション的出来事に行為の理解を組み込むことによってのみ、コミュニケーションは非対称的になる。これによってはじめて、コミュニケーションは情報を伝達する者からそれを受けとる者へという方向性を獲得する」［1995g: 165. 強調は原文］。つまり、コミュニケーションは、その三重の選択が原理的に対称的であることを隠し、伝達を行為と見なすようにならなければならないということである。このことは、つぎのようないささか驚くべき結論を導く。

> こうして、社会システムは、コミュニケーション的出来事を基礎とし、その作動に関わる手段を用いることで、行為システムとして構成される。システムは、その過程の継続を、したがってシステムの再生産を制御するために、システム自身の中にシステム自身

の記述を生み出す。自己観察と自己記述を可能にするためにコミュニケーションの対称性が非対称化される。……そして、省略され、単純化され、それによってより理解しやすくなったこの自己記述においては、行為が――コミュニケーションではなく――究極的要素の役割を担う。*8［1995g: 165. 強調は引用者］

先に行為と体験について述べたように、ルーマンが行為について語るとき、それが意味しているのは独特な帰属であった。つまり、システムに帰属させられる選択であった。このことから、行為とはコミュニケーションのトリックであるということが帰結する。選択は、行為か体験のいずれかとして社会システムによって観察されるのである。したがって、ルーマンの考え方においては、右の引用で、行為が社会システムの究極的要素であると述べていることと、コミュニケーションこそが社会システムの最終的な要素であるという想定とは、一見矛盾しているように見えるだけである。ルーマンの考えによれば、行為への言及は、社会システムが自らを、いっそう容易に接続が起きやすいシステムにするための方法にすぎない。しかし、そうだとしても、ルーマンの著作にそのような理論構成を見いだすことは、奇妙な感じがする。というのも、それは、マルクス主義の伝統に結びついている本質と現象という古典的な区別に似ており、その区別に対してルーマンは意識して一線を画していたからである［たとえばLuhmann 1994d参照］。

社会システムと心理システムとの関係

コミュニケーションだけがコミュニケーションする、というルーマンの過激な提案は、心理システムと社会システムとをきっぱりと区別することを含意している。この区別については先の節ですでに触れたが、より詳細に論じるに値する問題である。まずはじめに、ルーマンによれば、心理システムは自己言及的なオートポイエティック・システムである。その基礎的要素は意識であり、したがって意識の作動が他の意識の作動に接続するとき、心理システムは再生産される。それぞれの心理システムは、相互に他の心理システムの環境を構成している。一つの心理システムにおける意識の作動が、突然、他の心理システムの作動様式に干渉することはありえない。AとBがそれぞれの家で座っているとして、Aの思考が、まったく突然Bの脳裏にあらわれるということはありえない(ルーマンは、テレパシーの偉大な信者ではない)。同様に、意識の作動がコミュニケーションの一部を構成することはできない。意識の作動とコミュニケーションの作動は、端的に別々のシステム領域に属しており、システムが存続するかぎり、それぞれの境界と作動における閉鎖を維持しつづけるとルーマンは主張する。心理システムと社会システムはその作動において閉じているということは、それぞれの作動が直接、相手方の作動に干渉することはありえないということだが、それにもかかわらずこの二つのタイプのシステムは密接に関係しているとルーマンは言う。密接な関係の一つは、両者に共通の媒体（意味）に関わっており、もう一つの密接な関係は、両者の連結の仕方（相互浸透）に関わっている。

相互浸透

後者の関係の方から取り上げよう。いかなるオートポイエティック・システムも他のオートポイエティック・システムの作動を決定できないにしても（そうでなければオートポイエティック・システムではない）、あるシステムが他のシステムに依存することはあるとルーマンが論じていることは先に紹介した。これは、物質的基盤における環境との連続性および構造的カップリングという概念が注目しているところである。たとえば、社会システムは、その環境内に生命システムや心理システムが存在しないなどということになれば、オートポイエティックに作動することはできないであろう。もっとも、心理システムと社会システムについて論じる際には、たんなる物質的基盤における連続性以上のことが問題になる。また、心理システムと社会システムの関係は、たんに構造的カップリングであると言うだけでも足りない。それはきわめて特殊な構造的カップリングである。たとえば、心理システムと社会システムは、固有の「共進化的」な様式で発展するとルーマンは主張する。いずれのシステムも、他のシステムがなければ存在することも進化することもできないのである [Luhmann 1997a: 108]。ルーマンは、この相互構成的関係を説明するために、相互浸透という（パーソンズ由来の）概念を用いる。相互浸透はシステム間の特殊な関係を記述するのであり、ルーマンが浸透と呼ぶものから区別されなければならない。

> あるシステムが、他のシステムの構築のために、自己の複雑性を（それとともに、未規定性、偶発性、選択圧力を）利用可能にする場合、私たちはそれを「浸透」と呼ぶ。まさにこの意味で社会システムは「生命」を前提にしている。これを踏まえれば、相互浸透が存在するのは、他の利用に供するという事態が相互的に起こっている場合である。つまり、両システムが、それぞれのすでに構成された複雑性を相互に相手に取り込ませることで、互いに相手を成り立たせている場合である。[1995g: 213. 強調は原文]

したがって、浸透は、システムが存続するために必要な、物質的基盤における連続性を指し示しているのに対して、相互浸透は、この物質的基盤における連続性が相互的に構成されていて、しかもそれぞれのシステムが相手方のために利用可能にした複雑性に各システムが依存している場合をあらわしている。たとえば、社会システムは、その環境内に生命が存在しなければ、存在することはできないが、この依存関係は相互的ではない。細胞や免疫システムは、社会システムが利用に供する複雑性がなくても、十分に活動することができる。社会システムと心理システムに関してはこの点が違う。両者は互いに相手方の複雑性を前提条件にしている。たとえば、社会システムは、思考が提供する複雑性がなければ発展することができないし、同じように、心理システムは、コミュニケーションによって刺激を受けるという条件のもとでのみ、進化することができる。思考の改善は、往々にしてコミュニケーションの改善と密接に連動して起こるが、具体例を挙げるならば、量子物理学に関する思考は、この分野に関する専門的な科学的コミュニケーションに依存している。

もちろんルーマンは、若干の非対称性があることを認識している。というのも、意識がしばしばコミュニケーションの影響から逃れ、コミュニケーションによる刺激とは無関係に作動することが可能である（一人ベンチに座って、さまざまな観念を思い浮かべながら、数時間、海を眺めていることは可能である）のに対して、その逆のことは、社会システムにはできないからである。これは、心理システムの知覚するという特殊な能力ゆえである。社会システムはもちろん知覚ではなくコミュニケーションによって作動するのだが、しかし社会システムを常時刺激するという決定的な役割を、この知覚という能力が果たしているのである。コミュニケーションがこのように心理システムの知覚に依存していることを、ルーマンはつぎのように書いている。

注目すべきは、コミュニケーションは精神によってのみ刺激されうるのであって、物理的、化学的、生化学的、神経生理学的作動によってではないという事実である。放射能、スモッグ、あらゆる種類の病気は増大したり減少したりするかもしれない。しかし、そうした事実自体は、知覚され、評価され、意識化されなければ、コミュニケーションに対して何の影響ももたない。知覚され、評価され、意識化された場合のみ、そうした事実について、コミュニケーションのルールに従ってコミュニケーションしようという気持ちを刺激することができるのである。今まさに墜落しようとしている飛行機の中においてさえ、差し迫った墜落についてのコミュニケーションが可能になるのは、それが知覚されるときだけである。墜落それ自体は、コミュニケーションに影響することはできない。ただコミュニケーションを終わらせることができるだけである。

[2002f: 177]

この引用からわかるように、ルーマンは、コミュニケーションを、精神による知覚がきっかけとなって起こるものと見なしている。意識は何かを知覚し、それに影響を受けて社会システムに情報の選択を促し、それによって三重の選択としてのコミュニケーションを立ち上げる。ただし、オートポイエーシスの原則から、精神による知覚は社会システムを刺激することができるだけであって、社会システムの作動による再生産に介入することはできない。一般的ポイントを繰り返すならば、あらゆるシステムは、他のシステムを刺激することができるだけである。これが意味するのは、相互浸透も、相互に複雑性を利用させ合う(量子物理学に関する思考に対して、科学的コミュニケーションが、その複雑性を利用可能にするように)というだけの話であって、相互に相手のシステムの作動に取って代わるとか直接介入するという話ではないということである。

意味

オートポイエティック・システムには、自らの作動によって相互に相手のシステムに潜入するという意味で相互に浸透する能力はないというルーマンの主張を聞いて、浸透および相互浸透という概念は、あまり適切な概念ではないのでは、と論じたくなる人もいるかもしれない。いずれにせよ、これらの概念が、侵入やシステムと環境の間の厳格な境界の崩壊を含意することは明らかだからである。だが、そうだとしても、ここで用語が適切かどうかという問題に立ち入るつもりはない。それよりも、心理システムと社会システムを結びつける別の現象に議論を進めたい。それは、意味という両者に共通の媒体である。両者の関係について右で述べてきたことの延長で、ルーマンはつぎのように書いている。

心理システムと社会システムは共進化することで生まれた。……この共進化は、心理システムによっても社会システムによっても使用される共通の獲得物をもたらした。両システムともそれによって規律されているとともに、両者にとってそれは、それぞれの複雑性と自己言及の不可欠にして不可避の形式として拘束力をもっている。私たちはこの進化によって獲得したものを「意味」と呼ぶ。[1995g: 59]

意味に対するルーマンの関心は、初期の著作から見られる。たとえば、ハーバーマスとの論争の書には、ルーマンが「社会学の基礎概念としての意味」を論じた重要な章が含まれている[Luhmann 1990k]。ルーマンによるこの概念の社会学的な理解は、エドムント・フッサールの現象学を読んで、それを改作したことで生まれた。ルーマンが、意味を志向性および可能性の地平と関係づけて論じるとき、フッサールとの関係は明らかである。

意味という現象は、別の体験や行為の可能性を過剰に示すものとしてあらわれる。視線の注がれるところ、志向の中心に何かがあり、それ以外の一切は、体験や行為の「その他いろいろ」の地平として、志向の周辺部で示唆される。志向されるものはすべて、このような地平という形式で、世界全体を自分に対して開かれたものとして保持しているのであり、したがってまた、いつでも接近しうるものという形式において世界の実在性

を確信させる。[1995g: 60]

現象学的な理解を基礎としているにもかかわらず、ルーマンは意味についての自分の見解が、いかに古典的な現象学的説明と異なっているかを意識的に強調する。最も重要なのは、ルーマンが、超越論的主観の内に意味を基礎づけようというフッサールの大目標を受け入れず、また志向も主観の志向とは見なさなかったことである。ルーマンにとって、意味は「主観の概念に言及することなく定義され」なければならないのである[*9] [たとえば1990k: 23]。主観との関わりに代えて、ルーマンが考える意味とは、心理システムと社会システムの自己再生産の媒体としての意味である。意味をともなわない心理システムも社会システムも、まったく考えられない。

では、両システムに対して意味が行うことは何であろうか。この問いに答えるためには、右の引用で語られていることに注目することから始めるのがよいかもしれない。すなわち、意味は「実体的なものでも現象的なものでもなく」[2002a: 229]、現実化していることと可能なこととの区別を用いて作動する特殊な媒体である。意味は、今、実際に行われている選択とは別の選択の潜在的可能性（地平）を指し示す。同時に、意味には志向性が本来的に備わっている。コミュニケーションは、何かについてのコミュニケーションとしてのみ可能である。それは、心理システムにおける思考が、つねに何かについての思考であるのと同じである [Kneer and Nassehi 1993: 76]。しかし、何が志向され選択されようと、それはつねに（いまだ）現実化していない潜在的可能性の地平を暗黙のうちに指し示すし、このことはいかなる選択が接続しようと、接続する選択にもあてはまる。たとえば、ワインの熱狂的愛好家たちが、ある集まりでピノ・ノワールぶどうの特性についてだけ語るなどということがあるかもしれないが、この話題の現実化は、同じように議論の対象になりえたであろう他のすべてのぶどうの種類を背景として生じているのである。この現実化しているものと潜在的なものとの絶えざる入れ替わりが、意味に固有の不安定性を与えるとともに、特殊な時間的構造をも与えることになる。

意味とは潜在的可能性の絶えざる現実化である。しかし、意味が意味でありうるのは、それぞれの瞬間に現実化しているものとさまざまな可能性の地平との差異としてのみであるから、あらゆる現実化は、それに接続しうるさまざまな可能性の潜在化をもたらす。意味が不安定なのは、現実性という意味の核心が変移しつづけるからである。……かくして現実性と可能性との差異は、その差異を時間化して扱うことを可能にし、それによってそのつどの現実性を可能性が指し示す方向に沿って処理することを可能にする。

[Luhmann 1995g: 65]

興味深いことは、意味概念が、ルーマンの他の重要な諸概念と密接に結びついていることである。たとえば、現実化しているものと潜在的なものとの関係は、複雑性と複雑性の縮減の必要との関係に対応している。世界は膨大な複雑性（潜在性）によって特徴づけられるが、これは複雑性の縮減（現実化）を必要とする。これと関連して、意味と偶発性も密接に関係する術語である。偶発性があらわすのは、あらゆることは別様でもありうるという事実であり、まさにこのことも意味概念によって示唆されている。このことは機能的方法において、さらに強調される。機能的方法は、今、現実化されている問題解決とは別の（潜在的な）問題と解決策の関係をより詳細に吟味するためにこの偶発性を利用するからである。最後にもう一点、絶え間ない意味の「再現実化と再潜在化」は、意味システムの継続的な再生産に等しい。実際、ルーマンはつぎのように述べている。「意味という出来事の自己運動性は、見事にオートポイエーシスである」[1995g: 65, 66]。

意味の成分分析——事象次元、時間次元、社会的次元

意味は現実化されたものと潜在的なものとの差異を指し示すものだとしても、カテゴリーとしては相変わらず相当広いという点を問題視することはできるだろう。したがって、つぎのような批判的な質問も投げかけられよう。意味は心理システムと社会システムを構成する一般的媒体だと言うが、それ以外に興味深い点はないのか。別の言い方をすれば、この概念から何らかの分析

的含意を引き出すことは可能なのか、それともルーマン理論における基礎的与件として端的に受け入れるべきなのか。ルーマンは、意味それ自体はかなり抽象的な概念であるということを自覚しており、そのため、いわゆる三つの意味次元に分解可能であると主張して、意味概念の肉付けを図る。三つの意味次元とは、事象次元、時間次元、社会的次元である。

　事象次元は、「これ」と「それ以外の何か」との区別を用いて作動する[1995g: 76]。思考されるにせよコミュニケーションされるにせよ、あらゆる意味は、「この」テーマあるいは事実についてのものか、それとも「それ以外の何か」についてのものかということに応じて分析可能である。「これ」として何が指し示されているにせよ、それは暗黙のうちに「それ以外の何か」の地平を指し示す。当該コミュニケーションは、ワインについてのコミュニケーションなのか、それともパンク・ミュージックについてのコミュニケーションなのか。さらにワインについてのコミュニケーションだとすると、ワインの生産についてなのか消費についてなのか、イタリア・ワインについてなのかチリ・ワインについてなのか等々。事象次元は「これ」と「それ以外の何か」を区別するが、時間の意味次元は、「以前」と「以後」の区別を軸に展開する。時間次元においては、あらゆることが「体験と行為の〈誰が〉〈何を〉〈どこで〉〈どのように〉に従ってではなく、唯一〈いつ〉に従って整序される」[1995g: 78]。たとえば、ワインの熱狂的愛好家たちが、フランスで最も出来の良いワインがつくられた年はいつかをめぐって議論するとき、時間の意味次元が顕在化している。最後に、社会的次元は、他我と自我の区別に関わっている。より正確に言えば、社会的次元は、「あらゆる意味について、他者は私とまったく同じようにその意味を体験しているのか、と問うことができるということを意味している」[1995g: 80]。自我が何を行おうと、あるいは何を体験しようと、それについて自我は、他我だったら何をし何を体験しただろうか、という観点から反省することができる。他我と自我の間に違いは当然ありえて、それは意見の一致と不一致に関する議論を引き起こすことにつながるが、いずれにしろ両者の違いは社会的意味次元でテーマ化されることになる。

三つの意味次元は、特定のコミュニケーションの研究への道を開くとともに、意味がどのように産出され再生産されるのかをより具体的に分析することを可能にする分析道具と見なしうる。たとえば、コミュニケーションは、三つの意味次元をどのように活用し、どのように組み合わせるのか、という観点からコミュニケーションの研究を行うことが可能である。要するに、特定のコミュニケーションは、何（事象）、いつ（時間）、誰（社会的）に関する問いをどのように扱うのか。具体例を挙げるならば、気候変動にいかに対処するかをめぐる政治的討論は、三つの次元すべてに関して吟味することが可能である。どんな戦略が最善か、世界的な炭素市場に的を絞るべきか、それとも法的対策か、といった審議において事象次元が焦点化する。将来の削減にむけて何年を基準年にすべきか、二〇〇〇年か二〇〇五年か。そして何年までに削減は達成されるべきか。こうしたことが議論されるときは、時間次元が活性化している。最後に、対策とその結果に対して、誰がコストを負担するのか。請求書は先進国にまわすべきなのか、先進国の中で誰が最も重い負担を負うべきか。こうしたことが議論されるときは、社会的次元が注目されている。

意味を三つの意味次元に分解したことで、抽象的な意味概念には含まれていなかった分析的なパースペクティヴが開かれたことは明らかであるが、他方で、批判的質問も呼び起こすことになった。というのも、ルーマンがどのようにして、まさにこの三つの意味次元にたどりついたのか、どうして他のものではなかったのか、はっきりしないからである。たとえば、なぜ空間は独自の意味次元として加わらないのか。この問題は、著名なシステム理論家で、ルーマンが退官したとき、その教授ポストを引き継いだルドルフ・シュティヒヴェーが論じてきた問題である。ルーマン理論の大家であるシュティヒヴェーによると、ルーマンがなぜ時間を一つの意味次元へと昇格させ、空間を（も）そうしなかったのかについては明確な理論的理由はない［Stichweh 1998: 344］。興味深いのは、ルーマンがなぜ事象、時間、社会的の三つの意味次元に注目したのか、ほとんど説明していないことである。たしかに、社会学の基礎概念としての意味を扱った論文で、事象次元、時間次元、社会的次元を区別するというアイディアの源泉として、ポーランドの哲学者アダム・シャフの著作に言及しているし、三つの次元のすべてをシャフの著作の中に見いだすことができる［Luhmann 1990k: 72, n. 23; Schaff 1962］。しかし、これが着想の背景だとしても、それだけでは、なぜまさにこの三つなのかという問いに対するまともな説明にはなっていない。

この問いに対する答えは、たぶんルーマンが一九七五年に出版した権力に関する著書の序論にあらわれている。そこでルーマンは、彼が展開しようとしているような社会の理論は、三つの層を含まなければならないし、三層を構築しなければならないと述べている。一つは分化の理論であり、つぎは進化の理論であり、第三が象徴的に一般化されたコミュニケーション・メディアの理論である [1979: 108]。興味深いのは、これらの理論的複合体が、三つの意味次元のそれぞれを扱っていることである。たとえば、社会の分化の理論は、事実に関するつねに新しい地平の分化、たとえば、経済、法、科学、政治、芸術等々のシステムの分化に関わっている。進化の理論は、時間次元に関する関心に対応している。最後に、第4章で改めて論じるが、象徴的に一般化されたコミュニケーション・メディアの理論は、自我と他我が、相互に相手が何を考え何をするのか定かでないという事態にどのように対応するのか、ということを理解する試みである。したがって、この理論層は、本質的に社会的意味次元に関わっている。要するに、ルーマンが事象次元、時間次元、社会的次元を特殊な意味次元として扱う理由は、それが、分化と進化と象徴的に一般化されたコミュニケーション・メディアの各理論を結合した理論の上に社会学を確立したいというルーマンの願望に対応する、理論内在的な類似物を生み出すからである、という想定はそれなりに筋が通っているということである。これは少なくとも一つの説明であるが、その場合の問題は、これが、ルーマンが三つの意味次元だけを扱うことに決めたことの適切な正当化になっているのかということである。繰り返しになるが、社会の理論は空間の分化も説明すべきであろうと主張することはありえないのだろうか。もし空間の分化を扱ったならば、ルーマンは空間を独自の意味次元として扱おうという気になったことであろう。

個人再考

心理システムと社会システムがどのように関係しているのかを見てきたが、この辺で、社会学における人間の位置づけをルーマンがどのように考えていたのか、よりくわしく見ていきたい。ルーマンは、多くの社会学――ヴェーバー、合理的選択、ゴッフマン等々――が個々の主体に焦点をあてる「人間中心的」立場をとっていることに反旗をひるがえす [King and Thornhill 2003: 2]。ルーマンは、おそらくは無自覚的に人間主体を基礎としているような理論に対してきわめて批判的である。人間主体を基礎として社会の理論を構築することは人を誤らせるものだとルーマンが見なすとき、人間中心主義に対する彼の疑いは理論的なものである。しかし、彼の疑いは、同時に歴史的論拠にもとづくものでもある。

「人間思いの／間違い《ヒューマン》を犯す創造者たち」には気をつけろと言いたくなるくらい、彼らにはいやというほどひどい目にあってきた。人間についてのさまざまな思想は、あまりにもしばしば、外的事情にかこつけて非対称的な役割を固定化することに役立ってきたし、それは人々の生来の社交的性質を後退させるほどであった。人種イデオロギー、選ばれた者たちと見放された者たちの区別、社会主義の教義が規定していたこと、あるいは、るつぼイデオロギーが提案していたことや北米のアメリカ的生活様式等々がすぐに思い浮かぶであろう。これらの一つとして、同じことを繰り返し主張しようという気にさせるものはないし、新たに修正を加えようという気にすらならない。実際のところ、あらゆる経験は、ヒューマニズムから私たちを救い出してくれる理論の方が好ましいと思わせる。

［1994a: 55-6. 強調は引用者］

これは、ルーマンが自らの規範的立場を明確な言葉で率直に語っためずらしい箇所の一つである。人間主体を基礎とする理論に対して懐疑的であるべき理由は、それが簡単にイデオロギー的に悪用されてしまうからである。つまり、そうした理論から、よくよく考えれば恐ろしい事態が予想されるにもかかわらず、人間の「改善」のためのあれこれの提案が導き出されることになるのである。それゆえ、ルーマンは喜んで「反人間主義的」立場をとる[*10]［Luhmann 1997a: 35］。

より正確に言えば、この反人間主義の立場が提案するのは、人間は社会の一部ではなく、社会の環境に属するということである。[*11] 一見すると、この主張はまったく受け入れがたい主張に思える。人間が社会の一部ではないなどということはありうるのだろうか。それは、私たちの日常経験に反しているのではないだろうか。だが、より厳密に考えてみるならば、人間を社会の外に置くというアイディアは、社会的なものはコミュニケーションによって構成されるという主張を突き詰めれば出てくるアイディアである。社会とはコミュニケーションの総体、つまり社会システムの総体に付けられた呼称だとすれば、そして、コミュニケーションだけがコミュニケーションできるとすれば、人間は必然的に社会にとって外的存在ということになる。ルーマンは、人間は社会の一部であるよりは、実際にはさまざまなオートポイエティック・システム——心理システムおよびいくつかの生命システム（細胞、免疫システム等々）——の集合体である、と主張する。したがって、厳密には、人間は社会の一部ではありえないのである。作動において閉じたコミュニケーション・システムが、心理システムや有機体のさまざまな部分に由来する作動を統合する術はない。ルーマンによれば、作動に関するこの論理を無視し、コミュニケーションからなる社会システムと、さまざまなシステムの集合体としての人間とをきちんと区別できないような理論は、個人という過度に単純化された概念を用いることになる。ミンガーズ [Mingers 2008] のような人たちが、ルーマン（誤）読解にもとづいて展開する批判、すなわち、ルーマンのシステム理論はその反人間主義的立場ゆえに偏向したものにならざるをえなかった、という批判を逆手にとってルーマンはつぎのように主張する。「はっきり言えば、オートポイエティック・システムの理論には、『個人を真剣に考える』というタイトルを付けてもよいくらいである。私たちのヒューマニズムの伝統より真剣に考えていることは間違いない」[Luhmann 1992b: 1422. 強調は原文]。

人間を社会から除外するからと言って、ルーマンには、人間はその肉体にさまざまなシステムの集合体を宿す存在であるということ以外に、人間について語るべき実質的内容がない、ということにはならない。たとえば、構造的カップリング、相互依存、物質的基盤における環境との連続性といった概念が含意しているのは、たとえ人間は社会の一部でないとしても、人間が存在しなければ社会も存在しないということである（この点は、Mingers 2008による批判においては無視されている）。心理システムと生命システムが存在しなければ、コミュニケーションも存在しない。だが、ルーマンはこれだけの主張にとどまっているわけではない。最も重要なのは、ルーマンがいくつかの論文において、「人格」および「個性」という概念を中心に分析を展開し、社会システムにおいて人間がどのように重要事項になるかを説明しようとしていることである。これには歴史的探究と新しい概念の提案が含まれる。概念的・理論的側面では、包摂と排除の区別を基礎に人格および個性の研究をすべきだと主張する。

包摂が（そして排除もまた）意味しうるのは、コミュニケーションにおいて人間が指し示される、つまり話題にされる、その仕方のみである。（「人格」という――引用者）用語の伝統的な意味に従うならば、包摂も排除も、人間がどのように「人格」として扱われるかを示していると言えよう。〔Luhmann 1995d: 241. 強調は原文〕

「指し示し」の概念については第3章で説明する。ここで重要なのは、「人格とはシステムではなく、コミュニケーションにおいて同一のものと見なされる点であるということである」〔Kneer and Nassehi 1993: 87〕。つまり、「人格」とは、人間がコミュニケーションにおいて（あるいは心理システムの思考において）どのように扱われるかを記述するためにシステム理論が採用する名称である。パンク信奉者のグループが、セックス・ピストルズのシド・ヴィシャスについてコミュニケーションするとき、人間としての彼は、コミュニケーションの一部なのではなく、コミュニケーションにおいて話題にされているのであり、したがってシステム理論の用語で言えば人格としてあらわれている。コミュニケーションが自らを欺いて行為システムであると思い込むのと同じように、コミュニケーションはテーマとして、あるいはコミュニケーションのパートナーとしてさえ、人格を構成することで、根本的に人間を排除することを回避していると言うこともできるかもしれない。だが、人格はたんなるトリック以上のものである。たとえばルーマンはつぎのように言う。「人格は、その者が行うであろう行動やその者に特有の行動に関する予期を秩序づけるために構成される」[†8] [1995g: 315]。言い換えれば、人格概念は、コミュニケーションを構造化する予期を意味するということである。パンク信奉者として扱われるということは、一定の予期（音楽の好み、服装、態度等々）が帰属される人格と見なされるということである。同一の人間がコミュニケーションの文脈（当該の包摂の種類）に応じて複数の人格を構成することは明らかである。彼または彼女が、ある文脈では親として、別の文脈では政治家として、第三の文脈では宗教の信者として、扱われるといった具合である。これは、社会学の概念としてはより標準的である役割概念と似ていると思われるかもしれないが、ルーマンは、人格と役割を一緒くたにしてはならないと言う [1995g: 315-7]。前者が特定の人間を指すのに対して、後者は多くの異なる人間によって実行されうる、より一般的な予期の層を記述するものである。たとえば、ある国の大統領と言えば、それは特定の予期が結びついている特定の役割を指すが、もし私たちがオバマ氏と呼べば、そのとき私たちは彼を人格として扱っている。

こうした概念的議論に加えて、ルーマンは、ゼマンティク研究において、より歴史的観点から個性の検討を行っている。第1章でも触れたが、この分野でルーマンが行ったのは、社会のゼマンティクが、つまり概念の蓄え、あるいは概念装置一式が、社会の構造とどのように関係しているのかを探究することであった。この社会の構造とは、マルクス主義が想定したような社会の経済的土台のことではなく、社会の第一義的な分化様式のことである。ルーマンは、社会分化の主要な形式として三つの形式を区別している（以下の図2・4も参照）。最も初歩的な形態は環節的分化と名付けられている。これが意味するのは、小規模な氏族や部族のような環節的単位にもとづく社会であり、これらの単位は包摂される諸個人のあらゆる必要を満たす。このような社会編成の形式は、通常、伝統的社会と結びついていて、環節的単位同士の間での分業や機能的分化のいかなる形式も知らない。より発達した形態をもつ社会は、成層化あるいは階層制の分化様式を発展させる。ここでは、社会はさまざまな階層に従って分化し、ある階層は他の階層より上位であると見なされる。この分化形式は、中世のヨーロッパ社会やインドのカースト社会によって知られるようになった。最後に、ルーマンによれば、少なくともヨーロッパの文脈において、階層的に分化した社会は、新たな第一義的分化の形式によって、すなわち機能的分化によって取って代わられ、それは一八世紀から一九世紀にかけて完成した。機能的分化とは、要するに社会がいくつかのオートポイエティックに作動する機能システム（法、科学、政治、宗教、芸術等々）に分化するということである。[*12] ルーマンにとって、この移行は、前近代社会から近代社会への移行に等しい。

ルーマンは、こうした分化様式を、個性の問題と結びつける。具体的に言えば、環節的に分化した社会と階層的に分化した社会においては、個人は、特定の環節的単位または階層に包摂され

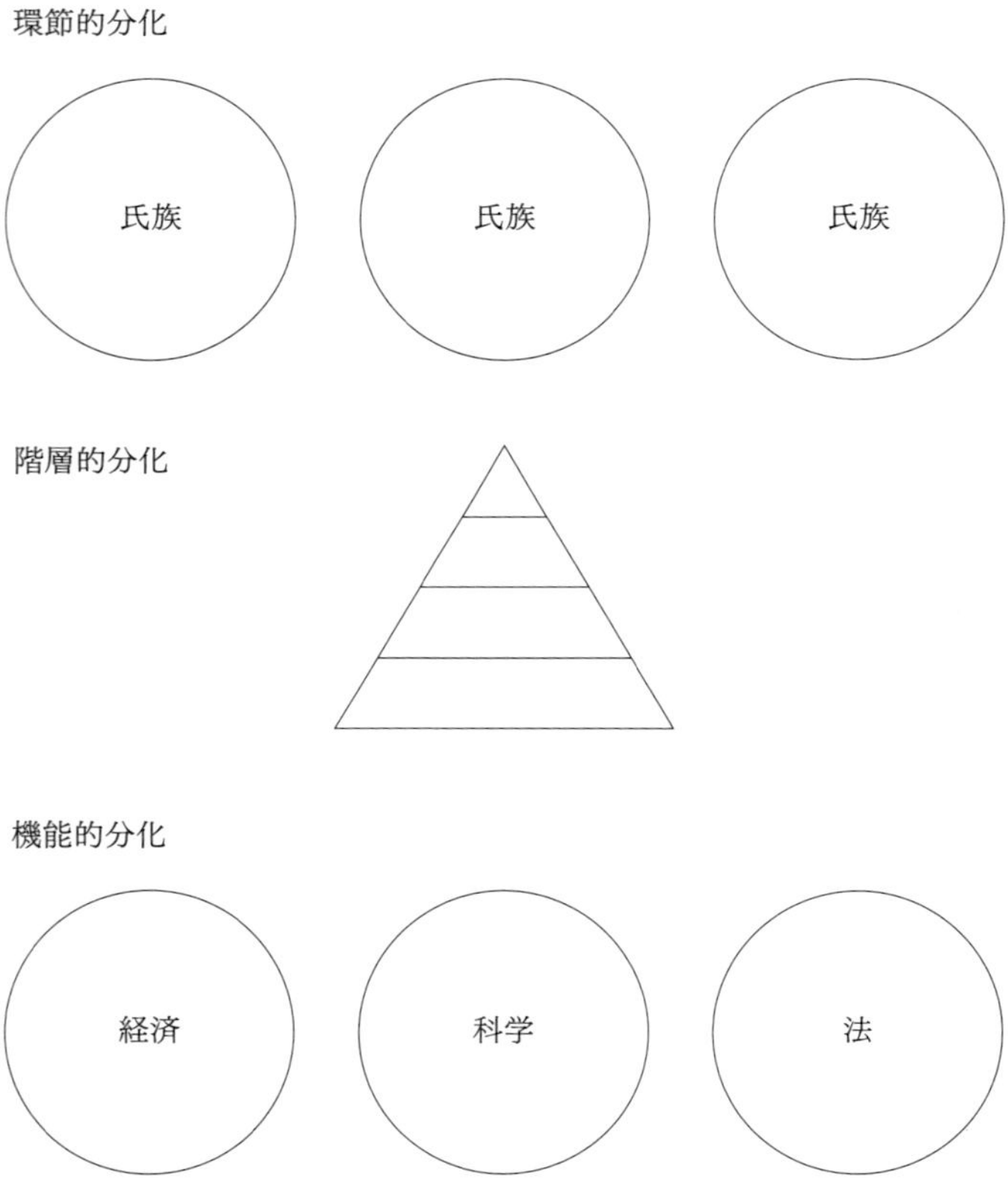

図 2.4　社会の分化様式

ることによってのみ一定の地位を獲得する、とルーマンは主張する。たとえば、階層的に分化した社会において貴族階層に属することは、その人がどのように扱われるかを決定し、その社会的地位が含意する特定の予期と出世の見込みを決定する。さらに重要なのは、環節的に分化した社会と階層的に分化した社会においては、各人格はたった一つのシステムに包摂されるだけだということである。一人の人格が同時に二つの部族の一員であることはできないし、同様に一人の人格が同時に二つの階層に属することもできない［Luhmann 1995d: 242-4］。ルーマンによると、こうした事態は、社会の分化の第一義的様式として機能的分化が優勢になると、根本的に変化する。まず第一に、いかなる機能システムも一人の個人を完全に包摂することはありえない。たとえば、科学者だけの人とか、芸術家だけの人とかはいない。誰もが、つねにさまざまな機能システムへの包摂の間で揺れ動く（バーでビール一杯のお金を払うときは経済システムに、神に祈るときは宗教システムに、政治的戦略について論争するときは政治システムに等々、包摂される）。このことはまた、包摂はある文脈から別の文脈へとつねに変化するのだから、誰も自分の個性を包摂にもとづいて確立することはできないということを意味する。したがって、近代の機能的に分化した社会においては新しい形式の個性が登場するとルーマンは主張する。すなわち、「排除による個性」[†9]である［Luhmann 1989b: 160］。

この排除による個性は、近代的個人にとって負担になると同時に近代的個人の解放でもあると解釈することができるかもしれない。一方で、もはや誰も自分の個性を確立するにあたって、個々のシステムに依拠することはできない。個性は、それらのシステムに依拠することなく、いわばシステムの外部に、あるいはシステムの剰余として、構築されなければならない。大雑把に言えば、ある人の個性はもはや生まれでは決まらず、継続的な努力を必要とするものだということである。これは負担と見なすことが可能だが、他方で、個人に制約を課す社会構造からの解放と見なすことも可能である。機能的分化は、個人が自分の個性を彫琢するための余地を拡大する。ルーマンはデュルケームに言及しながら、これを「高進関係」と記述する［1995b: 130］。社会の分化の進展は、個性の後退をもたらしはしない。その反対である。社会の分化が進めば進むほど、個性の余地は増大するのである。

第3章

観察システム

ルーマンが『社会システム理論』を公刊して以降、彼の著作はオートポイエーシス概念と結びついてきた。この「オートポイエーシス論的転回」は、社会システムをどのように考えるべきかという問題に対して、明白な社会学的な含意を有していただけではない。ルーマンは、彼が社会学に与えようとした新しい基礎から導き出される認識論的含意にも関心を抱いていた。この関心は、すでに『社会システム理論』に見ることができる。その最終章は「認識論に対する諸帰結」についての章である [1995g: Ch.12]。この章はたいへん短く、認識論的含意をきわめて概略的に示してみせることしかできなかったが、その後の数年は、ルーマンがますます認識論的問題に引きつけられていったことを示している。実際、第1章でも述べたように、私はルーマンの理論活動における第三段階について語ることには十分な根拠があると思っているが、それはまさに一九八〇年代の後半に始まり、観察、区別、再参入、パラドクスなどの概念を軸に議論が展開されるようになった段階である。

ルーマンの認識論的考察は、これらの概念装置にもとづいている。オートポイエーシス概念がルーマン以前の社会学的思考にとって馴染みがなかったとすれば、観察、再参入等々の語彙の全体もまた馴染みのないものであることは言うまでもない。ルーマンのこれらの概念についての理解は、ほとんど知られていない「わかりにくい数学者」[Knodt 1995: xi]、ジョージ・スペンサー＝ブラウンと彼の『形式の法則』[1969]の読解に由来していると言ったところで、何の助けにもならない。そこで、本章の目標は、観察、区別等々の概念の内容と社会学にとっての意義を説明することである。それには、スペンサー＝ブラウンのほとんど知られていない著作における議論も含まれる。

以下で順次説明していくが、あらかじめつぎの点を確認しておくことは重要である。すなわち、これらの概念に対するルーマンの関心は、オートポイエーシス論的転回の認識論的基礎と含意を説明したいという思いから生じているのだが、その詳細な認識論的議論は、じつは彼の社会学理論の再定式化をもたらした、ということである（これが、ルーマンの後期の理論活動を独自の段階として区別することに意味があると考える理由である）。具体的に言えば、ルーマンは、社会学を、いわゆる二次観察、つまり観察の観察を基礎に社会的現象を研究する科学に転換すべきだと主張するようになる。このようにオートポイエーシス論的転回は、ついにはルーマンの社会学的関心の方向を変え、理論の構成においてオートポイエーシスがじつはそれほど重要な役割を果たさなくなるような認識論的反省へと至ったのである。

区別を設けよ！

ルーマンの第三段階についての論述を、ジョージ・スペンサー゠ブラウンの『形式の法則』を考察することから始めたい。なぜなら、一九八〇年代の後半以降、この本がルーマンのほとんどすべての著作において、最も重要な位置を占めているからである。実際、ルーマンの後期の著作は、この約一五〇頁の専門書に由来する語彙と同書への言及に満ちあふれている。スペンサー゠ブラウンの術語を前面に出そうというルーマンの思いはほとんど狂信的と言いたいくらいだが、その結果、スペンサー゠ブラウンについての考察を軸にルーマンについての批判的分析を展開する者も出てきている。たとえば、ロドリゴ・ヨーキシュは、ルーマンの後期の著作はあまりに『形式の法則』に依拠しているので、スペンサー゠ブラウンに向けられた批判は自動的にルーマンにも向かうことになるだろうと論じている*1［Jokisch 1996: 66］。このように、何人かのコメンテイターにとっては、スペンサー＝ブラウンがルーマンのアキレス腱ということになるが、他方で、両者の著作を少しでも比較してみれば、大きな違いがあることは容易にわかる。ルーマンがスペンサー＝ブラウンの専門書に大いに示唆を受けたことは間違いないが、ルーマンが取り入れたのは社会学的に利用できるアイディアだけである。そのため、『形式の法則』において提示されている論理的および数学的アイディアと計算の多さと、ルーマンの社会学に再登場する概念の少なさとは、際立った対照をなしている。

それでは、この数学の専門書は、いったいどんなことを論じているのだろうか。スペンサー＝ブラウンによると「本書の主題は、ある空間が裁断され別々にされるときに、一定の宇宙が存在するにいたるのだ、ということである」［1969: v］。スペンサー＝ブラウンの壮大な目標は、このアイディアにもとづいて、「ほとんど薄気味悪いほどの正確さと射程でもって、言語学、数学、物理学、生物学の根底に横たわっている基本的な形式を再構成すること」、それによって「われわれ自身の経験のよく知られた諸法則が、初源的な裁断の振る舞いからどのように容赦なく帰結されてくるかを、眺めることができるようになる」ことである［1969: v］。このきわめて壮大な目標にくらべれば、ルーマンによるスペンサー＝ブラウンのアイディアの借用は、はるかに控えめで、『形式の法則』から導き出すことができる社会学的および認識論的帰結に限定されたものである。

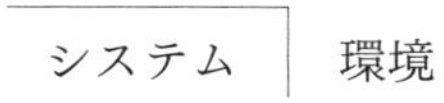

図 3.1

ルーマンによる借用は、とりわけ区別と形式についてのスペンサー゠ブラウンの理解にもとづいてなされている。「区別を設けるとは、二つの側を生じさせる境界を配置することであり、その結果、境界を横断することなしに、片側にある点から他の側に到達することができなくなることである」とスペンサー゠ブラウンは述べる［1969: 1］。これをルーマンの術語で言い換えることは容易で、〈システム／環境〉の区別は、厳格に分離された二つの側をもつ境界を確立する、となる。さらに、ルーマンと同じように、スペンサー゠ブラウンの専門書も、区別の導入によってすべてが始まる。「区別を設けよ」は『形式の法則』における数学的計算を開始させる命令と読める［1969: 3］。最初の区別が設けられることで、作業を開始することが可能になる。そして、「ひとたび区別が設けられると、境界の両側にある空間、状態、内容は、別個のものとなるから、指し示されることが可能となる」［1969: 1］。スペンサー゠ブラウンは、「区別のマーク」をあらわすためにつぎのような記号を考案する。すなわち⌉である［1969: 4］。この記号には非対称性が組み込まれているが、それが意味するのは、区別の（外側ではなく）内側が指し示されている側だということである。区別をこのような記号であらわすというやり方に従うならば、ルーマンの中心的区別は図3・1のように表記できるだろう。

区別と指し示しという二つの概念は、ルーマンの観察の定義では結合されている。「観察するとは、区別の他方の側ではなく一方の側を指し示すために区別を用いる作動である」[Luhmann 1993c: 485. 強調は原文]。たとえば、私が本棚を見て、フローベールの書いた一冊の本を観察するとき、この観察は二重の作動である。つまり、まずフローベールの本をその他の本から区別し、つぎにこの区別のフローベール側を指し示すという作動である。[*2] あるいは、ルーマンに従って、より正確に言うならば、この二段階の過程は、じつは一段階で遂行される。もしも区別と指し示しが同時に起きなければ、観察とは一つの作動ではなく二つの作動ということになってしまうであろう。

観察のこのような理解には三つの重要な含意がある。第一は、区別がなければ、指し示しもないことである。後者は端的に前者を前提する。私が区別におけるフローベール側を指し示すことができるのは、それをフローベール側ではないものから区別する場合のみである。第二に、このことから、あらゆる区別は「二つの側をともなう区別」であるということが帰結する[Luhmann 2000a: 65]。あらゆる観察にはつねに、区別の(現在は)指し示されていない側がともなっている。これは、スペンサー＝ブラウンによる形式の定義が伝える要点でもある。「任意の区別による分割が存在する空間を、その空間の内容全体と併せて、区別の形式と呼ぶ」[1969: 4]。したがって、形式とは、ルーマンにとってもスペンサー＝ブラウンにとっても、何らかの対象の形状を意味するわけではない。たとえば、コーヒーポットやフローベールの本の形とか形状とかではない。こうした日常的理解とは違って、ルーマンおよびスペンサー＝ブラウンの形式概念は、つねに区別の（現在は）指し示されていない側を含む概念である。形式とは、二つの側の区別の統一である。区別の二つの側は、そのつど指し示されるのは一方の側でしかありえないにせよ、つねに同時に与えられているのである。これまた、ルーマンが、あらゆるシステムはその環境に依存しているということを強調していることと符合している。ルーマンにとって、システムは環境から区別されているということを、たとえ暗黙のうちであれ想定することなしにシステムについて語ることは無意味である。

スペンサー＝ブラウンは、任意の与えられた瞬間に、区別のどちら側が指し示されているのかを記述するために、マークされた状態およびマークのない状態という概念を用いる。マークされた状態とは指し示された側のことであり、マークのない状態とは指し示されていない側である[Spencer-Brown 1969: 4,5]。私は、この語彙を使用することで、ルーマンの観察概念の第三の重要な含意を指摘したい。それはニールス・アーカースドローム・アンデルセンが論じているように、システムはどのように区別を通して観察するのかという問いに対するルーマンの関心は、たとえば、つぎのような分析的アプローチにつながるということである。すなわち、排除された側、マークのない側とマークされた側が一緒になって区別の統一性を構成しているわけだが、その排除された側、マークのない側に何があるのかとつねに問うような分析的アプローチである［Andersen 2003: 78-80］。たとえば、私がフローベールの本を観察するとき、じつのところ私はどのような区別を用いているのだろうか。フローベールの本とそれ以外のすべての本を区別しているのであろうか。それとももっと限定的に、フローベールの本と、たとえばドン・デリーロの本とを区別しているのであろうか。マークのない状態は、通常、暗黙のうちに与えられているだけなので、社会学者が、観察を成り立たせているマークのない側を解明しようとするのは、当然の成り行きであろう。アンデルセンは、ルーマンに示唆を受けたこの分析戦略に「形式分析」という名称を与えている［Andersen 2003: 78-80］。アンデルセンが指摘しているように、二つの側をともなう観察形式の分析は、一見同じ観察と思われたものが、じつは異なった形式によるものであり、したがって異なった意味をもっていたということを明らかにするかもしれない。たとえば、人々が「安全」について語っているとき、マークのない状態の方は著しく異なっていることがありうるのであり、それは「安全」という言葉にまったく異なった内容が帰属させられるということを意味する。強制猥《わい》褻《せつ》の被害者にとっては、安全のマークのない側は「婦女暴行」かもしれない。ハイチでの地震後、両親を亡くした子どもにとって、安全のマークのない側は「路上生活」かもしれない。中産階級のヨーロッパ人にとっては、安全のマークのない側は「お金のかかる健康管理」かもしれない。ここでの要点は、「安全」という同じ言葉が、三つのまったく異なった形式に依拠しており、したがってまったく異なった意味を帯びているということである。*3

再参入とパラドクス

区別の形式を構成するのは何かを定義してから、スペンサー＝ブラウンは算術的部分と代数的部分の両方をもつ複雑な算法を展開する。ここでスペンサー＝ブラウンは、マークされた状態とマークのない状態という二つの値の区別にもとづいた新たな数学の構想を展開するために、その手段として区別のマーク「を用いている。『形式の法則』のこの部分は、その大半がきわめて専門的で、ここでの文脈では立ち入る必要はない。ただ、精巧に展開された議論の一つは、ルーマンにとっても重要な役割を果たしているので、注目に値する。スペンサー＝ブラウンは、専門的な計算の最後で、一つの問題を提示する。算術的および代数的試みは、最初、有限な数学的表現にもとづいてなされ、いずれの表現も二つの値（マークされた状態とマークのない状態）のいずれかに分解できたのだが、無限な表現に遭遇することで算法は問題に直面する。無限な表現の値を確定することがどうしてもできないのである。つまり、無限な表現をマークされた状態かマークのない状態かのいずれかにまで突き詰められるのかどうかが、決定できないのである。

スペンサー＝ブラウンは、新しい概念を導入することで、この難問に対処しうると提案する。

すなわち再参入という概念である。この概念が意味するのは、それ自身を含む形式である（全体が部分によって再現されるフラクタルとの比較を思いつく人もいるであろう。[Kauffman 1987: 63-5参照]）。繰り返すが、再参入の手続きに関する専門的な話は、ここで立ち入る必要はない。それよりも重要なのは、再参入の概念が、自己言及を際立たせ、自己言及は決定不能性の問題を強化してしまうことである。論理学から有名な例を挙げれば、いわゆる「嘘つきのパラドクス」は、「解決不能の不決定性」によって特徴づけられる自己言及の形式を証示している [Spencer-Brown 1969: 57]。このパラドクスの一つのヴァージョンは「この文は偽である」だが、もしこの文が真なら、この文は偽である、ということになり、もしこの文が偽なら、この文は真である、ということになる。簡単な解決はありそうにもない。しかし、実際にはこの自己言及のパラドクスから逃れる術があるとスペンサー＝ブラウンは主張する。解決は、たんに別の次元に求めるべきだというのである。すなわち、時間の次元である。これを説明するために、彼は、一枚の紙に描かれた円を思い浮かべる。円の内側と外側という区別において内側がマークされた状態をあらわし、外側がマークのない状態である。スペンサー＝ブラウンは、これに想像上のトンネルを付け加える [Spencer-Brown 1969: 58-60]。トンネルは紙の下を通って内側と外側とをつないでいる。さて、今、内側が「真」を象徴し、外側が「偽」を象徴しているとすると、嘘つきのパラドクスは、トンネルを通っての一方の側から他方の側への絶え間ない振動に等しい。誰もが知っているように、トンネルを通るには時間がかかる。これが意味するのは、自己言及というパラドキシカルな形式は、必ずしも思考やさらなる処理を妨げるものではなく、パラドクスは時間において脱パラドクス化されるということである。時間が、行き詰まりを回避しパラドクスの分析を可能にする方法になる。

このような議論は突拍子もないものに聞こえるかもしれないし、いずれにしろ社会学の理論には関係なかろうと思われるだろうが、ルーマンはそうは考えなかった。彼は再参入の概念を、直接、社会システムの次元に適用する。実際、再参入は広範な社会的現象を記述するうえできわめて有効な術語であるとルーマンは主張する。社会システムが、〈システム／環境〉の区別をシステムの内部に含んでいるということはよくあることである。たとえば、そのように〈システム／環境〉の区別を当該区別のシステム側に再参入することは、いかなる形式の反省と合理性にとっても決定的に重要なことであるとルーマンは主張する。彼は、システムの反省とは、システムが、再参入された〈システム／環境〉区別のシステム側か環境側かのいずれかを観察する状況であると定義する［1995g: 455］。たとえば、ある組織が、自らを統一体と見なし、新たにどのような特徴づけを自らに与えるのかについて議論するとき、反省能力が発揮されている。これに対して、システムの合理性が問題になるのは、システムが、再参入された〈システム／環境〉区別の一体性を観察するときである［1995g: 474］。たとえば、ある組織が、「環境に与える影響を、その影響から生じるシステム自体への反作用を確かめることでコントロールする」とき、システムとしての合理性が発揮されている［1995g: 475］。このようにして、システムは、自らの振る舞いがシステムと環境の区別の一体性にどのように影響を与えるのかを観察する。反省と合理性の区別は、図3・2に示されている。

観察システム

再参入概念のもう一つの重要な含意は、ルーマンが、区別は「自己含意的に」しかなされえないと言っている事態と関わっている［1990a: 84］。いかなる区別も、その区別とその区別を設ける観察者との区別を前提しなければ、そしてそれを同伴させなければ、不可能である（これは『形式の法則』が読者に最初に設けるように指示した区別にもあてはまる）。つまり、私が区別のマークを紙に書くとき、私は同時に、このマークと私自身とを区別しているということである。これが意味するのは、きわめて根本的次元で、どのような区別も再参入をあらわしているということである。区別の形式は、つねに、再参入された区別の形式であらわれる［図3・3参照］。

これまたたいへん思弁的に聞こえるかもしれないが、つぎのような重要な社会学的含意をもっている。すなわち、ルーマンは、いかなる区別も再参入を含意するということを、『社会システム理論』の要の主張、つまり「システムは存在する」という主張を支持する証拠だと考える

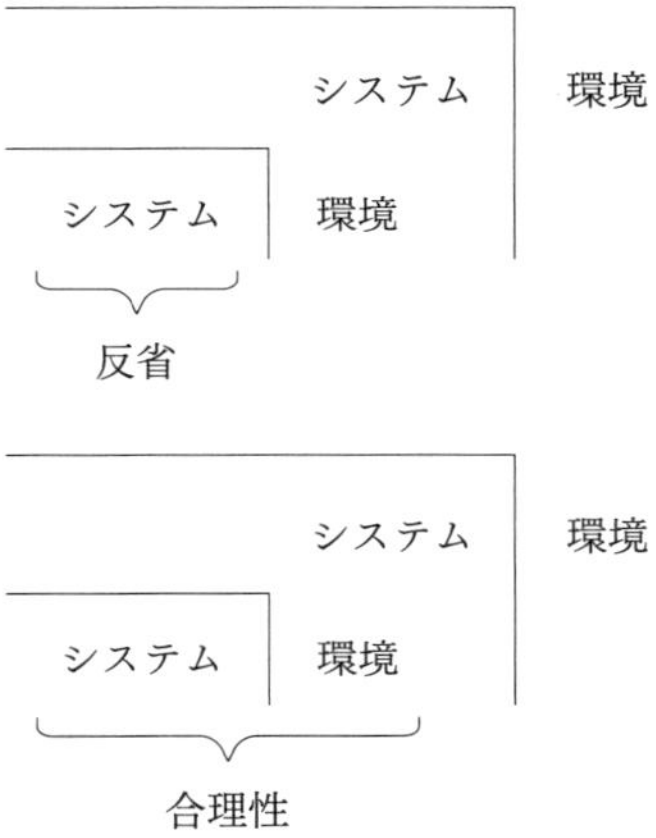

図 3.2　再参入された〈システム / 環境〉区別にもとづく反省と合理性

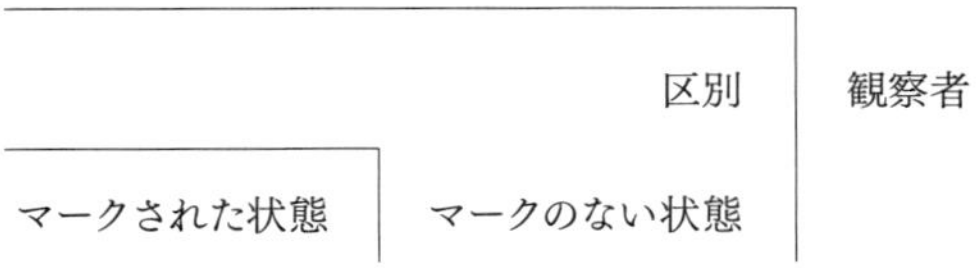

図 3.3　区別と観察者

[Luhmann 1995g: 12]。再参入はつねに存在するということを強調することで、『形式の法則』は、事実上、区別はつねに、他の区別のネットワークの中にあらわれるということを示したのである[Baecker 1993: 31-2]。

区別のマークのない側および区別を設ける観察者への二重の言及はルーマンにとって決定的に重要であり、一九八〇年代の後半以降、ルーマンが観察概念に夢中になることの大本である。一九九三年の退官記念講義で、ルーマンは、マルクスとデュルケームの社会学的パースペクティヴへの対案として、この二重の言及を提示する。ルーマンによると、デュルケームは「何が事実か」を調査することに関心があるのに対して、マルクスは「その背後に何があるのか」に注目している[Luhmann 1994d]。こうした探究に対抗して、ルーマンはスペンサー＝ブラウンに従ってつぎのように述べる。あることが事実である（デュルケーム）とき、背後にある（マルクス）のは、一部は現在指し示されていないこと（マークのない状態）であり、一部は区別を設ける観察者である[Baecker 1999b: 45; Luhmann 1994d]。したがって、このプログラムに従うならば、社会学者の分析課題は、何が事実かを観察する観察者を研究することと、その観察において用いられている区別（マークされた状態とマークのない状態）を綿密に調べることである。別の言い方をするならば、マトゥラーナの格言「言われることはすべて観察者によって言われる」に同意するルーマンからすれば、社会学者は、観察者と、どのように（いかなる区別を用いて）その観察者が観察するかに焦点を合わせるべきなのである［Luhmann 1993b: 769］。

いかなる区別の「背後に」も観察者がいることを分析的に説明するために、ルーマンは、ハインツ・フォン・フェルスターのサイバネティクスの著作［1984a］を参考にして、自らの社会学理論に新たな分析装置を追加する。すなわち、例の二次観察という分析装置である。一次観察が、観察者が何を観察しているのかに関わるのに対して、二次観察は、一次観察者がどのように観察しているのかに関わる[*4]。つまり、二次観察者は、一次観察者が世界について何事かを主張する際に用いる区別には関心があるが、世界について何事かを主張することにはあまり興味がない。具体例を挙げれば、「〇〇氏が提案した政策は道徳に反する」と述べることは一次観察である。それに対して、二次観察であれば、そこで用いられた区別に、つまり政策は道徳的区別にもとづいて観察されているということに注目するであろう。

ルーマンは、二次観察も区別を設け、その一方の側を（他方の側ではなく）指し示すという点では一次観察と同じなので、あらゆる二次観察は一次観察でもあることを明確にしている。

だが、二次観察は、やはりたんなる一次観察ではない。それ以上であると同時にそれ以下でもある。それ以下であるのは、二次観察は観察者のみを観察し、それ以外は観察しないからである。それ以上であるのは、二次観察はその対象（観察者——引用者）を見る（＝区別する）だけでなく、その対象が何を見ているのかを見、かつその見ているものをどのように見ているのかをも見るからであり、さらに、おそらくは、対象が何を見ていないかを見、かつ対象が見ていないものを対象が見ていない、ということを対象が見ていない、ということをも見るからである。このように二次観察の次元では、人はすべてを観察することができる。つまり観察される観察者が見ているものと、観察される観察者が見ていないものの両方を観察することができる。……一つのことだけは除外される。すなわち、二次観察の瞬間にまさに遂行されている当の観察であり、一次観察として作動している瞬間のその作動である。
［Luhmann 2002c: 114-5. 強調は原文］

フーコーであれば、このように形式主義的な言い方をすることはないであろうが、フーコーの問題化の系譜学［Foucault 1997］と二次観察の考え方との間に、類似性を見いだすことができる。ルーマンの語彙で表現すれば、フーコーは、社会的世界の構成について一次観察を行わず、歴史を通じて、さまざまな現象を観察者たち[†1]がどのように問題化してきたかを二次観察の視点から観察する。たとえば、パノプティコン——『監獄の誕生』で分析された有名な事象——は主体を規律訓練するうえでじつに効果的なやり方である、といった主張をフーコーは行わない（それは一次観察であろう）。それよりは、歴史のある時点でパノプティコンが効果的な権力テクノロジーと

道徳的 | 不道徳的政策

図 3.4

して観察されたという事実に興味をもつ〔Foucault 1977〕。同じように、ルーマンが関心を寄せるのは、観察者たちがどのように世界を構築するかである。観察者たちはどんな区別を用いているのか。観察において何がマークされないままになっているのか。観察を行う観察者たちが展開するゲームとして社会的世界がどのようにあらわれるのか。

ルーマンが二次観察を優先する理由の一つは、それが、いかなる観察にもつきまとう盲点の問題を扱う術を提供することである〔von Foerster 1984b: 288-9; 1992: 49-51参照〕。ある人が区別を設け、もう一方の側ではなく一方の側を指し示すとき、その観察者にははっきり見えているのは、指し示された側だけである。（二つの側をともなう）区別の形式は、観察者にとって盲点になっている。たとえば、もし私が、〇〇氏は道徳に反する政治プログラムを提案していると言えば、この観察には、私が用いている区別の形式〔図3・4〕は見えていない。何かを観察している瞬間は、観察者には、自分がいかなる区別の形式を用いているのかを見ることができない。もちろん、この最初の区別の形式も新たな観察によってならば観察することができるが、その新たな観察もまた新たな盲点を生み出し、それを観察できるのはまた新たな観察だけで……というふうに同じことの繰り返しである。たとえば、私は、私が○○氏をどのように観察したかを観察するために、新たな観察をすることができる（二次観察）。それはつまり、○○氏に対して私が用いた区別の形式を、私が観察するということである。しかし、この新たな観察自体も、その観察の瞬間には、自分が用いている区別の形式が見えない。比喩的な言い方をすれば、何かを凝視している目は、その凝視の最中、自分自身を見ることはできない。要するに、盲点があらわしているのは、観察者は、自分が見ることができないものを見ることができない、ということを見ることができない、という事実である（先の引用参照）。

一次観察よりも二次観察を強調することは、存在論から認識論への移行をもたらすとルーマンは論じる。社会的世界の存在論的な成り立ちについて主張を行う（社会的なものはかくかくしかじかである）代わりに、二次観察に専念する社会学は、全面的に認識論的側面に取り組む（観察者たちはどのように観察するか。彼らは、世界がどのように成り立っていると信じるのか）。実際、ルーマンはつぎのように述べている。存在論的区別は、「ある」と「ない」の区別にもとづいて観察が行われるときにはいつでも生じるが、二次観察者にとって存在論が興味を引くのは、他の観察者たちがこの存在論的区別を用いて観察していることを観察するときだけである［たとえばLuhmann 2002c: 116］。この認識論的次元には、後でルーマンの構築主義について論じる際、再度立ち戻る。

ルーマンの二次観察の強調については、それが彼の著作の中に若干の緊張をもたらすことになったということを指摘することができるかもしれない。というのも、ルーマンの理論活動の最終段階は、彼の社会学的システム理論は二次観察の様式に従っているという印象を与える（多くの場合、明らかにそうである）一方で、一次観察の次元で展開されていると言ってよい部分もあるからである。最も重要なのは、オートポイエーシス概念がこの段階ではもはやルーマンの一番の関心事項ではないとしても、彼の社会システムの理解は、相変わらずオートポイエーシスの枠組みにもとづいていることである。この枠組みは一次観察に相当すると言ってさしつかえないと私は思う。それは、さまざまなシステムが存在し、それらが実際にオートポイエーシスの論理に従って作動していると断言するからである。このように、社会システムがどのように作動するかということについてのルーマンの説明は、観察者が作動様式をどのように観察しているのかを観察する二次観察にもとづいているのではなく、社会的世界はどのように成り立っているかということについての理論的主張にもとづいている。

二次観察についての最後のコメントは当然のコメントである。すなわち、ルーマンが二次という次元の観察を導入したことで、より高次の観察を問題にしなくてよいのかと思う人が当然いるであろう。したがって、ルーマンが、二次以上の高次の観察を行うべき理由はないと見ていたことは確認しておきたい。[*5] ルーマンの主張の要点は、三次観察（つまり、観察の観察の観察）も、観察を観察する点では、二次観察と構造的に大差ないということである。三次観察や四次観察に移行したところで、二次観察によってすでに達成されていることではない何か根本的に新しいことが獲得されるわけではないのである。

作動主義的認識論[†2]

あらゆる観察は観察システムによってなされるという主張は、ルーマンに、観察と現実との関係の反省を促すことになった。そして、その種の反省は、彼の認識論のプログラムの中で展開された。ルーマンの認識論は、オートポイエーシス論的転回と差異論的転回の両方に由来する考え方にもとづいているが、後者はもちろんスペンサー＝ブラウンに影響されたものである。かくしてルーマンが、『認識はいかにして可能か』という問いには『区別の導入によって』と答えることができる」と述べていることは意味深長である [Luhmann 2002d: 130]。しかし、このスペンサー＝ブラウン的構想は、たんに新たな問いを生じさせるだけであった。すなわち、「認識の問題は、いかなる区別によって明確化できるのか」[Luhmann 2002d: 130]。この問いに答えるために、ルーマンは〈システム／環境〉区別に依拠する。これが意味するのは、社会的世界についての認識を私たちはいかにして獲得するのかという問題をルーマンが考察するとき、彼は基本的に、認識は環境から自分自身を分離するシステムが設ける区別によってのみ可能である、と論じているということである。

〈システム／環境〉区別がルーマンの認識概念にとって果たす役割を理解するために、ルーマンの認識論的反省の背景をなすより広範な理論動向について、若干言及しておくことが有益であろう。ルーマンの認識論的反省は、エルンスト・フォン・グラザースフェルトやハインツ・フォン・フェルスターといった研究者たちが発展させてきた、いわゆるラディカル構築主義から刺激を受けている。この構築主義を、たとえばピーター・バーガーとトーマス・ルックマンが提唱したような構成主義と同じようなものと見なしてはならない。彼らの『現実の社会的構成』における分析では、社会が本当は人間によってつくられたものでありながら、客観的現実として現象する弁証法的過程を特徴づけるために構成概念が用いられている [Berger and Luckmann 1966]。バーガーとルックマンの分析では、制度が中心的役割を担っていると見なされているが、それは制度が社会化に大きく関わり、したがって社会的現実の再生産に貢献していると信じられているからである。こうした社会学的な構成主義の考え方に対して、フォン・グラザースフェルトやフォン・フェルスターのラディカル構築主義は、まったく違う次元で展開されている。ラディカル構築主義が関心を向けるのは、現実が、どの程度、制度に媒介されて歴史的に構成されているかということについて何らかの主張を行うことではなく、そもそも認知や知識が成り立つためのより根本的な（非社会的で多分に神経学的）条件である。

ラディカル構築主義のプログラムの主要なアイディアは、一見するとたわいないと思えるような変更である。すなわち、一つの語句（「～にもかかわらず」）を他の語句（「～ゆえに」）に置き換えるという変更である。観念論的な認識論が、独立独行の方法で現実にアクセスするにもかかわらず、認識はいかにして可能かという問いに取り組むのに対して、この構築主義の出発点は、外側の現実へアクセスすることはできないがゆえに、認識は可能であるというものである［Luhmann 1988c: 8-9］。ルーマンは、この変更を、認識論的思考を「解放するラディカル化」と褒めたたえ、認識とは結局〈主観／客観〉関係についての問題だという考えを回避する方法だと見なす［Luhmann 1988c: 9］。システム理論についてもっと一般的な議論を展開する場合と同じように、ルーマンは、この概念のペアを〈システム／環境〉のペアで置き換えることを主張する。これには認識論を主体理論の伝統から解放するという利点があるだけではないとルーマンは言う。〈システム／環境〉区別は、「～にもかかわらず」から「～ゆえに」への変更に理論内で対応する事項を提唱することにもなるというのである。第2章で説明したように、システムと環境の厳格な分離こそが、システムがオートポイエティックな存在として登場することを可能にする。これに対応するのが作動における閉鎖、つまり、システムが行う処理の継続であるが、それが可能なのは、システムが環境から切り離されているにもかかわらずではなく、まさにそれゆえにである。認識を産出するシステムの能力が問題になる場合も、これとまったく同じことが言える。システムがその環境に直接アクセスすることができないがゆえに、認識が可能なのである。要点を具体例で示してみよう。今あなたはベッドでうつぶせになっていて、枕に顔を押し当てているとしよう。あなたには枕が見えないはずである。枕を観察できるようになるためには、距離をとることが必要である。同じように、システムは、その環境を観察できるようになるためには、環境に対する距離が、言い換えれば境界が、必要である。

いかなるシステムも現実に直接アクセスすることはできない――より正確には、システムはつねに、観察用の区別を通じてのみ現実にアクセスする――という主張には二つの含意がある。一つは、ルーマンが認識における作動の側面を強調していることを示唆している。認識は区別によってのみ、つまりシステム自身が遂行する作動によってのみ、可能である。こうした理由から、ルーマンは自分の認識論プログラムについて「作動主義的認識論」という言い方もしている [1988c: 21]。先の主張のもう一つの含意は、ルーマンの認識論プログラムが主客対応説をとっていないということである。区別は、したがってまた認識も、純粋に内的な構成物であり、環境との相関関係を想定することはできない [2002d: 134-5]。この意味で、ルーマンの論文のタイトルにあるように、現実は未知にとどまる [2002d]。ただし、ルーマンが何度も強調しているように、このことは外に現実が存在しないということではない。「外部の世界は存在する。これは、認知が――自己言及的な作動としてだが――まさに実行されるという事実からの帰結である。ただ、私たちはそれに直接、接することはできないということである」[2002d: 129]。ルーマンの構築主義は現実の否定ではない。たんに現実はつねに観察者がつくる構築物を通じてしか私たちにあらわれることはないと言っているだけである。これはルーマンの構築主義的プログラムが、観念論と実在論の両方の立場と異なる点でもある。実在論は、一切の観察者と無関係に現実が存在すると主張する。観念論は、現実とはたんに精神内に現象するものであると主張する。これに対してルーマンは、現実は存在するが、私たちはそれに直接アクセスすることはできないと主張する。現実は、観察者がつくる構築物を通じて現象する。そして、この構築物は、「現実」とまったく同様に現実的である。

同様の趣旨で、いかなる観察者も現実に直接アクセスすることができないのと同じように、誰一人として唯一の真理にアクセスできる者もいない。これは、構築主義の基本的考え方から直接帰結することである。構築主義は、唯一の真理を複数の真理が存在する状態へ解消する。つまり、さまざまな観察者が自分は真理を捉えていると主張できるようになるのだが、それぞれの真理は、個々の観察者が用いる個々の区別に応じて構築されたものである。これは、ルーマンの認識論プログラムが、結局は何でもありでどの主張も同じように良いと見なすたんなる相対主義になってしまうということではない。ルーマンの理論活動における他の分野でもそうだが、ここでも恣意的な選択と他でもありえる選択をはっきり区別することが重要である。観察がまったくランダムになされるならば、その観察は恣意的である。サイコロを振ったり、コインをトスしたりする場合は、恣意的な結果が生じる。しかし、普通、そのような恣意的な観察が認識のために用いられることはないし、社会システムの観察というより一般的な場合に用いられることもない。社会システムは他でもありえる選択を、つまり、必然でもなければ不可能でもない選択を、行う［1998c: 45］。ただし、別の選択もありえたという事実は、別の選択肢すべてが同程度にありえた（サイコロを振る場合のように）ということを意味するわけではない。社会は、進化によって生成し多かれ少なかれ安定化する一定の社会構造によって特徴づけられることを、社会学者たるルーマンははっきりと自覚していた。多かれ少なかれ安定化するということは、可能な、あるいは少なくとも一般的に受け入れられる、観察様式は限定されるということである。これは認識にもあてはまる。つねに一定の社会構造が存在し、それが可能な選択の範囲を限定しているということは、たとえさまざまな観察者が異なった真理を自ら生み出すにしても、それらの真理がまったくランダムだということではない――したがって、相対主義の証拠でもない――ということである。

パラドクスの探究

ルーマン［1993c; 1995f］は、観察が差異（区別と指し示しの）の統一に依拠しているがゆえに、観察はパラドキシカルな現象を構成すると信じていた。したがって、観察概念を基礎に自分の社会学理論を構築しようとすることは、当の理論にパラドキシカルな基礎を与えることである。このことはルーマンにとって懸念するようなことではなかった。その反対で、ルーマンの理論展開の第三段階は徹底したパラドクスの探究によって特徴づけられる。法律の分野であれ、芸術、政治、あるいは科学においてであれ、ルーマンは一貫してパラドクスを探し出す［たとえば1988e; 2000b: Ch. 9］。さらには、近代社会の機能的分化は、さまざまな機能システムが同一現象を別様に観察するがゆえに、さまざまなパラドクスの絶え間ない発生をもたらしたとさえ主張する［Luhmann 1995f］。

ルーマンは、論理的観点からパラドクスに興味を抱いていたわけではないことを確認しておくことは重要である。ルーマンはパラドクスに対する論理的アプローチと社会的アプローチとをはっきり区別していた。論理学者にとっては、パラドクスはあらゆることを立往生させてしまうものかもしれないが、社会的文脈ではパラドクスが大問題になることはめったにない。ルーマンは社会システムに言及しながら、「論理で破壊されるシステムはない」と述べている［1989a: 60］。たとえば、毎日の経験が教えるのは、社会システムがパラドクスに直面しているとか、人々が自己矛盾した言動を行っているといった事実があっても、それによって社会システムが妨げられることはないということである。こうした事実を踏まえて、ルーマンのパラドクスに対する関心に続く関心事は、ルーマンの言い方に従えば、パラドクスは実際にはどのように脱パラドクス化されるのかという問いである[1995f: 52]。スペンサー＝ブラウンの専門書は、連続的な作動によってパラドクスを脱パラドクス化するために時間次元がどのように用いられうるかを説明していた。だが、もう二つの意味次元もこの目的のために利用できるかもしれない。したがって、ルーマン[1999a: 18-20]は、パラドクスは新しい非対称性を導入することでも、つまり新しい区別を設けることでも（事象次元）、あるいはパラドクスに直面している観察者を観察することでも（社会的次元）、同じように脱パラドクス化あるいは展開されうるかもしれないと論じる。いずれの場合も、パラドクスが行き詰まりをもたらすことを回避するために何かがなされるのである。

これを基に、ルーマンは実際に、区別に注目する社会学的研究プログラムを展開し、社会システムが直面するパラドクスと、それに対して社会システムが発展させる脱パラドクス化を探究する。ルーマンは、ギリシア神話のゴルゴン姉妹を連想させるように、このパラドクスの探究を「ステノグラフィー」（ステノを示唆）と特徴づけ、脱パラドクス化の探究の方は「エウリュアレ主義的」（エウリュアレにちなんで）と呼んだ[Luhmann 1990j: 120, 124; 2002d: 142-3も参照]。これに対して、ルーマンはあまりにもこの研究プログラムに夢中になっているからか、ときどきパラドクスの定義がかなりゆるやかになる、という批判はありえよう。エレーナ・エスポジトは、パラドクスについて語ることが許されるためには、二つの条件が満たされなければならないと論じている。すなわち、パラドクスを構成するのは自己言及と決定不能性である[Esposito 1991: 35-8]。嘘つきのパラドクスはこの二つの要求を満たしている。つまり、自己言及（「この文は……」）と決定不能性（真ならば偽であり、偽ならば真である）という特徴を備えている。これに対して、社会がさまざまな機能システムによって別様に記述されることになるから機能的分化は根本的な社会的パラドクスをはらむとルーマンが主張するとき、たしかにこれはパラドクスというよりは矛盾であるように思われる。

新たな基礎に向けて――差異からの出発

この章で私が示そうとしてきたように、スペンサー＝ブラウンの著作に対するルーマンの傾倒と、その著作から引き出すことができた社会学的含意は、ルーマンのシステム理論が一九八〇年代の後半に新しい段階に入ったことを意味していた。この第三段階を特徴づけるのは、区別、形式、再参入、観察、二次観察、パラドクス、脱パラドクス化といった概念への傾倒である。これらの概念は異なった意味と含意をもっているが、いずれもが差異または区別の概念が出発点になっている概念である。したがって、ルーマンの著作の第二段階が「オートポイエーシス論的転回」として知られているのに対して、第三段階は「差異論的転回」と呼ぶのがふさわしいかもしれない。

『形式の法則』への言及は、一九八〇年代の早い時期からルーマンのいくつかの著作で見られるようになるが〔たとえばLuhmann 1981a; 1995g〕、スペンサー＝ブラウンおよび差異論への転回は一九八八年以前にははっきりしていなかった。この年、ルーマンは「女、男、ジョージ・スペンサー＝ブラウン」という題の論文を発表している〔Luhmann 1988d; Baecker 1999a: 201, n. 1〕。この論文は、スペンサー＝ブラウンの区別理論にもとづいて、フェミニズムの社会理論を皮肉を交えて批判的に分析したものである。ここでの目的にとっては、この分析の内容は重要ではない。それよりも私にとって興味深いのは、なぜルーマンはスペンサー＝ブラウンに向かったのかということである。

この問いは、社会学の分野で差異の観念を基礎に社会理論の構築を目指した——とルーマンが信じている——先駆者を、実際にルーマンが何人か取り上げているだけに、なおさら枢要な問いである。最も目立つのは、デュルケームの同時代人であるガブリエル・タルドを、統一性ではなく差異から出発した最初の社会学者としてルーマンが顕彰していることである。タルドの社会学は、模倣の概念を基礎にしている。ある人が別の人の真似をすること、それが社会の絆を形成するとタルドは主張する〔Tarde 1962参照〕。ルーマンによると、この模倣概念は、つねに模倣する人と模倣される人との差異を前提とするので、社会学的に重要である*6〔Luhmann 1997a: 603, n. 18; 2002a: 68-9; 2006: 39-40〕。ルーマンはさらにルネ・ジラールのミメーシスに関する著作〔1977〕と、情報を

「差異をつくりだす差異」と定義したグレゴリー・ベイトソンの著作［2000: 315］を、やはり差異から出発しているという点で同質的なものとして挙げている［2002a: 69; 2006: 40］。にもかかわらずである。ルーマンが最大の関心を寄せたのはスペンサー＝ブラウンであった。なぜそういうことになったのであろうか。そして、一九八〇年代前半の著作ではスペンサー＝ブラウンの術語は、どちらかと言えば周辺的な役割しか担っていなかったのに、一九八〇年代後半に取り憑かれたように頻出しはじめるのはなぜなのだろうか。

これらの問いに答えるためには、ルーマンにとってスペンサー＝ブラウンの専門書がもちえたように思われる戦略的機能を考察してみることが有益であろう。具体的に言えば、スペンサー＝ブラウンの著作は、一九八〇年代と九〇年代に人気を博した脱構築主義の――より一般的にはポスト構造主義の――思想動向に、ルーマンが自分のシステム理論を関係づけることを可能にした、と私は主張したい。ルーマンは、観察、パラドクス、再参入等々の概念を使うだけで、ジャック・デリダのプログラムに対応し、また修正もする彼の社会学理論を定式化することができた。「二次観察としての脱構築」［1993b］などの論文にそのことが最もはっきりとあらわれている。他の論文でもそうだが、この論文でもルーマンはデリダに大いに敬意を払っている。ルーマンの見解では、デリダの主要な業績の一つは、「差異とはたんに区別のことであり、私たちがそれを異なったときに異なった文脈で使うのに応じてその使用価値が変化するという事実に脱構築が人々の注意を向けさせた」ことである [1993b: 764]。たとえば、ルーマンはつぎのような例を付け加える。「異性愛者と同性愛者の差異はつねに同じであるわけではなく」、軍隊においてこの区別は一定の意味と影響をもち、宗教の文脈では別の意味と影響をもつ [1993b: 764]。ルーマンは、このように区別は文脈に応じて異なった意味をもつという理解に賛意を表明する一方で、脱構築は、区別を設ける観察者の説明ができていないと信じていた。そのため「脱構築を二次観察で置き換えること」の必要性を強調した [1993b: 776. 強調は原文]。事実上ルーマンは、脱構築は多くのことを成し遂げた点で賞賛すべきだが、十分な前進を成し遂げなかった、したがって社会学的な上部構造が必要で、それはシステム理論と二次観察への転回が提供することができる、と主張したことになる。*7

スペンサー=ブラウンは、今述べた戦略的機能と同時に、人々を惑わす機能も果たしたということを言わないと公平性に欠けるであろう。もともとはサイバネティクスの分野で登場した専門書であった『形式の法則』に、ほとんど熱狂的と言いたいくらいに魅せられたルーマンは、遊び心も刺激されたようである [Knodt 1995: 492, n. 12]。システム理論を脱構築と関係づけようという試みが、部分的にはデリダの著作の人気にあやかろうとしたものだったとしても、ほとんどの社会学者には、おそらく以前のオートポイエーシス論以上に疎遠な語彙を自分の社会学理論に用いること自体が、ルーマンには楽しかったようである。その一例として、かつて行われた講演を紹介したい。「再参入を観察する」という講演のタイトルからして、スペンサー＝ブラウンの概念にもとづく話であることを示唆しているわけだが、ルーマンはこの講演を、つぎのように聴衆に語りかけることで始めたのである。「私の講演のタイトルがみなさんには理解しがたいであろうと思うと、私は楽しくなります」[Luhmann 1993c: 485]。

こうした戦略的意義に関する推測とは別に、差異論的転回が、ルーマンの理論的焦点を全面的に変えてしまったわけではないということを強調しておくことは重要である。語彙の多くは新しくなったが、以前からの理論的関心と観察のいくつかは維持された。たとえば、近代社会は機能的に分化した社会であるという診断は変わらなかったし、社会システムの記述は引き続きオートポイエーシス、作動における閉鎖、構造的カップリング等の術語によってなされた。そのうえでやはり、差異論的転回は、ルーマンの以前からの研究の主眼点に関しても、理論の戦略的な打ち出し方あるいは「ブランド化」に関しても、新しいアジェンダをもたらした。後者の理論の戦略的な打ち出し方に関して言えば、ゲームの主要な相手はもはやハーバーマスと行為論ではなく、デリダである。

さらに、以前からのキーワードの多くが、今や新たな語彙によって解釈しなおされた。ほんの二、三の例だけ挙げよう。一番顕著なのは、たぶん、システム概念が差異の一種にすぎないと定義されたことであろう。「システムとは、システムと環境との差異である」[Luhmann 2006: 38. 強調は原文。1999b: 49も参照]。システムの統一性は、その差異である。したがって、ルーマンが自分の理論の基礎を何らかの同一性にではなく、差異に求めたことは明らかである。ルーマンにとって、差異は社会的現実の核心にある。以前はそれほど明らかではなかったとしても、このラディカルな差異論的なシステム概念は、ルーマン理論を完全にパーソンズの遺産から切り離す。同様に重要なのは、社会システムの決定的特徴であるコミュニケーションが、観察の用語で定義しなおされたことである。たとえばルーマンは『社会の社会』の中で、コミュニケーションとはたんに情報、伝達、理解の三重の選択であるだけでなく、情報と伝達の差異の観察であると論じる[1997a: 72]。同様に、意味概念にもスペンサー＝ブラウン的なひねりが加えられた。すなわち、顕在性と潜在性の区別の形式と定義しなおされた[Luhmann 1990a: 108-10; 2002c: 121]。

第４章

近代社会の機能的分化

分化についての二つのアプローチ

これまでの章では、ルーマンのシステム理論の基礎となる概念や主要な想定を見てきた。それらはかなり抽象的な話であったし、意図的にそうしていたのだが、それはルーマンの明白な目標が、あらゆる社会現象を説明できる壮大な社会理論の展開だからである。ここからは、近代社会についてのより具体的な分析を見ていこう。その分析の根底にある中心的主張は、近代社会は分化の特定の種類によって特徴づけられるというものである。すなわち、近代社会はオートポイエティックに作動する一連のサブシステムに分化していて、それらのサブシステムは社会にとって必要な個々の機能を担っているという主張である。

分化についての考えを基礎にして近代性および近代社会を研究することは新しいことではない。ルーマンが述べているように、「社会学理論が存在するようになって以来、社会学理論はずっと社会の分化に関心を抱きつづけてきた」[1990c: 409]。マルクスの著作では、この関心は、社会の経済的土台と政治的・イデオロギー的上部構造の分化に対する関心として定式化された。デュルケームは、近代社会を特徴づけるのは発達した分業であり、それは有機的連帯という新しい形を自ら生み出すと論じた [Durkheim 1964]。ジンメルは、近代社会の分化の高進とそれが個性にもたらす影響を考察した [Simmel 1989]。ヴェーバーは、それぞれが特有の論理を備えた個別の「価値領域」(経済、宗教、性愛、政治、芸術、主知主義)の分化と合理化を観察した [Weber 1920: 536 ff.]。パーソンズは、近代社会は四つの主要なサブシステムに分化していて、それぞれが中心的な機能を果たしていると見なした。すなわち、経済 (適応機能)、政治/政治サブシステム (目標達成に特化)、社会的コミュニティ (統合を供給)、いわゆる信託システム (潜在的パターン維持に専念) の四つである [Parsons and Smelser 1956]。分化を枢要な社会現象として論じているのは、これらの有名な古典的社会学者たちだけではない。もっと最近の社会学者たちも社会的分化に注目して論じている [たとえばAlexander and Colomy 1990]。たとえばピエール・ブルデューの社会学を、資本が関わる分野と形態についての新たな理解にもとづいて社会の分化を考え直す現代的試みと見なすこともできよう。

ルーマンもまた、近代社会を理解するうえで分化の問題を中心に据えるこうした社会学の伝統の上にいるが、彼が提示する分化の概念は独自のものである。それは多くの点で他の社会学者の概念と異なっている。実際、ルーマンは分化に関して二つの一般的アプローチを提示していると言うことができよう。システムの様態に関する一般的レベルでは、社会システムは三つの主要なタイプに分類できるとルーマンは論じている。すなわち、相互行為[†1]と組織と全体社会である[*1][†2]（図2・1参照）。この分化の話が古典的な社会学の議論とあまり関わりがないのに対して、近代社会はどのように分化しているのかという問題により直接的に関わる議論もルーマンは行っている。もちろん、この二つのレベル（社会システムと全体社会）は相互に関係しており、以下では順番に論じる。まずは相互行為、組織、全体社会の分化から始め、それに続いて社会の分化について論じたい。後者が本章の主要部分をなし、近代社会とその機能的分化に関するルーマン理論の中心的要素を扱う予定である。それには、機能システムがどのように組織化されているのかという問題に対する見解と、機能的分化の進化論的側面（コード、プログラム、象徴的に一般化されたコミュニケーション・メディア等々）に関する議論が含まれる。

相互行為、組織、全体社会

まず初めに、ルーマンによる社会システムの相互行為、組織、全体社会への三区分は、ミクロ、メソ、マクロの三区分にほぼ等しい。[*2] 相互行為システムは、行為者がその場に居合わせることと反照的な知覚によって定義され、基本的にはアーヴィング・ゴッフマンが分析したフェイス・トゥ・フェイスのコミュニケーションのことである。[*3] 重要なのは、相互行為システムは、その場への居合わせと反照的知覚の両方を必要とすることである。二つの条件のうち一つでも満たされなければ、相互行為システムは存在しない。たとえば、二人またはそれ以上の人間が、同じ空間内に同時にいるというだけの事実では、相互行為を生み出さない。相互行為システムが成立するのは、その場への居合わせに反照的知覚が結びつくときである。反照的知覚が意味するのは、コミュニケーションの相手同士が、たんに他者がそこにいることを知覚するだけでなく、他者の知覚を知覚するという状況である。たとえば、私が列車に乗っているとしよう。私と他の乗客たちとの間に相互行為システムが立ち上がるのは、私が、他の乗客たちが私をどのように知覚していると思うかに応じて、自分の振る舞いをコントロールしはじめるときである。私は他の乗客たちが私を知覚していることを知覚しており、かつその逆も成り立っているとき、コミュニケーションの秩序が生まれる（非言語のコミュニケーションも大いにあり）。

ルーマンは、相互行為システムについては比較的わずかしか書いていない*4［最も重要なのは1975b; 1975a］。それにはおもに二つの理由があるかもしれない。一つは、ルーマンの相互行為概念がゴッフマンの著作に依拠していてゴッフマンのそれと非常に似ているので、自分には実質的に新しいことで付け加えるべきことはないと思ったかもしれないことである。相互行為システムに対するルーマンの関心が限られていることの二つ目の理由は、相互行為システムが処理しうる複雑性の量がわずかであることである。相互行為システムは、その場に居合わせることが条件なので、社会的、時間的制限に加えて事象的制限にも直面する。つまり、相互行為システムに参加できる人数には限りがある。また、どれくらいの時間、人々がその場に物理的に居合わせることができるのか（したがって、どれくらいの時間、相互行為システムが維持されうるのか）という点でも限りがある。これらと同じように、一つの相互行為システムで有意味に語られうる話題の数にも限りがある（特定の話題に限定されない相互行為システムもありうる）。したがって、膨大な数の相互行為システムを含んでいない社会などというものは考えにくいにせよ、高度に複雑な近代社会は、フェイス・トゥ・フェイスの相互行為には依存しない複雑性に対処するための何らかの手立てを見いだす必要がある。ルーマンが分析する社会システムの第二の一般的カテゴリーは組織であるが、この組織にルーマンが一貫して関心を抱きつづける理由の一つがこれである。

相互行為システムとは違って、組織は、その場に居合わせる人々の範囲をはるかに超えた広がりをもつ問題やコミュニケーションに対処できる。組織はまた、何世紀も存続する場合があるように（宗教組織を想起せよ）、より安定した構造を獲得できる。ルーマンによれば、組織は二つの主要な特徴によって性格づけられる。すなわち、成員であるための決まりがあることと、決定を行うことで活動することの二つである。もちろん決定が拘束力をもつのは組織の成員に対してのみである。たとえば、ファン・クラブの成員でない人が、そのクラブの決定を守る必要はない。成員であるための決まりは、事実上、社会的排除のための手段として機能する。すべての人が組織の成員になれるわけではない。もしあらゆる人を入れる組織などというのがあれば、それは全体社会と区別がつかないであろう。この成員であることに関する排他性は、事象に関する包摂性で、いわば償われている。組織は原則としてどんなテーマにも取り組める。具体例として、ワインの熱狂的愛好家のグループを考えてみよう。このグループが組織になるのは、成員であるための何らかの基準を定めるときである。たとえば、イタリアやスペイン等のワインメーカーではなくフランスのメーカーだけを熱心に応援する者だけを成員とすると決めたとしよう。しかし、何年か経つうちに、そのワイン組織は徐々に変化するかもしれない。たとえば、フランスのワインメーカーに対する財政支援を得ようとして成員がロビー活動をするうちに、ついにはその組織が政党に変わってしまうなどということがあるかもしれない。政党ということになれば、最終的にはあらゆる種類の政治的問題（健康管理、犯罪発生率、銀行規制、社会的疎外等々）に対して、何らかの態度決定を行う必要があるが、それらは組織の当初の関心事項には含まれていなかったものである。

先ほどちょっと触れたように、組織の強みの一つは、相互行為システムの地平をはるかに超えるその時間地平に関わっている。政党、企業、ファン・クラブ、その他何であれ、たとえ成員が全員入れ替わっても存続可能である。このことが、組織として専門的なことに取り組む余裕を与え、したがって大規模な複雑性を扱うことを可能にする。この理由から、近代社会では公式組織がますます重要になるとルーマンは主張する。このことは、組織のもう一つの優れた特徴とも関わっている。すなわち、異なった機能を果たすシステム（経済、政治、芸術、法等々）と結びついたり、複数のシステムの橋渡し役を果たしたりする能力である。たとえば、企業は、通常、経済的なコミュニケーションも（生産物またはサービスが販売され、税金と賃金が支払われなければならない）、法的なコミュニケーションも（当該企業の活動分野に適用される法規の順守）、政治的なコミュニケーションも（何が将来、政治的に有利かの解釈）、その他のコミュニケーションもできなければならない。つまり、当然、第一義的には経済的な（企業）、政治的な（政党組織）、科学的な（大学）等々の組織があるが、だからと言って組織は必ずしもただ一つの機能システムとだけ結びついているわけではないということである。*5 組織が複数の機能に関わることができるというのは当たり前のことのように思えるかもしれないが、ルーマンはそうではないと言う。このことを理解するためには、ルーマンが分析する社会システムの第三の種類、つまり全体社会についてくわしく知る必要がある。

ルーマンによれば、全体社会とはあらゆるコミュニケーションの総体である。だが、社会学者としてのルーマンが言いたいのはこれだけでないことは明らかである。第2章で取り上げたが、全体社会を論じる際のルーマンの主要なアプローチは、社会の第一義的な分化様式に注目することが軸になっている。近代以前の社会を特徴づける環節的分化と成層的分化とは違って、近代社会の決定的な特徴はその機能的分化であるとルーマンは主張する。

機能的分化――一機能、一システム

ルーマンが機能的分化と言うとき、どのような事態を想定しているのだろうか。この概念が基本的にあらわしているのは、全体社会が、つぎのような多くの社会的サブシステムに分化するようになることである。すなわち、それぞれが自律的に作動し、全体社会の中で、かつ全体社会に対して、一つの特定の機能を果たすサブシステムである。この全体社会に対する機能という要素によって、機能システムは、組織や相互行為などの他の社会システムから区別される。ルーマンは法、経済、政治、芸術、教育、科学、宗教、マスメディアの各機能システムを確認できると言う。これらが、ルーマンが分析する主要な機能システムである。しかし、どれだけの数の機能システムが存在するのか、つまり、たとえルーマン自身が論じなかったとしても確認しうる機能システムが他にないのか、という問題は経験的な問いである。[*6]

各機能システムにそれぞれの呼び名が付いているのは、それぞれが全体社会に対して一つの特定の機能を果たすからだとルーマンは言う。この機能が各システムの全体社会との関係を定める。しかし、全体社会との関係は、機能システムにとっての三つのシステム関係[†3]の一つにすぎない。ルーマンによると、各機能システムは、

> 三つの異なるシステム関係に向けて自らの選択的作動を適合させることができる。すなわち、(1)全体社会システムに向けて、それぞれの機能との関係で、(2)全体社会の内的環境における他のサブシステムに向けて、パフォーマンスのインプットとアウトプットとの関係で、(3)自分自身に向けて、自己反省との関係で。
>
> [1982c: 238. 強調は原文]

したがって、機能とは、機能システムが全体社会に対して行う特定の貢献のことであり、パフォーマンスとは、機能システム同士が相互に行う貢献のことであり、反省とは、典型的には自

己記述という形式をとる、システムの自己観察である。以下では、おもに最初の二つのシステム関係を取り上げる。

ルーマンによれば、政治システムの機能は、全体社会に対して集団的拘束力を有する決定を行うことであり、法システムの機能は、社会の一般化された規範的予期を維持することである（後でもっとくわしく説明する）。決定的な点は、各機能システムが果たす機能は、そのシステムによってのみ果たされていて、他のシステムが果たすことはできないということである。この意味で、各機能システムは唯一無二で代替不可能である。そのことを説明するために、ルーマンは「冗長性の放棄」についても語っているが、これまた一つの機能システムによって果たされている機能は、そのシステムによってのみ果たされるということを別様に言ったものである［1997a: 761］。そして、この点こそが、各システム内での大幅な専門化を可能にする。各機能システムの、いわば機能の独占が、ますます大規模な複雑性を扱えるようにシステムが一貫して発展することを可能にするのである。同時に、機能の独占は、巨大な潜在的リスクがあることも含意する。なぜなら、いずれの機能システムが崩壊しても、他の機能システムがそれを補うことはできないからである。機能システムのパフォーマンスについては、後で機能システム同士の関係を論じる際に改めて言及する。しかし、その前にまずは、機能システムのもう一つのユニークな特徴、いわゆるバイナリーコードについて見ていきたい。

バイナリーコード

各機能システムは、世界を見、解釈するためにそれぞれ特有のバイナリーコードを使っており、そのバイナリーコードにもとづいて各システムは組織されているとルーマンは主張する。重要なのは、バイナリーコードは、その名が示すように、厳格に二つの値からなることである。各バイナリーコードは二つの値しかもたず、他の一切の値は排除される。たとえば、科学システムは〈真／偽〉のコードによって特徴づけられるが、それが意味するのは、科学システムが行うあらゆる観察は、このコードのフィルターを通してなされるということである。科学システムはこのコードを通じて世界にアプローチするのであり、このコードに適合しない事柄はすべて、システムに関連のないものと見なす。これは、機能的分化の重要な側面に関わることである。すなわち、各機能システムは、「特定の問題（つまり特化した焦点によって見えるもの――引用者）に対する高度な感受性」を自ら生み出すと同時に、他のシステムの作動の論理も含めて「それ以外のあらゆることに対する無関心」をも生み出す［Luhmann 1990d: 31. 強調は原文］。したがって、機能システムは、他のすべての社会システムと同じように、作動において閉じているだけでなく、バイナリーコードによっても閉じていて、それゆえ機能システムは他のシステムの視点をとることができない。もっと積極的な言い方をすれば、バイナリーコードは、機能システムから、他のシステムが重視していることを考慮しなければならないという負担を取り除く。

たとえば、経済システムの基本的な関心事項は支払いであり、そのバイナリーコードは〈支払う／支払わない〉である。あなたが何らかのお店にいるとき、経済システムにとっての唯一の問題は、あなたがそこの商品に対してお金を払うことができるのかどうかである。あなたが何らかの政党の党員であるかどうか、特定の宗教を信仰しているかどうか、あるいは恋愛がうまくいっているかどうかは、経済システムにとってはどうでもよいことである。同様に、科学システムにとっては経済的な富はどうでもよいことである。つまり、あなたが経済的に裕福かどうかは、あなたの科学的業績の評価には何の関係もない。ここでは、あなたは真の側にいるのか、偽の側にいるのか、ということだけが問題になる。したがって、機能的に分化した社会では、科学的成功をお金で買うことはできないし、影響力のある政治家が友達だからといって科学的成功を得られるわけでもないし、結婚しているかどうかによって左右されるわけでもない。科学的観察を評価するための基準は、あくまでも科学的な基準である。それは、経済的観察を評価するための基準が完全に経済的な基準であり、その他の機能システムの場合も同様であることと同じである。[*7]

コードおよび機能システムの分化は、コードの二つの値に適合しない事柄に対する無関心を生んだというルーマンの主張には、もう一つの重要な側面がある。すなわち、さまざまなバイナリーコードは、〈善い／悪い〉の道徳的コードと同一視はできないという意味で独立しているとルーマンは主張する。[*8] たとえば、政治システムのコードである〈政府／野党〉を道徳的カテゴリーに還元することには無理がある。同様に、科学システムのコードである〈真／偽〉に本来的に道徳的区別が内在しているということもない。たとえば、偽の側ではなく真理の側にいることが道徳的に善いことであるわけではない。ルーマンは、以上のことの含意を全面的に引き出してつぎのように述べる。「機能システムは、道徳との関係が相当希薄な次元でコード化されている」[1987b: 25. 強調は引用者。以下も参照。1995b: 51; 1994c; 1997a: 751]。ここではっきりとは言われていないが、実質的に問題になっていると思われる理論的アジェンダを、今の引用から導き出すならば、社会およびその機能システムを道徳的に評価することを基軸とするような社会学理論は、的を射ていないということになろう。そのような理論は、近代社会が基本的に非道徳的に（それは必ずしも不道徳的ということではない）構成されていることを見損なっている。

コードの衝突とプログラム

バイナリーコードは機能システムの決定的特徴である。機能システムは、それにもとづいてそれぞれの観察と作動を組織する。ほとんどの場合、この過程はスムーズに進行する。経済システムは、〈支払う／支払わない〉のコードにもとづいてその作動を実行し、事実そのように行われているかどうかを確かめるのも容易であるとルーマンは信じている。同じことは政治システム、法システム等々にも言える。しかし、通常は所与の状況においてどのシステムとの関係が問題になっているのかは容易に言える（今、問題なのは、支払いか、法的決定か、科学的観察か……？）にしても、ときどき簡単には識別できないこともある。少し例を挙げてみよう。ある研究者が、明らかに経済的利害が絡んでいる問題を研究している場合、その研究は自主的なものであって、経済的考慮によって影響されていないと私たちは確信をもって言えるだろうか。換言すれば、研究者本人にとって何が経済的に一番有利かということを考えて研究成果が歪められたなどということはないと断言できるだろうか。こうした場合、どのバイナリーコードが用いられているのかということに関して混乱が生じるし、機能システムの厳密な分離が揺らぐので懸念も生じる。同様に、ある政治家が、自分にとっては有害だと感じている現在の法的規制を変えようとする場合、政治システムと法システムのバイナリーコードの分離が曖昧になる危険性があり、またしても懸念と混乱をもたらす。最後にもう一つ。スポーツにおいて、試合をどのように組むかという問題も、究極的にはスポーツのバイナリーコード（勝つ／負ける）と経済のそれとが混じり合う例である。この場合、本当のところどちらのシステムが作動しているのか、はっきり言うことができない。サッカーの試合の結果は、フェアな競争の結果なのか、経済的利害の結果なのか。分析に関わる要点は、ルーマンの機能的分化の理論が、こうしたコードの衝突を研究し理解するための道を開いたことである（「コードの衝突」はルーマン自身の用語ではないが）。いずれのケースも懸念と混乱を引き起こすが、それはまさに私たちが自明視している機能的分化に疑問を突き付けるからである。

コードの衝突とも多少関わっているのが、複数の機能システムが作動を共有する状況である。つまり、同一の出来事、同一のコミュニケーションが、同時に二つのシステムの一部である状況である。こうした事態を記述するため、ルーマンは「作動におけるカップリング」という表現を使っている。たとえば、罰金を支払うことは、法的作動（刑罰の実行）であると同時に経済的コミュニケーション（取引）である。作動におけるカップリングの事例は、機能システムを含めてあらゆるシステムは一種類の作動によってのみ特徴づけられるというルーマンの主張と明らかに矛盾する。なぜなら、この主張は、あらゆる作動は一つのシステムの作動でしかありえないということを含意するからである。しかし、ルーマンは、作動におけるカップリングが「一システム、一作動」の教義を真に脅かすことはないと言う。その理由は、作動におけるカップリングは、その作動の瞬間に存在しているだけだからである。それに接続する作動は、作動においてカップリングされた両システムの中で、異なった方向に進んでいくはずである。たとえば、「罰金の経済的側面は、お金の再使用につながっていき、罰金の法的側面は、支払うことによる法的状況の変化につながっていく。両者はまったく異なっている」[Luhmann 2004: 381]。

このことから、作動におけるカップリングは必ずしも機能システムの分離を疑問に付すことにはならないということが帰結する。機能システムは、まさに作動という出来事においてカップリングされるかもしれないが、その瞬間以後はそれぞれの道を進むのであり、混乱や懸念を引き起こすことはない。しかし、それでは、コードの衝突と作動におけるカップリングは何によって区別されるのだろうか。システムの重なり合いは、どういう場合に問題になり、どういう場合に問題にならないのか。これに対してルーマンは明確な答えを与えていない。結局のところ、作動におけるカップリングがコードの衝突と見なされるのか否かは、経験的問題である。しかし、あるシステムの作動が、そのシステム自身の基準によってではなく、他のシステムのコードによって制御されているのでは、という疑念が生じる場合は、いつでもコードの衝突が起こっていると言うことは可能であろう。たとえば、先の例に挙げた研究者が、あたかも科学的関心があったかのように自分の研究成果を発表するが、同僚の科学者たちは、それを、個人的な経済的利害にもとづくものと見なすような場合である。したがって、観察者がバイナリーコードの重なり合いを観察するとき、コードの衝突があらわれるが、この観察は、瞬間的な作動におけるカップリングを知覚することがきっかけとなって起こることもあるであろう。

バイナリーコードの使用を統制するための基準の問題は、それ自体はコードの衝突や作動におけるカップリングの問題と関係のない広範な議論につながっていく。ここまでは、機能システムはそれぞれのバイナリーコードにもとづいて作動するということが強調されてきた。しかし、バイナリーコードそれ自体は、そのコードがどのように適用されるのかということについては何も示唆しない。たとえば、科学システムのコード〈真／偽〉それ自体は、どういう場合に科学システムがある研究成果を真または偽と記述することができるのか、何も明らかにしない。コードの使用を統制するための手立てを見つけるために、システムは、ルーマンがプログラムと呼んでいるものを発展させる。プログラムとは、「適切な作動の選択がなされるための与えられた条件」である［1989a: 45; つぎも参照。1995g: 317］。つまり、コードの値を正しく割り当てるための条件を定めているのがプログラムである。いずれの機能システムもそれ自身の独自のプログラムを発展させる。たとえば、科学システムは理論と方法を発展させ、特定の研究成果が真か偽かを判定するために用いる。つまり、その研究は一般に認められている理論と方法に従ったのか、それとも、その成果はまったく恣意的な手続きにもとづいているのかが問われる。後者の場合は、その成果を科学的に真であると見なすことはできないであろう。同じように、経済システムでは価格がプログラムとして機能し、これによって経済システムはある支払いが適切か否かを決定することができるようになる。

コードとプログラムとの結合は、機能システムに安定性と柔軟性、閉鎖と開放を同時に与える。

バイナリーコードは変化に開かれていない。法システムが、たとえば〈遅い／速い〉といった新しいコードを突然発明して、〈合法／違法〉に取って代えるなどということはありえない。このようにコードが変化しないことが、安定性を確実なものにするとともに、これによって機能システムの作動における閉鎖が実現される。法システムが関心を寄せるのは〈合法／違法〉のコードだけであり、変わることはない。そして、このコードを用いて作動を組織化する。これに対して、プログラムは修正されうるし、新しいプログラムに取って代わられることさえありうる。たとえば、科学システムでは、プログラム（理論と方法）はつねに変化にさらされる。新しい理論が台頭して古い理論に取って代わるし、方法についても同様である。新しいタイプの科学プログラムが登場して、既存の理論と方法と併存することさえありうる。たとえば、ニールス・アーカースドローム・アンデルセンは、方法に焦点をあてる代わりに、彼が「分析的戦略」と呼ぶものに注意を払うよう訴えている［Andersen 2003］。そのような焦点の変更は、与えられた研究成果を科学がどのように真または偽と見なすのかということに関して、事実上、新しいプログラムを導入することになる。このことが意味するのは、システムが真か偽かを選択するために用いる基準が流動的だということである。ある歴史的文脈では一般に認められた理論と方法と見なされるものが、他の文脈では相当違ったものに見えるということがありうるのである。

より一般的な要点は、コードが体現している硬直性が、プログラムの次元での高度な柔軟性によって補償されていることである。この柔軟性がシステムに開放性を与えている。機能システムが環境の変化に適応するための方法を提供するのがプログラムである。たとえば、一九八九年のベルリンの壁の崩壊とそれに続いて起こったソビエト連邦の解体は、世界政治、とくに東西関係を理解するための新しい理論装置の発展を促した。世界政治について一九八九年以前に理論化されていたことの大半が、突然時代遅れになったのである。科学システムはこの新しい状況に対応することができた。システムのコードは同じままだったが、真または偽を選ぶためのプログラムとして用いられていた理論は変化することができたのであり、それによってシステムが歴史のダイナミックな変化に応じて変化することを確実にしたのである。

ただし、ある一点だけは、プログラムはコードと同じように変化しえない。すなわち、あらゆるプログラムは各コードに特有のものであるとルーマンは主張する [1989a: 46-7]。プログラムが提供するのは、与えられた文脈で、特定のバイナリーコードの二つの側のどちらを適用すべきかを判定するための基準である。これが意味するのは、ある一つのコードの使用に対して指示を与えるために用いられるプログラムを、別のコードの使用に指示を与えるために用いることはできないということである。科学システムの理論と方法は、政治システムが〈政府／野党〉というコードの二つの側のどちらを、いつ適用すべきかを決定することに関しては、何の助けにもならない。

機能的分化は、唐突に生じたわけではない。この分化様式の進化的背景を検討する際に、ルーマンが一番注目しているのが、彼が象徴的に一般化されたコミュニケーション・メディアと呼んでいるものである。これらのメディアは、トマス・ホッブズ以来の社会思想家を悩ませてきた社会秩序の根本問題に答えるのに役立つために、それら自身が特別な歴史的背景をもっている。自然状態においてAとBが対面し、相手の行為が予測できないとき、どのようにして秩序は生まれるのだろうか。どのようなメカニズムが、そのような不確実な状況において何らかの秩序が成立することを確実にすることができるのだろうか。ホッブズがこの問題を解決するために提案したのが主権者、リヴァイアサンである。不服従が厳しく罰せられるような強力な政治体制を敷くことで、主権者は社会的秩序を創造し維持できるという考え方である。ルーマンの解決策はまったく違う形をとる。ルーマンは、社会的秩序の問題を、基本的には選択の二重偶発性の問題として捉え、解決策を模索する。二重偶発性という概念は、パーソンズから引き継いだ概念である。ルーマンによって改作されたこの概念が意味するのは、どのようにして自我の選択が「他我によって他我自身の選択の前提として受け入れられる」のか、という問題である [1976: 511]。そこで問題は、自我の選択と他我の選択の間で何らかの調整が起こることが、どうすれば生じやすくなるのか、と立てられる。換言すれば、「本来、起こりそうにもないコミュニケーション」が、それにもかかわらず自我と他我の間でなされるなどということが、どのようにして可能になるのか[Luhmann 1998a: 18]。

このような問いは、とても思弁的に聞こえるかもしれない。なぜコミュニケーションが起こりそうにもないのだろうか。毎日の生活でマスメディアがまさに正反対の事実を、つまり紛れもなく過剰なほどのコミュニケーションを示しているときに、どうしてコミュニケーションのありえなさなどという話をするのであろうか。これを理解するためには、ルーマンがどれほど深く問題を掘り下げて探究しようとしているのかを確かめる必要がある。彼の大目標は、社会学の最も根本的な問題、すなわち、コミュニケーションは、したがって社会は、いかにして可能か、という問いに答えることである。それに答えるために、ルーマンはコミュニケーションへの注目と、二重偶発性を選択の問題として概念化することとを組み合わせる。具体的に言えば、「反現象学的な取り組み、すなわち、コミュニケーションを現象としてではなく問題として考察すること」を出発点にする[Luhmann 1990i: 87]。こうした視点から見ると、コミュニケーションにとって鍵となる三つの障害が確認できるとルーマンは言う。「進化の初発の時点では、まず第一に、他我が思っていることを自我が理解する――自我の体と心が他我のそれらと分離していて個別化していることは前提――ことはありそうにもないことである」[Luhmann 1995g: 158. 強調は原文]。第二の問題は時間－空間的問題である。「コミュニケーションが、その場に居合わせた人々を超えてより多くの人々に届くことはありそうにもないことである」[1990l: 88]。この問題は、フェイス・トゥ・フェイスのコミュニケーションに頼ることのできない複雑な近代社会においてはますます重みを増す。そのような社会においては、世界の異なった地域に住んでいる人々でもコミュニケーションできるし、またコミュニケーションしようとするという状態は、どうすれば可能になるのだろうか。最後の第三の問題は、ルーマンが「成功のありえなさ」と表現している問題である。

たとえコミュニケーションが理解されても、それが受け入れられる保証は何もない。「成功」という言葉で私が意味するのは、コミュニケーションの受け手が、コミュニケーションの選択的内容（情報）を、自分自身の行動の前提として受け入れることである。[1990l: 88]

このありえなさは、コミュニケーションが何らかの影響をもつのかどうかということに関わる。コミュニケーションは受け手の行動を変えるのか、それとも理解はされるものの、結局無視されたり拒否されたりするのか。ルーマンによれば、コミュニケーションが受け手の行動を実際に変えることは滅多にないことである。

以上の三つのありえなさはすべて社会的秩序を自ら生み出すうえでの障害である。そこで、コミュニケーションと社会的秩序が可能となるためには、コミュニケーションが行われる蓋然性を高め、その結果、社会システムが出現する蓋然性をも高める何らかの仕組みがつくり出されなければならない。重要なのは、そのような仕組みが、上記のありえなさの問題に織り込まれている二重偶発性の問題にも、とりわけ成功のありえなさの問題にも、答えるものであることである。ルーマンは、歴史を通してさまざまなメディアが生まれ、そうした仕組みとして機能してきたと言う。ここでの文脈では、メディアとマスメディアとを混同しないように。ルーマンが考えていることとマスメディアとはまったく違うことである。彼にとってメディアとは、「起こりそうにないコミュニケーションを起こりそうなコミュニケーションに変換することに関与する」メカニズムのことである［1990l: 89］。

具体的には、三つの主要なメディアを区別する。一つは言語である。これは、コミュニケーションを行う者同士の間に共通理解があるという意識を生じさせ、したがってコミュニケーションの蓋然性を高める（そして、とりわけ上記のありえなさ問題の第一に対処する）。この言語の存在を基礎に伝播メディアが発達してきた。これには、文字、印刷物、ラジオ、テレビ、そして最近のものとしてはインターネットが含まれる［1995g: 161］。伝播メディアという名称が示唆するように、これらのメディアはコミュニケーションの時間－空間的ありえなさの問題を解消する。しかし、この両メディアの著しい成果にもかかわらず、言語も伝播メディアも成功のありえなさには対処することができないとルーマンは主張する。つまり、両メディアとも、コミュニケーションの受け手が、情報を自分の行動の前提として受け入れる蓋然性を高めることになる動機づけを含んでいないと言うのである。この動機づけを提供できるのは、いわゆる象徴的に一般化されたコミュニケーション・メディアだけである。

> 私たちは、選択と動機づけの結合を象徴化するために、つまり、その結合を一体性として提示するために、一般化を用いるメディアを「象徴的に一般化された」メディアと呼ぶ。重要な例は、真理、愛、所有権／貨幣、権力／法、そして未発達な形式ながら、宗教的信念、芸術、加えて今日文明的であるための基準となっていると言ってよいかもしれないさまざまな「基本的価値」である。これらはきわめて多様な仕方で、きわめて多様な相互行為状況のために用いられるが、すべての場合に問題なのは、コミュニケーションの選択が、同時に動機づけの手段としても機能するように、つまり、提示された選択の受け入れが十分確実になるように、コミュニケーションの選択を条件づけることである。 [1995g: 161]

より具体的に言えば、これらのメディアの象徴的に一般化されたという性質があらわしているのは、それらがきわめて異なった文脈で使用されうるという事実である。つまり、それらのメディアは、それらが適用される際の内容に限定をつけない〔1976: 520〕。たとえば、貨幣は世界中で使用可能な一般的メディアであり、貨幣自体は、いつ、どのような状況でコミュニケーションを容易にするのに役立ちうるかということに関して限定をつけない。

ルーマンにとって、象徴的に一般化されたコミュニケーション・メディアは機能的に分析されることを、つまり、二重の偶発性問題の解決策として分析されることを、確認しておくことは決定的に重要である。各メディアは、コミュニケーションがうまくいき、自我の選択が他我によって自分自身の選択の前提として受け入れられる蓋然性を高めるそれぞれの（機能的に等価な）方法を提供しているのである。したがって、象徴的に一般化されたコミュニケーション・メディアこそが、社会的秩序はいかにして可能かという社会学の根本問題に解答を与える。

それぞれの象徴的に一般化されたコミュニケーション・メディアがどのようにこの機能を果たすのか、そしてまた、それぞれが機能的に等価な貢献をなす仕方がお互いにどのように違っているのかをより具体的に理解するために、ルーマンは、自我の選択と他我の選択を区別するだけでなく、体験に関係する選択と行為に関係する選択をも区別する。ある意味で、二重の偶発性問題のさらなる二重化である。こうして、象徴的に一般化されたコミュニケーション・メディアは、それぞれが自我の体験と行為の選択を、他我の体験と行為とどのように調整するかに応じて、差別化されるとルーマンは主張する。これによって、四つの異なった状況が開示される。

(1)他我の体験が、自我の代理的体験として受容される(Ae→Ee)。(2)他我の体験が、それに応じた行為という形をとって自我に受容される(Ae→Ea)。[†4] (3)他我の行為が、自我の体験を選択し、そういうものとして受容される(Aa→Ee)。(4)他我の行為が、自我の行為として受容される(Aa→Ea)。

[1976: 515]

これはもちろんたいへん抽象的な話である。ルーマンの(より包括的な)問題関心は、歴史の中で、一連の象徴的に一般化されたコミュニケーション・メディアが登場してきて、それぞれが上記の〈自我－他我〉関係の一つに対処する方法を提供しているということである。たとえば、真理というメディアは、他我の体験を自我の体験の前提にする。科学的真理に訴えることで、他我の体験が自我の体験の基礎として受容される蓋然性が高まる。これは学習の場合に起こることだとルーマンは言う。「他者から学ぶ際、彼(自我――引用者)は、何の苦労もせず、時間をとられることもなく、さらには自分で選択の過程を再現できなくても、言われたとおりに、選択過程の結果として体験を受容する」[1976: 516]。したがって、象徴的に一般化されたコミュニケーション・メディアである真理は、複雑性を縮減すると同時に、二重の偶発性問題に対処する。つまり、他我は自我に疑問を抱かせることなく、体験を伝えることができ、自我は、この伝達が真理というメディアによってなされるがゆえに、受容する。ルーマンによれば、諸価値も他我の体験と自我の体験を結びつけるもう一つの、ただし真理ほど強力ではない、メディアと見なせるかもしれない。人権のような抽象的な価値は、それぞれの体験を結びつける規範的枠組みを提供するからである。ただし、その抽象性ゆえに、諸価値は体験を媒介するだけであり、行為を指示しはしない[1997a: 340-4]。

同じように、愛は「高度に個人化された」コミュニケーションに対応することに特化したメディアである[Luhmann 1998a: 20]。そのような対応は、愛される者（他我）の体験を、愛する者（自我）の行為と結びつけることでなされる。つまり、愛する者（自我）は、たとえ愛される者（他我）は、愛する者との特異な体験に関心があるだけだとしても、自らの行為によって、愛されている者をたしかに愛していますということを示さなければならない[1997a: 345; 1998a: 22-3]。所有権は、のちには貨幣も、他我の行為を自我の体験に結びつけるメディアとして機能する。貨幣の使用は、他我の行為が、つまり何らかの希少な財の消費が、自我の行為を引き起こさず、たんに自我の体験と、他我の行為の受容を引き起こすだけであることを確実にする。他我が何らかの財にお金を払うことができたのであれば、自我はその財が今は他我の所有物であることを受容する。ルーマンによると、芸術もまた他我の行為を自我の体験と結びつける。芸術家が行為し、鑑賞者が、美術館においてであれ家庭においてであれ、芸術作品を体験する［1997a: 351. 1990nも参照］。

最後に、ルーマンは、法と権力は、それによって他我の行為が自我の行為の前提に転換するメディアであると論じる。権力の例だけ挙げると、レフェリー（他我）がサッカー選手（自我）にイエローカードを出せば、その選手は自分の攻撃スタイルを抑制せざるをえなくなる。もっと積極的な例を挙げれば、経営者（他我）が新しいボーナス・システムを導入すれば、従業員（自我）はもっと一生懸命働こうという気になる。ルーマンによる象徴的に一般化されたコミュニケーション・メディアの区分を、表4・1に示した。

象徴的に区分されたコミュニケーション・メディアに関するルーマンの構想はまったく説得的ではないという批判はありうるだろう。そもそも体験と行為の区別自体に疑問を呈することも可能だろう。ルーマン自身「多少人為的」な区別であると認めている［1979: 119］。さらに、たとえば、愛はなぜ自我の側の行為の問題であって、体験の問題では（でも）ないのか。また、権力はなぜ自我の行為だけでなく体験にも関わらないのか。理由はいっこうに明らかではない。こういった批判はたしかにもっともだが、本書の目的から、象徴的に一般化されたコミュニケーション・メディアに関するルーマンの理論に対してここで批判を展開しようとは思わない。それよりも私の

表4.1　象徴的に一般化されたコミュニケーション・メディア

他我／自我	体験	行為
体験	Ae → Ee 真理／諸価値	Ae → Ea 愛
行為	Aa → Ee 所有権／貨幣／芸術	Aa → Ea 権力／法

（Luhmann 1997a: 336より作成）

興味を引くのは、ルーマンの理論枠組み全体の中で、この理論が果たしている役割である。二重の偶発性問題と、コミュニケーションのありえなさの問題に答えを与えることに加えて、象徴的に一般化されたコミュニケーション・メディアの理論は、機能的分化の理論と緊密に結びついている。たとえば、ルーマンは、これらのメディアが、機能システムが分化するきっかけになったと言う [1976: 515, 518-9; 1997a: 358]。つまり、機能的分化は、象徴的に一般化されたコミュニケーション・メディアの分化を基礎としてのみ可能だったということである。*9 もう少し正確に言うと、象徴的に一般化されたコミュニケーション・メディアがコード構造（バイナリーコード）を提供し、それにもとづいて機能的分化が促進されたとルーマンは主張する [1997a: 359ff.]。つまり、各メディアがそれぞれ特有のバイナリーコード（たとえば、貨幣というメディアに対する〈支払う／支払わない〉）の使用を促し、それが背景となって、自律的でオートポイエティックな、作動において閉じた機能システムが発展したのである。*10

機能システム

ここまで機能システムの基本的特徴を述べてきたので、ここからはルーマンが分析するさまざまな機能システムの概要を紹介していきたい（ルーマンは1989aでいくつかのシステムの概観を提示している)。言うまでもないが、すべての機能システムについて詳細に説明することはできないし、ただ一つのシステムについてさえ、十分に説明することはできない。ご存じのとおり、ルーマンはこれらのシステムの一つひとつについて、分厚い本を書いており、さらには法と宗教といったシステムの組み合わせについても何冊も本を書いているからである。したがって、初期のルーマン社会学における呪文に大いにならって、以下では複雑性は大幅に縮減されざるをえない。私は二段階のスピードで概説を行う。まずは、政治システム、法システム、経済システムを取り上げ、それぞれについて、その機能、バイナリーコード、プログラム、それに象徴的に一般化されたコミュニケーション・メディアの概要を紹介する。これらのシステムの説明は圧縮されたものではあるが、それでも多少は長めになる予定である。その後、ルーマンが探究してきた他のシステムに向かう。科学、宗教、芸術、マスメディア、教育の各システムである。これらのシステムについては、それぞれの機能やコード等々の一覧を示す程度の、きわめて簡略な紹介にとどまる予定である。他のシステムを犠牲にして政治、法、経済のシステムに多くの紙幅を割くことに特別の理由はない。この三つのシステムが他のシステムよりも重要であることがこの選択に反映しているなどということは決してない。なぜなら、第5章で改めて論じるが、機能システム同士の間に上下関係はないということが、機能的分化の意味するところだからである。

政治システム

政治システムの機能は、「集団的拘束力を有する決定を強制する能力を提供すること、と特徴づけることができる」[1990d: 73. 強調は原文]。経済（たとえば、財政危機のとき）や宗教（たとえば、ローマ法王が信者に向けて演説をするとき）のような他のシステムも、原理上も実際上も、広範な影響をもち、また多くの異なった状況において人々に影響を与えるが、集団的拘束力を有し、すべての人々に正当に強制することのできる決定をなしうるのは政治システムだけである。政治システムがなしうる決定は、それに反対する人でも受け入れなければならない決定である。そうした決定を強制するために（したがってまったくのアナーキーを回避するために）、政治システムは、もし必要なら、物理的力に訴えることができる。したがって、ルーマンは、政治システムは物理的力の正当的使用について独占権を有すると考える点でマックス・ヴェーバーと同意見である[1990d: 74; Weber 1978: 54]。

ルーマンによれば、政治システムと象徴的に一般化されたコミュニケーション・メディアである権力との間には緊密な結びつきがある。たしかに、権力はあらゆる種類の状況で用いられる（親が子どもに、教師が生徒に、雇い主が被雇用者に等々、権力を行使する）。そういうものとして権力は社会の中に「広く分布」している[2000b: 74]。しかし、それにもかかわらず政治システムには権力の強力な集中が見られる。権力は単純明快に「政治の本質」である、とルーマンは言う[2000b: 75]。ルーマンの権力概念については、第6章でくわしく論じる予定なので、ここではつぎの点を確認すれば十分である。それは、権力とは（自我の）行為を（他我の）行為によって規制することに関わるのだから、大まかに権力保持者と権力服従者を区別することには意味がある、ということである。[*11] ルーマンは、この区別は変形され、政治システムの中で固定化されると言う。つまり政治システムの中では、政府（権力保持者）と野党（権力服従者）の区別としてあらわれ、誰が現在、公職にあり、誰がそうでないかを明示する。

政府と野党の区別は、政治システムの毎日の作動を導くバイナリーコードである。あらゆる政治的テーマに関して、この区別に応じて意見が割れるということが起こりうる。野党はたいてい、政府はあまりにわずかなことしかやっていない、あるいは間違った決定を行っている（外交政策、失業者問題、高齢者対策、犯罪防止等々）、自分たちの方が物事をもっとうまくやれる、と主張する。政府は政府で、正反対のことを主張する。すなわち、野党はもっと大きな責任を負うべきで、政府が行う決定を支援すべきだ、政府こそが社会福祉の真の保証人であり、万が一、野党が政権をとれば、不安定と不安を招くだけだ、と。

政治システムは、〈政府／野党〉コードの使用を統制するためのさまざまな手続きとプログラムをもっている。最も重要なのは、憲法と選挙の組み合わせが、一定期間、公職に就く資格がある者を決定するための条件を提示することである（ルーマンは分析対象を民主的な政治システムに限定している)。政府と野党はそれぞれの政治綱領をもっていて、さまざまな政策分野で集団的拘束力を有する決定を行うことを目指して、自分たちの提案を明示している。ただし、現在、政治の公職を占めている政党の方が、自分たちの綱領が政治的決定に向けての基礎になるという点で有利である。いや、厳密にはつぎの選挙で野党が目標を達成して政権を奪取するかもしれないのだから、少なくともつぎの選挙までは有利である、と言うべきだろう。政治システムについては、第6章でもう少しくわしく論じる。

法システム

政治システムが集団的拘束力を有する決定に専念しているのに対して、法システムのコミュニケーションは予期に関わっている。ルーマンは、法の機能は「規範的予期の安定化」にあると言う［2004: 148］。第2章で紹介した規範的予期と認知的予期の区別を想起していただきたいが、規範的予期は、予期どおりの事態が生じなくても維持される予期である。ルーマンによれば、予期は本質的に時間に関わる。より正確には未来に関わる。したがって、法の機能は規範的予期の安定化であるとルーマンが主張するとき、この主張は、古典的な主張、たとえばデュルケームが提案した［1964］ような、法は社会の統合機能を果たすとか、法は社会的統制に役立つといった主張とは一線を画している［Luhmann 2004: 143参照］。デュルケームが探究しているように法の社会的次元に注目するのではなく、法の機能は時間次元との関係で理解されるべきである、というのがルーマンの主張である。

ルーマンはつぎのように論じる。未来は本質的に不確かなのだから、現在と未来とを結びつけること――ルーマンは一種の「時間結合」という言い方をしている [2004: 145]――に役立つ規範的予期が形成される。たとえば、将来、争いが起きるかもしれないということはよく知られている。この問題に対処するために、そして、潜在的な将来の争いが激化したり、現在のコミュニケーションを妨げたりすることがないように、万が一争いが起こったときに、それを統制することができる規範的予期が現在において形成される。万が一起こったときに、という語句が入っていることが重要である。規範的予期は本質的に反事実的である。つまり、必ず起きるわけではない将来の出来事に関わっている。これを要約的につぎのようにあらわしている。「法の時間との関係が……規範の機能の中に、つまり、少なくとも予期の次元で、未知のまったくもって不確かな未来について見通しをもとうとするところに、含まれている」[2004: 147]。何が合法であり、何が違法であるか（法システムのバイナリーコード）を確定することで、将来どんな事態が起きそうで、どんな事態は起きそうにないかについて予期を形成する――その予期が不確実であることに変わりはないが――ことを可能にする。たとえば、暴力を違法とすることで、法は、街を自由に歩けるだろうという予期の形成を可能にする。それにもかかわらず暴力事件が起これば、法システムはその行為を罰することができ、それによって、暴力は違法であり、暴力を振るえば罰せられるという予期を安定化させる。

未知の将来に向けた予期に注目することは、二重の偶発性問題との関係でも構想されたのかもしれない。政治システムのメディアとして機能する権力が、他我の行為が自我の行為の前提となることを確実にするように、法システムも、法という象徴的に一般化されたメディアによって、他我の行為と自我の行為をつなげる。法が提供する規範的枠組みによって、他我は自分の行為が自我の行為の前提になることを予期できるようになる［Luhmann 1987c: 32ff. を参照］。たとえば、他我と自我が何らかの件（たとえば金融取引）で契約を結ぶとしよう。契約に関する法規を守らせることで、法は、自我が今後の自分の行為を決定する際にその契約を前提とすることを確実にする。万が一、自我が契約に違反すれば、他我は法に訴えて、契約に定められた行為を行わせることができる。ルーマンによれば、この例は、法システムのもう一つの重要な側面を示している。というのも、法は社会において争いを解決するために用いられるにしても（法のパフォーマンスの一つ［2004: 168-72参照］）、それはまた、そして「主要には、争いを自ら生み出す手段」でもあるからである［1995g: 331］。法が存在するおかげで、虐待、暴力、詐欺等々について訴えを起こし、したがってコミュニケーションに法的で論争的な枠組みを与えることが可能になるのである。

法システムは、〈合法／違法〉のバイナリーコードによって、そのコミュニケーションを組織化する。したがって、法が観察するすべてのことは、このコードのフィルターを潜り抜けたものである。法はある出来事が芸術的か、美しいか、あるいは学問的に面白いか、といったことを考慮しない。関心があるのは、あくまでも合法か違法かを立証することだけである。このコードの使用に指針を与えるために、法システムは、法規範（法律、判例等々）と法廷手続きのような特別なプログラムを用いる。こうしたプログラムは大きく変化することがある。刑法の制裁の科し方に関するプログラムが歴史的に変化してきたことが、一つの例になるであろう［Borch 2005a を参照］。一九世紀は、多くの刑法が犯罪に焦点をあてていた。法システムが犯罪（違法行為）がなされたと判定すれば、刑罰が与えられたが、それは犯罪行為の重大さに応じたものであった。これと対照的に、とくに二〇世紀の前半に、焦点は犯罪から犯罪者に移った。法システムが刑法違反が生じたと判定すれば、量刑は、犯罪がどれほど重大であったかに応じてではなく、犯罪者がどれほど危険な人物と見なされるかに応じてなされた。

　しかし、いずれのケースでも、法的プログラムはつねに、いわば条件つきプログラムであるということがルーマンの決定的な主張である［2004: 196］。このタイプのプログラムは、厳密に「もし……ならば、そのときは……」という図式にもとづいて構造化されている。もし私がこの法規範に違反すれば、そのときはあの特定の制裁が予期される、という具合である。さまざまな行為の形式がどのような法的効果をもつかを明確に規定することで、法システムはこの条件つきプログラムを用いて、その社会的機能を実行する。つまり、規範的予期を安定化させ、それによって現在と未来の時間結合を提供する。ルーマンは、さらにつぎのようにさえ主張する。この時間結合能力のおかげで、システムは、あらかじめ詳細に知ることのできない将来の状況に対応するために、その条件つきプログラムを使用することができるのであり、この時間結合能力が、「法を一種の社会の免疫システムと見なす」ことを正当化する［2004: 171. 強調は原文］。「法システムは、いつ争いが生じるか、争いの具体的状況がどうなるのか、誰が争いに関わるのか、その関わり方の強度はどの程度なのか、といったことについて一切予想を行わない」が、それでもそうした将来の争いに対処する方法を提供する［2004: 171］。つぎの点を付け加えてもよいであろう。すなわち、生き物の免疫システムが発達し、自己を再生産できるためには、外敵から攻撃される必要があるのと同じように、法システムも自己を再生産するために、こうした争いに依存している［2004: 477］。

　最後に、他の社会システム同様、法もオートポイエティックで、自己言及的システムであることは確認しておきたい。法システムのプログラムを、したがってそのバイナリーコードの使用の仕方を決定するのは、法システム自身である。後で改めて論じるが、法が政治システムと緊密に結びついていることは明らかである。たとえば、政治家たちが、おもちゃには発がんの危険性がある化学物質を一切使用してはならない、ということを決めるかもしれない。しかし、この決定が法的形式を獲得するのは、法システムがその決定を承認するときだけである。つまり、政治的決定が現実の法になるのは、その決定が法システムによって法律に変換されるとき、つまり法律の分野で制定され施行されるときだけである。さらに、政治システムが期待したとおりに、政治的決定の法律への転換が起こるという保証もない。たとえば、おもちゃ市場を規制しようという政治的願望は、市場における自由競争に関する法律に抵触するかもしれない。本当に抵触するのかどうか、抵触する場合にどのような法的帰結が生じることになるのか、こういったことはあくまでも法的な懸案事項であって、政治のそれではない。[*12]

経済システム

社会における経済の位置を理解することは、マルクスやヴェーバー以来、社会学における重要な研究分野であった。そして、一九八〇年代半ばにいわゆる「新しい経済社会学」が登場して以降、再び盛んに研究が行われている。社会学が改めて経済に関心を抱くようになった重要な研究の一つは、マーク・グラノヴェターの有名な「経済行為と社会構造」に関する論文である [Granovetter 1985]。グラノヴェターの主張は、簡単に言えば、経済行為は社会的関係は明確に区別できる存在あるいは領域ではないということである。むしろ、経済行為は社会的関係（人間関係）に埋め込まれていると見なければならない。グラノヴェターが述べているように、「ビジネス関係がどれほど社会的関係と交じり合っているかを示す証拠は、私たちのまわりにいくらでもある」[1985: 405]。ルーマンのアプローチはこれとまったく違うし、はるかにラディカルである。一方で、ルーマンにとって、経済領域を非社会的な何かと考えるなどということは馬鹿げているという意味で、ルーマンは埋め込みテーゼに全面的に賛成するであろう。他方で、ルーマンは、グラノヴェターが前提しがちな社会的なもの一般と経済的なものとの区別には、厳密さが欠けることを大いに批判するであろう。より正確に言えば、ルーマンがグラノヴェターに欠けていると見なすであろうことは、社会的現象としての経済が、どのように他の社会的領域から分化しているのか、ということに対する注意深さである。したがって、ルーマンはグラノヴェターとは違う方向に進む。ルーマンにとって、経済は、社会のいくつかの機能システムの一つであり、その作動における独自の論理によって、法、政治、芸術等々のシステムから分化している。[*13]

ルーマンによれば、経済の基本的な優先事項は希少性の問題である。この問題は時間の問題として理解されなければならない。財も貨幣もともに希少な資源である。もし私が今日りんごを食べれば、それを明日食べることはできない。同じように、今日お金を使えば、明日それをもう一度使うことはできない。これはきわめて基本的なことであり、それが意味するのは、希少性ゆえに、「将来のニーズの充足は現在の問題として扱わなければならない」ということである[1982b: 195]。これを踏まえて、ルーマンは、経済の機能は「希少性の条件下で将来の供給を確実にすること」であると言う[1997a: 758]。もっと大まかに言えば、経済システムの機能は希少性の制御である［1988b: 64-5］。

かつて経済システムは、所有権を軸に、それに対応する〈もっている／もっていない〉というコードによって組織化されていた。ところが、近代の経済においては、貨幣が象徴的に一般化されたコミュニケーション・メディアとなっている。貨幣はきわめて柔軟なメディアで、あらゆる種類の状況で用いることが可能であり、貨幣の所有者から影響を受けるなどということはない［1982b: 207］。貨幣は誰の手の内にあるかということとは関わりなく、同一の価値を有する。また、貨幣にとっては、それが使用される際の動機も問題にならない。暴力団員が政治家に賄賂を贈るために使うこともできるし、高齢のご婦人が訪問者用にビスケットを買うために使うこともできる。これが示すように、貨幣は支払いの媒体として機能し、この支払いが希少性を制御する。ルーマンによれば、経済に関して、「このシステムを構成する究極のコミュニケーション、それ以上分解できない究極のコミュニケーションは、支払いである」［1995g: 461］。支払いは十分に自己言及的な作動である。支払いは新たな支払いを可能にし、その支払い自体、それ以前に支払いがあったことによってのみ可能である［1988b: 52］。しかしながら、貨幣の希少性は支払いの希少性でもある。それに明確な形を与えるのが経済システムのバイナリーコード〈支払う／支払わない〉である。経済システムは世界を観察するためにこのコードを用いる。あらゆることが、将来の新たな支払い（接続するコミュニケーション）を自ら生み出すことができる支払いをもたらすことができるかどうかという観点から分割される。ルーマンが言うように、「支払うべきか、支払わざるべきか——それこそが、経済の存続を決定する、きわめて重大な問題である」[1989a: 52]。〈支払う／支払わない〉のコードそれ自体は、コードの二つの側の正しい使い方を教えてくれるわけではない。そのためコードの使用を制御できるプログラムが考案される。経済システムの基本的プログラムは価格のプログラムである。価格は「支払いが正しいか否かを、素早く決定することを可能にする」からである[1989a: 53. 以下も参照。1988b: Ch. 1]。もしコンピュータが七〇〇ユーロで、私がもっているのが五〇〇ユーロだけであれば、支払いは起きない。他の経済プログラムとしては、投資プログラムと流動性評価プログラムがある。前者は、たとえばどの株に投資（支払い）すべきかを判断するための前提を定める。後者は、支払いが流動性と信用の流れにどのような影響を与えるかを見通して、支払いを制御する[1988b: 250]。

その他の機能システム

政治、法、経済の各システムの他に、ルーマンは五つの機能システムを深く探究した。一つは芸術のシステムである。その機能は、想像的な秩序を示すことで、あるいは「可能性の国の秩序の人を感動させる力を具体的に示すこと」で、社会に、社会の新しい観察の仕方を提供することである[2000a: 148. 強調は原文]。芸術システムに指針を与えるバイナリーコードは〈美しい／醜い〉

だが、このコードには、たとえば〈挑発的／融和的〉など、さまざまなヴァリエーションがある。芸術システムによってコードの値を選択するために使われるプログラムとしては、マニフェストとスタイルが挙げられる[2000a: 234-5]。システムのメディアは芸術であるが、その芸術は絵画、彫刻、展示品等々の形式で表現される。

科学システムについては、本章ですでに言及した。科学システムの機能は、新しい知識を自ら生み出すことである。科学は、真理という象徴的に一般化されたコミュニケーション・メディアおよび〈真／偽〉というバイナリーコードによって作動する。そのプログラムは理論と方法である[Luhmann 1990a]。

マスメディア・システムの機能は「社会が行う現実の構成に向けて」貢献することである。「その一部は、社会の自己記述とその認知的世界地平の絶え間ない再現実化である」[Luhmann 2000e: 103]。別の言い方をすると、マスメディアは、社会が知っていることと、社会が自分自身をどのように記述し理解するのかについての更新情報を、絶えず社会に提供する。ルーマンが言うように、「私たちの社会について、あるいは私たちの生きている世界についてさえ、私たちが何を知っていようと、私たちはマスメディアを通じて知っているのである」[2000e: 1]。ルーマンは、マスメディア特有の象徴的に一般化されたコミュニケーション・メディアを挙げなかったが、ハンス－ゲオルク・メラーは、「世論」こそが、それによってマスメディアが作動するメディアであると主張している［Moeller 2006: 137］。マスメディアのバイナリーコードは〈情報／情報でない〉であるが、ここで言う情報は、先に紹介したベイトソンの定義「差異を自ら生み出す差異」にもとづいて理解されている。これが意味するのはじつに単純で、マスメディアは古いニュースを伝えることはできないということである。何かが情報として観察されるや否や、それは自動的に情報ではなくなる。つまり、もはや差異をつくり出さない。コードのどちら側が正しいのかを判定するためにマスメディアによって使用されるプログラムとして、ニュース（紛争、ローカル関連、規範違反等々に細分化される）、広告、娯楽が挙げられる。

教育システムの大いに野心的な機能は、社会で行われるコミュニケーションに向けて準備をするように人々を変えることである［1995c; 2002b］。より正確には、このシステムは心理システムの変革を、つまり人々の考え方の変革を目指す。ルーマンによれば、このことが、教育システムには象徴的に一般化されたコミュニケーション・メディアがないことの理由である。このシステムは、特定の社会的体験と行為の蓋然性を高めることを直接目指しているわけではなく、一定の思考パターンを育むことに主眼を置いている。ただし、このシステムにもバイナリーコードはある。より良く学習するか、より悪く学習するか、である。これは、たとえば学年の中で比較される。システムの主要プログラムは、何と言ってもカリキュラムと読解である。たとえば、ある生徒が、試験の読解問題で一〇パーセントしか得点できなければ、試験に合格することはできない。

最後に、宗教システムの機能は、世界の不確定性を有意味な秩序に翻訳することである［2000c: 127］。宗教のバイナリーコードは〈内在／超越〉であり、少なくともキリスト教文化圏においては聖書に書いてある規則が、このシステムのプログラムを構成している［1989a: 96］。教育システムと同様に、宗教にも確定的な象徴的に一般化されたコミュニケーション・メディアはないが、信仰がその候補になるかもしれない［2000c: 205-6］。

以上がルーマンが体系的に分析したシステムである。これらの他に、二つの特殊なタイプのコミュニケーションが分化してきたことを、ルーマンは示唆している。一つは親密なコミュニケーションで、愛という象徴的に一般化されたコミュニケーション・メディアを中心に、典型的には家族ないしは家族に相当するものの中で組織化されている［1990i; 1998a］。同じように、病気と健康を区別する医療コードも登場してきて、治療とケアの全領域を仕切っている。

社会の統合と機能システム同士の関係

本章の最初に触れたように、ルーマンの機能的分化に関する反省は、社会の分化に関するより広範な社会学的議論の地平の中で展開されている。このことは、当然ながら、より詳細にはルーマンの分析が既存の分析とどのような関係になっているのか、という問いを提起する。ルーマンの機能的分化の理論と、マルクス以降の研究者が提起してきた診断との間にはどのような類似点と相違点があるのか。言うまでもないが、ここで分化に関するさまざまな社会学的理論について十分な分析を提示することはできない〔それについてはSchimank 1996参照〕。若干の選択的観察で十分とせざるをえない。

まず、マルクスとルーマンの間には、少なくとも一つの興味深い共通点があるように思える。マルクスの用語はルーマンのそれとまったく異なるものの、マルクスもまた、経済をそれ固有の独自の論理によって特徴づけられる領域として記述した。まさに資本主義経済は自己制御的な実践と論理にもとづいているというのがマルクスの中心的考えの一つであった。ある意味で、ルーマンはこの自己組織する経済というイメージを横領して、それを他の社会領域（法、政治、芸術等々）に拡大したとも言える。しかし、自己組織の論理のこの拡大が、同時にマルクスの理論に対するルーマンの主要な異議がどういう点にあるのかを示唆している。かくしてルーマンは、近代社会はその経済構造を土台としているというマルクスの主張を、経済の重要性を他の領域にくらべてあまりにも過大評価するものだと言う。

全体としての社会を経済的観点から定義するときに、とりわけ……欠落しているのは、異なる機能分野における同様の現象に対する十分な理解である。欠落しているのは、さまざまなシステムを比較し、多かれ少なかれすべての機能システムに見られる近代性の抽象的特徴を抽出するための基盤である。

[Luhmann 1998b: 9]

あからさまな言い方をすれば、ルーマンが言わんとしているのは、マルクスは途中で立ち止まってしまったということである。マルクスは、自分の分析から十分な帰結を引き出さず、彼が経済において確認した内的論理は経済にしかあてはまらないと、誤って思い込んでしまった。*14

マルクス主義の伝統の中で、しかしそれを根本的に刷新しながら、ピエール・ブルデューは、社会は多くの界（芸術、経済、教育等々）に分かれているということを示唆する分化の理論を支持してきた。各領域は自律的な作動様式によって特徴づけられる。一見するとこれはルーマンの主張とかなり似ているし、実際、二人の社会学者は一定の関心と観察を共有している。たとえば、ゲオルク・クニール［2004: 40-1］が適切に指摘しているように、ルーマンもブルデューも、システム同士を（ルーマン）あるいは界同士を（ブルデュー）比較できるようにそれぞれの分化理論を定式化している。もちろん、重大な相違点もある。とくに顕著なのは、ブルデューが界の内部に闘争や上下関係があるとしているのに対して、ルーマンは機能システムの内部にそのような類をまったく想定していないことである。また、ルーマンは分化の機能的側面を強調しているが、ブルデューではほとんど問題になっていないし、ルーマンが注目しているバイナリーコードにも関心を示さない［さらなる違いについてはNassehi and Nollmann 2004を参照］。

ルーマンはマルクス主義やネオ・マルクス主義の研究者と共有するものは比較的少ないが、そのかわりデュルケームの遺産を継承して、彼の近代社会の決定的特徴としての分業に関する分析を発展させていると思う人もいるであろう。デュルケームが社会学における機能主義的方向性をいち早く提唱し、後にルーマンがその方向をたどり、さらに新たな方向に向かったという事実は、この印象を強めるだけである。さらに、デュルケームは、ルーマンがわざわざ独立の論文あるいは章を設けて論じた数少ない研究者の（ヴェーバー、パーソンズ、スペンサー＝ブラウンとならぶ）一人である。たとえば、ルーマンは、デュルケームの『社会分業論』のドイツ語版の序論を書いている［Luhmann 1982a］。しかしながら、ルーマンの著作にデュルケームの影響を見いだすことができるにしても、ルーマンの機能的分化の理論を、デュルケームの分業論のたんなる現代版と見なすことは誤解を招く。デュルケームの議論は、社会はひとつのまとまりであって、それがたくさんの部分に分かれているというイメージを喚起する。しかも、この分業が基本的には専門化（「経済学者がこれをやってくれるのであれば、科学者はそれに専念できる」といったふうの）の進展という方向性で考えられており、この専門化が成果の相互交換と共通の利益の基盤と見なされている。このデュルケームの分業論とくらべると、ルーマンの機能的分化に関する説明は、社会についてはるかにラディカルな見方を提示している［たとえば1995e: 20; 1997a: 761］。

たとえば、ルーマンは、社会の異なった部分がどのように異なった労働に専門化しているかということには関心がなく、それよりも彼が分析する分化の種類は、はるかに認識論的性格が強い。ルーマンは、さまざまな機能システムは、とにかく異なったコンテクスチャーを用いているのだと、ゴットハルト・ギュンターの著作［たとえばGünther 1979］に依拠して言う。ルーマンのギュンター解釈によれば、コンテクスチャー（ギュンターのキー概念の一つ）とは、機能システムがどのように世界にアプローチするか、その仕方に指針を与える世界観または合理性のことである。各機能システムは、単一のコンテクスチャーによって特徴づけられる。なぜなら、各機能システムは、それぞれの特有の二値的コンテクスチャー、つまりバイナリーコードを通じて世界を観察するからである。コンテクスチャーの二つの値のいずれにも該当しないものはすべて無視される。言い方を変えれば、ルーマンの機能的分化の概念が問題にしているのは、専門化した労働形態の分化ではなく、根本的に異なっていて一致することのない、現実に対するパースペクティヴの分化である。したがって、近代社会が科学、経済等々のシステムに分化していると見なされるとき、肝心な点は、この分化が、科学が科学の問題を解決するから経済は経済の問題に専念できるし、その逆でもある、といった労働の機能的な分化によって推進されているということではない。それよりも、この分化が、さまざまなコンテクスチャーの分離を成立させる点が肝心なのである。科学は世界を〈真／偽〉のコードによって観察し、経済は世界を〈支払う／支払わない〉のコードによって観察する。

このコンテクスチャーの分化を前提にして、ルーマンは、近代社会を「多コンテクスチャー構造」を備えた社会と記述する。そこでは「二つの異なるコンテクスチャーを直接対決させることは不可能である」[Günther 1979: 288]。さまざまな機能システムはたんに異なる言語を話すだけである。あるいは、異なった視野にもとづいて世界にアプローチする。これこそが、ルーマンの主要な社会学的観察の一つである。機能的分化とは基本的に多コンテクスチャー的現実のことであるという捉え方は、はっきりとデュルケームの分業論と異なる一方で、ウヴェ・シマンクが注目しているように、ヴェーバーの価値領域の分化という考えには近い[Schimank 1996: 156]。ルーマンと同様に、ヴェーバーの説明が基本的に問題にしているのも、近代社会がいかに一連の独立の、一致しないパースペクティヴあるいは合理性に分化しているかということである。*15 しかし、ルーマンと違って、ヴェーバーはこの観察を、コンテクスチャー概念が含意するようなバイナリーコードの分化という考えと結びつけることはしなかった。

分業論と多コンテクスチャー性という診断とは中身がだいぶ違うという話は、それでは機能的に分化したシステム同士はどのように関係しているのかという重要な問題を提起する。もう少し具体的に言えば、分業論では社会的サブシステム同士の関係はすんなり理解できるが、分化が多コンテクスチャーという形をとるとなると、サブシステム同士の相互の結びつきがどうなるのか、わかりにくい。科学、経済、政治、法、宗教等々のシステムが、それぞれ一致しないパースペクティヴ／コンテクスチャー／合理性を備えているとすると、システム同士はどのように関係するのだろうか。ルーマンの説明の中で提示されるこの問題への答えは、社会学の古典的問題、すなわち、分化した社会を統合するのは何か、という問題への答えにもなっている。統合の問題は、新しい有機的連帯が成立し、それが近代の分化した社会をひとつにまとめると信じていたデュルケームにとって、中心的な問題であった。ルーマンはまったく異なる推論をたどる。ルーマンによれば、基礎的な連帯などない。また、分化の観点からすると、近代社会は、統合を保証する共通価値にもとづいているわけでもない。まさに反対であって、そうした——彼の見解では——古くさい思い込みを、ついに乗り越えることこそ決定的に重要であるとルーマンは論じる。まず第一に、統合の古典的概念は、全体と部分がどのように関係しているかという問題を軸に展開されている（このことはデュルケームとパーソンズについて言える［Luhmann 1997a: 602参照］）。ルーマンが推進した〈全体／部分〉から〈システム／環境〉へという理論的移行は、この統合問題を再定式化する。つまり、第二に、その再定式化を行うのが機能的分化という診断であり、統合問題を抜本的に新しい形で提示する。

すなわち、機能的に分化した社会では、統合とは社会全体に関わるレベル（つまり、かつて全体と概念化されていたもの）の問題ではなく、機能システム同士の相互関係の問題であるとルーマンは述べる。より具体的には、統合とは「サブシステムの自由度の縮減」であると定義される[16]〔1997a: 603. つぎも参照2002a: 338; 2004: 489〕。この定義によると、統合とは、機能的サブシステムの自己制御が他の機能システムによってどのように条件づけられるか、あるいは制限されるか、という問題である。二つのシステムの統合が強まれば強まるほど、一方のシステムの選択肢は少なくなるが、それはもう一方のシステムが自己の選択肢を制限するからである。このような見方からすると、協調と紛争の両方が、とりわけ紛争が、統合の例ということになる〔1997a: 604; 2002a: 338〕。二つのシステムの間での紛争は、とりわけ強力な一種の統合である。なぜなら、双方とも相手のシステムが何をするか（どのような資源を使うのか、どのような戦略をとるのか等々）ということにきわめて注意深くならざるをえないからである。これが示すように、統合は、「「部分」と「全体」の間にではなく、サブシステム同士の柔軟な、したがって歴史的に変化する調整」に見いだされる〔1997a: 604〕。ルーマンはつぎの点に注意を促す。このような理解によれば、統合とは「価値を帯びた概念ではなく、分裂よりも統合の方が「より良い」ということもない」〔1997a: 604〕。ルーマンによるこの概念の使用には、明示はされていないが規範的内容が含まれているということはない。それはシステム同士の特定の関係を意味するだけである〔1990c: 422-3 も参照〕。実際、ルーマンはつぎのような常識に反するようなことまで言う。すなわち、紛争は統合の印なのだから、「複雑な社会に十分な分裂を提供すること」は重要である〔1997a: 604〕。このような統合理解は、オートポイエーシスという全体の理論枠組みと矛盾しない。機能システムはどこまでもオートポイエティックで作動において閉じたシステムでありつづける。ただ自由に動ける余地を相互に制限する結びつきを発展させることがあるというだけの話である。

ルーマンは、そのようなシステム同士の統合を理解するためにいくつかの概念を提案している。最も重要なのはパフォーマンスと構造的カップリングである。構造的カップリングが、システムが環境（環境内のシステムを含む）とどのように関係するかを記述する一般的概念であるのに対して、パフォーマンスは、先に触れたように、機能システム同士が相互に行う特定の寄与を意味している。たとえば、法システムのパフォーマンスは紛争の解決であるのに対して、経済システムのパフォーマンスはニーズを満たすことである。

さまざまなパフォーマンスを理論的に決定することはできず、経験的に研究されるほかはないのと同じように、機能システム同士の構造的カップリングも、それらが経験的現象としてどのようにあらわれるかに応じて探究されるほかはない。数多くの機能システムがあるおかげで、多くの構造的カップリングがあることが予想される。ルーマンが分析する重要なカップリングの一つは政治と経済のカップリングである。たとえば税によって両システムはカップリングされている。政治システムは公約を実現するために税収に依存している［1997a: 781; 2000b: 385-6］。両システムのもう一つのカップリングの例は、紙幣を印刷する中央銀行である。いずれの場合も、政治システムは、経済システムにアクセスできることに依存している。ただし、この「アクセス」は、相互の作動に干渉することではなく、あくまでも構造的カップリングである。なぜなら、税金として集めた貨幣は特定の政治的目的のために使われるにしても、いったん経済的循環に投入されれば、経済システムのダイナミズムに従うからである。

同様に、法と政治も憲法によって構造的にカップリングされている［2004: 403-12］。憲法は、たとえ新しい法律をつくるのは政治システムだとしても、法システムは政治的な目的と手続きに従ってではなく、法的なそれらに従って自由に決定できること（権力の分割）を保証することで、両システムをカップリングする。さらに、法と経済は、契約と所有権によって構造的にカップリングされている。契約と所有権を守らせるために経済が法システムを頼りにできるという事実は、知り合いではない者同士があらゆる種類の取引に関わることを可能にする（1997a: 784; 2004: 390-402）。もしも契約と所有権が守られない事態が生じれば、法システムに訴えることが可能であり、法システムは個別の紛争に関する法的決定を行うことで、それ自身を再生産する。

法、政治、経済の各システムが、相互に、また他のシステムとの間に、数多くの構造的カップリングを有しているのに対して、いくつかの機能システムは、他のシステムと緩やかにしかカップリングされていない。これはとくに宗教システムについて言えることである。宗教システムは「いかなる構造的カップリングもほとんど発展させてこなかった」［1997a: 787］。

第5章

機能的分化の帰結

もし社会学に関するルーマンの主要な功績を二つ挙げるとすれば、オートポイエティックで作動において閉じたコミュニケーション・システムという構想と、近代社会は機能的に分化した社会であるという診断が、最もわかりやすい候補であろう。この章では、機能的分化の帰結について、より詳細に見ていきたい。まずは、機能的分化は社会の脱中心化をもたらしたというルーマンの主張を吟味してみたい。この検討には、機能的分化の理論の規範的基礎についての考察も含まれるし、機能的分化がもたらす脱中心化をルーマンが嘆き悲しんだりしていないということも示すことになろう。まったく反対に、ルーマンは、近代社会が達成した成果は、社会の脱中心化にもかかわらず達成されたのではなくて、脱中心化ゆえに達成されたのだと確信している。しかし、同時に、中心が存在しないことは、さまざまな試練をも生み出した。それは、リスクとエコロジカルな危機に関するルーマンの分析が示すところである。ルーマンのこの分野の仕事は、近代社会は、重要な社会的試練にほとんど対応することができないと描いている。つまり、社会に中心はないのだから、社会の重要な問題への対処について、しっかり責任を負い、他のシステムに指示を与えるようなシステムは存在しない。

したがって、近代社会の機能的分化は、重要な試練に対応していくことにとっては構造的障害をつくり出している。このことは幻滅を呼び起こすかもしれないが、ルーマンの包摂と排除に関する分析を検討するとき以外は、幻滅が強まることはないであろう。包摂と排除に関しては、本章の最後に取り上げる予定だが、そこでルーマンは、彼にとってきわめて重要な機能的分化が、将来、分化の新たな様式によって圧倒される可能性を示唆している。すなわち、〈包摂／排除〉という区別を軸に展開する分化であり、排除された人々の間で、差し迫った問題が解決されないままになるという可能性である。

機能的分化によってさまざまな機能システムは純粋に内的な基準、つまりそれぞれのコードにもとづく基準に応じて作動を組織するようになり、したがって各機能システム間の厳格な分離が生じるというルーマンの主張には、いくつかの重要な次元と含意がある。まず第一に、このような社会的分化様式の登場は、各システムを地理的に区別することを困難にする。経済システムは世界規模で作動しており、世界の一カ所での金融市場は世界の他の箇所の金融市場と密接に結びついている。同様に、科学システムもグローバルに機能している。真偽の評価が地域ごとの偏見によって左右されることはなく、グローバル・スタンダードに従う。そして、政治システムは、国家に関するゼマンティクによって自らを叙述し、したがって明確に定まっている国民国家の境界内で作動しているという印象を与えるが、政治システムもまたグローバルに統合されている。ある国の政治の展開は、他の国の政治に重大な影響をもちうる（たとえば、アメリカで誰が大統領に選ばれるか、イラクで実権を握っているのはどの派閥か等々）。したがって、近代社会は世界社会へと発展したとルーマンは主張する〔1990m; 1997a: 145-71〕。「あらゆるコミュニケーション的行動が、一つの全体社会システムへと包摂されることは、機能的分化の不可避の帰結である。この分化の形式を用いることで、社会はグローバル・システムになる」[1990m: 178]。このことは、一定の地域に領土という形で限定された存在として全体社会について語ることは、もはや意味をなさないということでもある。ただし、このことは、たとえばフィンランドにおける政治が、グローバルに見たとき、アメリカの政治と同じだけの重要性をもつということを言っているわけではない。世界社会テーゼが言っているのは、他から一切影響を受けない国民国家の政治はありえないということだけである。各国民国家の政治システムは、グローバルな政治システムに埋め込まれているのである。

第二に、機能的分化は、世界社会であることに加えて、非階層的でフラットな社会のイメージをもたらす。いかなるシステムも他のシステムの作動に介入することはできないし、機能的分化の定義からして、あるシステムが他のシステムよりも重要だということもない。ルーマン自身の言葉によれば、「機能システムに対応して構造化されている社会には、中心的機関は存在しない。それは頂点とか中心とかをもたない社会である」[1990d: 31. 強調は原文]。そこでルーマンは、(アリストテレスの古典的な格言を反転させて)近代社会においては「全体は部分の総和以下である」と主張する[1982c: 238]。個々のパースペクティヴを総合するということはありえず、複数の個別の地平に分化した状態があるだけである。

いかなる機能システムも他の機能システムに優越することはないという考えは、ルーマンの理論を社会学の他の多くの立場から根本的に分かつ主張である。最も重要なのは、言うまでもなく、最終的には経済こそが中心的役割を果たしていると主張するマルクス主義のアプローチとこの中心なき社会という主張とが明確に対立することである。ルーマンは、経済が社会の土台をなすという考えに賛成しない。同様に、政治システムが社会の中核であって、そこから他のすべてのシステムに指示を与えるという、しばしばマスメディアや政治家が自明視している考えも受け入れない。ルーマンの診断は正反対である。近代の機能的に分化した社会においては政治が自由に活動できる余地はきわめて小さいというのが彼の診断である。そして、革命を目指すこともまったく時代遅れになってしまったと言う。「もはや革命を行うことは不可能である。それを取り除くことができれば良い社会が手に入るかのようなシステム上の標的とか対象、中心とか頂点といったものはない」[Luhmann 1994b: 4]。政治システムこそ第一義的に重要という考えは、近代社会の機能的に分化した現実に反するだけではない。もしこの考えが規範的理想として提示されれば、それは近代社会の基盤を揺るがすことになるとさえ、ルーマンは信じている。

政治、経済、科学、その他何であれ、一つのシステムを中心とする社会を求めることは、機能的分化の最も重要な成果とルーマンが見なすもの、すなわち、それが全体主義の対極をなす状態であることにとっての脅威なのである。一つかわずかなシステム（しばしば政治や宗教）を中心とした社会であることが全体主義の特徴で、さまざまな厄災（たとえば、独立性や機能的な専門化の欠如）をともなっているのに対して、機能的に分化した社会はシステムの独立性を容認し、この特徴を資源として、すなわち専門化という目的のためだけでなく民主主義の資源としても利用する。実際、規範的な考察を行っているある文章で、ルーマンは、機能的分化に関する議論で最終的に問題になるのは近代の民主主義であると書いている。

したがって、目下の理論的および政治的方向づけに関する基本的問題の一つは、私たちは中心なき社会という考えを忍耐強く受け入れ、そこに実効性のある民主的な政治のための条件を見ることができるのか、それとも、全体社会システムの全般的状況を踏まえてもなお、主要な責任を政治に負わせることができる、それどころか負わせるべきだとさえ考えるのか、である。後者の場合は、現在のさまざまな境界と、時間と労力を要する民主的な意思決定の手続きを、おそらく破壊することになるであろう。したがって、前者が望ましいというのが、この問題に対する現在の理論的診断（つまり、ルーマンの診断——引用者）による答えである。政治が社会の中心となるように社会を機能的に分化させるなどということは、社会を破壊することなくできるようなことではない。

［1990d: 32-3］

このようにルーマンにとって、私たちが知っているような民主主義は、機能的に分化した社会を土台としてのみ可能ということである。機能システム間の境界を緩やかなものにしようとする試みに、ルーマンがきわめて批判的な理由がこれである。つまり、境界を緩めるということは分化をやめるということであり、それは社会の民主的な構造を支える条件が社会から失われていく――そして、より全体主義的形態に近づいていく――ということだからである。この件については、第6章でさらに論じる予定である。

この脱中心化した社会という診断から生じる重要な帰結の一つは、社会的現象を観察するにあたって中心となるようなパースペクティヴは存在しないということである。各機能システムはそれぞれの特殊な観察枠組み、つまりそれぞれのバイナリーコードを用いているのであり、異なるレンズを調和させる術はない。各機能システムは、たんに異なる眼鏡レンズ処方箋を与えられているだけの話である。*1 その結果、同一の現象が、さまざまな機能システムによってまったく異なって観察されることになる。「社会は同一のままだが、それを記述する機能的サブシステム（政治、経済、科学、マスメディア、教育、宗教、芸術等々）ごとに異なってあらわれる。同じものが異なっている」[Luhmann 1995f: 48]。

たとえば、金融危機は、経済システムによって、それがどのように支払いに影響するかという観点から観察される。もう少し正確に言えば、金融危機は、経済システムによって用いられるプログラムに影響を与えやすい。たとえば、投資プログラムと流動性プログラムは、消費に支払われることになるお金の貸し出しを銀行が確実に減らすように修正され、それによって経済システムにおける循環は遅滞する。政治システムにおいては、同じ危機が、〈政府／野党〉のコードに従って観察される。たとえば、野党は、政府が危機を引き起こした、あるいは少なくとも防げなかった、と批判するかもしれない。これに対して政府は、危機は政治的怠慢によって起こったわけではなく、市場の失敗にこそ原因があるとし、金融市場の規制を強化すると主張することで政治的決意を示すかもしれない。科学システムは、この危機の影響を受けることはあまりなく、この危機をたんに資金調達の可能性への影響という観点から観察するだけかもしれない。たとえば、金融危機を引き起こす原因と結果に関する調査研究の提案がたくさん出てくるかもしれない。宗教システムは、宗教的価値の優位性（束の間の経済的利益に対する）をはっきり示す機会であり、金融危機でひどい目にあった人々に宗教的営みが強力な心の支えとなりうることを示す機会だと見なすかもしれない。

すでに述べたように、要点は、金融危機という同一の現象が、異なった機能システムでは、まったく異なってあらわれる――したがって、まったく異なったコミュニケーションの接続が起こる――ということである。もしルーマンが存在論的なものの考え方にそれほど批判的でなければ、各機能システムはそれぞれの存在論を、つまりそれぞれの現実を生み出し、したがって機能的に分化した社会は多様な存在論を体現している、と言ってもよかったかもしれない。

各パースペクティヴのこの不和合性は、時間次元によってさらに強化される。時間次元は、脱中心化した社会という診断にもう一つの層を追加する。機能的に分化した社会には見晴らしの利く中心点がないのと同様に、いわば中心となる時計もない。各機能システムは、異なった時間地平にもとづいて組織化されているのであり、それは近代社会には共通の時間枠も、同期化された時間もないということを意味する。たとえば、政治システムの時間構造は選挙期間（通常四年から五年）によって組織化されている。その結果、政治システムは、それよりも長期の見通しにもとづくような集団的決定を控えがちである。一つの例は気候変動に関する政治である。これが難しいのは、実効性をもつためには国民国家の境界を超越しなければならない（したがって、地球全体の利害に立ち向かうというよりあらゆる種類の国家の利害と対決しなければならない）からだけではない。気候変動に関する政治は、有効ではあるが長期にわたる評価基準を、政治家の短期的成果を評価するために用いることは困難であるという構造的問題をも克服しなければならないのである。言い方を変えれば、気候変動に関する政治には時間に関する障害が立ちはだかっているということである。そしてこれは気候変動に関する政治だけの話ではない。政治家が、長期的に効果のある政治的結果よりも今ここで人気を博する政治的結果をもたらす評価基準に意識を向けがちであるかぎり、どの政策分野にもあてはまることである。

これとは対照的に、科学システムははるかに長い時間地平を有していて、それが選挙期間のような短い周期に分解されることはありえない。科学においては、細心の注意を払うような努力を一〇年くらい続けて、ようやく同僚から評価され、したがってシステムによっても認められるような画期的成果を達成するなどというのがざらであろう。経済システムは、これよりはずっと短い時間枠組みに直面している。最も重要なのは、金融市場ではほんの数秒が成功・失敗を左右することである。同様に、マスメディアは短い時間地平で作動している。これは、このシステムのコード、〈情報／非情報〉の効果である。「情報は繰り返すことができない。情報は、一つの出来事となるや否や、非情報になる。ニュースは二度報道されるべきだと言うことは、いまだに意味があるかもしれないが、その情報価値は失われる」[Luhmann 2000e: 19]。マスメディアはニュースを再生産することはできないので、つねに新しい情報をひねり出さなければならず、システムは常時、時間のプレッシャーにさらされつづける。

近代社会においては中心的なパースペクティヴが存在せず、時間の同期性も失われているということの重要な含意は、複数の機能システムにまたがって規制したり、それぞれの評価基準を調和させたりする術はないということである。異なる機能システムの観察の地平も時間の地平も融合することはないので、社会が直面している試練に対応するために頼りにできるような「中心的な調整メカニズム」は存在しない[Luhmann 1994b: 4]。さらに、各機能システムが提供できる解決策はつねに部分的な解決策だけ、つまりそれぞれの固有の論理に適合する解決策だけである。これは読者のみなさんを不快にさせるお知らせかもしれないが、ルーマンは、社会的試練は機能的分化に埋め込まれており、機能的分化という背景の下で理解されなければならないと主張する。この機能的分化という背景を無視することは、重力を認めないようなものである。私たちは、あたかも重力がないかのように物事を進めることができるが、ときおりその存在に気づかされるような経験を繰り返しするだけの話である。

以下では、少なからぬ観察者たちが重大な社会的試練と受け止めている諸問題に近代社会は取り組む能力があるのかという問題を、脱中心化との関係で見ていきたい。最初に論じられるべき試練はリスクの試練である。

リスク社会

リスクという概念は、もう一人のドイツ人社会学者ウルリッヒ・ベックおよび彼の有名なリスク社会という診断と密接に結びついている。この診断が最も鮮烈に提示されたのは、一九八六年に出版された『リスク社会』〔邦題『危険社会』〕においてであり、それに続く一連の著作でさらに磨きがかかった [Beck 1992; 1994; 1995]。ベックの主張は、近代社会は現在、大規模な変化にさらされているというものである。かつて近代の工業化段階においては富の生産と分配が問題だったが、現代社会では、リスクを生産すると同時に分配することが問題になっている。この変化を捉えるために、ベックはつぎのように述べる。「リスク社会という概念が指し示しているのは、工業化社会がその発展過程でこれまで自ら生み出してきたさまざまな脅威が、いよいよ支配的になりつつある近代の一段階である」[1994: 6]。これはベックが再帰的近代と呼んでいる事態と関わっている。それは、近代化の影響が近代化それ自身に跳ね返ってくることである。今日における重要なリスクは、偶然の自然災害（たとえば、火山の噴火）ではなく、近代化そのものによって系統的に生み出された結果である。たとえば、チェルノブイリ原発事故──『リスク社会』が出版された同じ年に起こった──や、人間が引き起こした地球温暖化の結果と見なされるようになった洪水などである。ベックにとって、このような例が実証しているのは、近代化の成功が今や社会の土台を掘り崩しつつある、少なくとも社会の脅威になりつつあるという事態である。つまり、これらや類似の例が示しているのは、近代社会が高度に発達した段階（科学やテクノロジー等々における）に到達したがゆえに、そこから予測がきわめて困難な事態が生み出され、それには同じように予測困難で広範囲にわたる否定的影響がともなっているということである。

ベックの分析は広範な人々の共感を得たが、それは、遺伝子組み換え食品や気候変動のような近年注目を集めている現象を扱うことができたからである。両者とも、社会が直面しているリスクが、いかに社会自身によって系統的に生み出されたものであるかということを示す格好の例と見なしうる。ルーマンもまたリスクの問題に取り組んできた。このテーマに関する彼の最も重要な著作があらわれるのは一九九〇年代初頭である。この時期にこのテーマに関する論文を一本書き、それに続いて本も書いている［Luhmann 1990g; 1993d］。当時ベックの分析はすでに一般の人々の間で知れわたるとともに研究者たちの関心も引いていた。リスクはベック以前の多くの人々によっても論じられていたが、ルーマンは、ベックの研究が博した人気に刺激されてこの論争に関わる彼自身の議論を展開したという可能性は大いにありそうである［リスクに関するさまざまな社会学的分析の紹介は、Arnoldi 2009参照］。しかし、ルーマンが乗り越えようとしている社会学的思考の一部門の一端をベックが担っていることは明らかだが［1993d: 5］、ルーマンのリスクに関する著作においてベックは中心的位置を占めていない。少なくとも、明示的には占めていない。

ルーマンの探究における中心的主張は二点。第一に、概念の次元で、スペンサー＝ブラウンの着想に従い、リスクを二つの側をもつ形式として分析する。リスクが二つの側をもつ形式の一方の側をなすとすれば、もう一方の側は何か。第3章で紹介したように、いかなる概念であれ、今はマークされていないもう一方の側によってどのように定義されるかによって、概念の意味内容は大きく違ってくる。ルーマンによると、概念としてのリスクは、安全という概念によって構成されていると思われることが多く、$\frac{\text{リスク}}{\text{安全}}$と表現される［1993d: 19］。この区別によって伝達される基本的メッセージは、リスクを減らすか取り除くことさえできれば、安全な状態が生じるだろうということである。これは政治的には都合の良いリスクの理解の仕方かもしれない。なぜなら、〈リスク／安全〉という区別は、容易に〈政府／野党〉の区別に転換されるからである（「政府は、私たちが直面しているリスクにきちんと取り組んでいません。そんな政府ではなく、私たち野党を選んでください。私たちは安全の確保をお約束します」）。しかし、リスクを安全の反対として理解してみても、社会学的・分析的に得られるものはさほどないとルーマンは言う。リスクも安全も未知の将来に関する話であるから、将来の安全を保証するなどということはできないというのがその理由である。かくかくしかじかの行為を行えば、間違いなく将来の安全が得られるなどと言える人はいない。「こうした状況においては、リスクの対概念としての安全は空疎な概念のままである」[1993d: 20]。

したがって、リスクは別の対概念によって定義されるべきだとルーマンは言う。具体的には、リスクと危険を区別することを提案する。ルーマンは、リスクと危険の概念があまりに近い概念なので、両者を対概念として扱うことにあまり意味がないように見えることを認める。しかし、より詳細に検討してみれば、リスクと危険は異なっている、つまりそれぞれが意思決定とどう関わっているかという点で異なっていると主張する。そこでルーマンは、システムが被る可能性のある損害が、システム自身が行った意思決定に由来すると見なせる場合にリスクが問題になると言う。それに対して、システムの決定に由来するとは見なせない損害がシステムに生じる場合が危険である。たとえば、私が貯金の全額を株に投資するならば、これはリスクの事例である。なぜなら、私は下げ相場でお金を失うことになるかもしれないが、それは私が投資することを決めたせいだと見なしうるからである。これに対して、景気後退のあおりである人が失業する場合は、危険の事例である。なぜなら、そのような否定的な影響を、本人の決定のせいにすることはできないからである。別の言い方をすれば、リスクは、別の決定もありえた決定に関わり（株に投資する代わりに、お金を枕の下に寝かせておくこともできたし、銀行に預けておくこともできた）、危険は人が否応なくさらされる危険に関わっている。右の例は、もう一つの重要ポイントの例示にもなっている。すなわち、ある人にとってリスクと思われることが、他の人にとっては危険かもしれないということである［1993d: 108-9］。連鎖的反応が大規模に起こる金融市場での投資（リスク）は、金融崩壊の引き金を引くかもしれず、そうなれば投資しなかった人々にも否定的影響が及ぶ（危険）。

ルーマンは、危険にさらされる人も、そうなることに対して明らかに「一定の役割を果たしている。ただし損失あるいは被害が生じる状況に自分を置いた、という意味においてのみである」ことを認める［1993d: 23. 強調は引用者］。このことは、リスクが問題なのか危険が問題なのか、簡単には断定できないボーダーラインのケースがあるということを示唆する。たとえば、私が旅行でサンパウロに行き、そこで強盗にあってお金を取られたとすれば、これは危険として分析できよう。私は平穏に散策していたのであり、たんにお金を失うという事態が起こるような状況にいただけである。しかし、この強盗事件は、リスクとして分析することも可能である。なぜなら、サンパウロは犯罪発生率が高いことで有名であり、（ニースやアムステルダムではなく）そこに行くことに決めたということは、強盗にあう確率も高いことを承知していたはずだからである。この解釈に従えば、強盗の結果と理解される損害が、そもそも犯罪発生率の高い場所へ私が行くことに決めたことが原因で起こったことになる。

ルーマンのリスク論における第二の重要ポイントは、リスクと見なされる被害、損失等々が、何らかの決定によって生じると見なされるということは、それ自体がリスクであるようなものは何もないということである。リスクは、あくまでも特殊な帰責である。つまり、観察者が設定する何かである。右の例を繰り返せば、サンパウロで強盗にあったことはリスクなのか危険なのかは、観察者次第である。このことは、ルーマンの分析はベックが提示したリスク社会の診断を修正することになるという、決定的な意味をもつ。ルーマンの見方からすると、現代社会の根本的なダイナミクスは今やリスクの生産と分配を中心に組織されているという意味で、近代社会はリスクが支配的特徴となる新しい段階に入りつつあると語ることに意味はない。ルーマンは、対案として、二次観察への転回という基本方針に従って、さまざまな観察者がリスクと危険という区別を通してどのように観察しているかを問う。さまざまな観察者はこの区別をどのように用い、そして、どのような結論を導き出しているのだろうか。

　こうしたアプローチによって、〈リスク／危険〉という区別が以前よりも頻繁に使われていることや、以前よりも多くのコミュニケーションを導いていることが明らかになるかもしれない。そうだとすれば、ルーマンの立場から見て、修正されたリスク社会概念が有意味であるのは、それが、社会の観察者が社会の問題を〈リスク／危険〉の区別に従って――より正確には、その区別のリスク側を指し示すことによって――観察しはじめたという傾向を指す場合だけである。しかし、そのように観察されるようになったからといって、そのことは、決定と認識された被害との関係が「本当」かどうかということ（認識された被害が実際に特定の決定によって生じたこと）については何も言っておらず、ただ両者の関係がそのように観察されているということを言っているだけである。

　以上のことの続きの話としてルーマンの分析が指摘するのは、リスクのコミュニケーションは、自己増殖のダイナミクスに従うかもしれないということである。つまり、ますます盛んにリスクのコミュニケーションがなされる傾向を強めるかもしれないということである。政治システムでは、野党が、認識されたリスク（たとえば、健康リスク）に関して政府の対応はあまりにも不十分だと批判するかもしれない。これがきっかけとなって政府は、リスクを効果的に抑え込むために必要な知識を生み出すのは政治ではなくて科学であると主張して、学術研究により多くの支出を認めるかもしれない。しかし、より多くの知識の産出は、新しいタイプのリスクを発生させがちである。たとえば、喫煙あるいは特定タイプの脂肪分の多い食品の摂取が健康に悪い影響を与えるということが科学的に証明された場合、喫煙と、そのような食品の摂取は、新たにリスクのある行動に転化する。つまり、人々がたばこを吸ったり、脂肪分の多い食品を食べたりするとき、その人たちは決定をした（そのような行動を控えることもできた）のであり、したがってその行動から生じるかもしれない将来の健康被害は、その決定に帰責される。より一般的な効果は、今の例で言えば、リスクを抑え込むための手段として政治によって意図されたことが、結果的に科学によって生み出された新たなリスクをもたらし、それが政治システムに新たな要求を突き付け、また同じことが繰り返されるかもしれないことである。

重要なのは、以上の説明からわかるように、ルーマンのリスク分析は、機能的分化の理論枠組みの中で展開されていることであり、それがルーマンとベックの分析を分かつ決定的特徴の一つである。つまり、近代社会が根本的に新しい形態をとりつつあるといった見解をルーマンはとらない。もちろん、リスクのゼマンティクがますます目立つようになることはあるだろうし、それは、これまで以上に多くの現象が〈リスク／危険〉という区別を基礎にして観察されるようになるということを意味するであろう。しかし、全体社会のレベルで見れば、そのような観察もやはりいくつかのより根本的な区別、つまり機能システムのバイナリーコードによって構造化されるという点では変わりがない。このことが意味するのは、リスクのコミュニケーションは、個々の機能システムの論理が指示することに応じて、機能システムごとに異なった形をとるということである。社会の脱中心化が含意するのは、リスクを何に帰責するのかは、機能システムによって著しく異なることがありうるということである。たとえば、政治システムにおいては、リスクのコミュニケーションは、政府と野党の対立を軸に展開され、結局はどちらがより多くの得票を獲得するかという問題に翻訳される。これに対して、マスメディアの場合には、リスクのコミュニケーションは、それがニュースになりうるかどうかという問題に翻訳される。メディアは同一のリスクについて報道しつづけるというわけにはいかず、違うリスクに注目したり、まったく違う話題（スポーツの結果、天気予報、新たな旅行先等々）を取り上げたりと、絶えず焦点を変更する必要がある。政治システムが取り組み、マスメディアも一時的に注目するかもしれないリスクが、経済システムにおいては、何の意味ももたないということもあるかもしれない。たとえば、政治システムもマスメディアも、特定の製品（たとえば、たばこ）にともなっていると言われているリスクのことを、熱心に取り上げることがあるかもしれない。しかし、このことは、経済システムにおいては、それが売り上げに影響を及ぼすかぎりで問題になるだけである。

これと関連するが、近代社会は機能に応じて脱中心化しているために、観察されたリスクに対して、全体の調和を図りながら規制を強制できるような特権的な場はない。金融危機は、リスクの観点から、政治システムでも経済システムでも観察されるだろうが、両システムの異なった論理が障害となって、協調行動をとることはきわめて困難である。経済が突然、半ば政治的にリスクを扱いはじめるなどということはありえないし、その逆もない。経済システムは経済的にしかリスクにアプローチできないし、政治システムは政治的にしかリスクに取り組めない等々。

基本的な点をもう一度繰り返すならば、ルーマンにとって、リスクのコミュニケーションは機能的分化を一時的にやめさせたり、それに取って代わったりするようなものではない。リスクは、そのようなものとしてではなく、機能的に分化した各システムのバイナリーな論理に応じて、どのように提示されるかという観点から分析されるべきなのである。このことから導き出されるのは、ルーマンが理解するところの「リスク社会」とは、ルーマンの社会構造とゼマンティクの区別に従うならば、社会構造（機能的分化）における変化ではなく、新しいゼマンティクの登場、社会がそれを用いて自己を記述する新しい語彙の登場を意味する［1997a: 1088-96も参照］。この自己記述は目下のところ際立っているかもしれないが、「ネットワーク社会」［Castells 1996］とか「経験社会」［Schulze 1992］といった別の自己記述がたくさんあり、それらと競争しなければならないし、機能的分化の論理を無効にするわけでもない。

エコロジーのコミュニケーション

ベックの著作では、現代のリスク社会は、しばしば（つねにではないが）エコロジカルな危機によって例証されている。ルーマンの場合は、リスクとエコロジカルな問題とは別々の文脈で扱われている。興味深いのは、エコロジカルな問題に関する議論へのルーマンの主要な貢献となる著作が、ベックの『リスク社会』についての本と同じ年に、つまり一九八六年に出版されていることである。ルーマンの本のタイトルは『エコロジーのコミュニケーション』であり、ドイツ語の原書には「近代社会はエコロジカルな危機に対応できるのか」というサブタイトルがついているが、この本の元になったのは、一九八五年に行われた講演である。つまり、ベックの分析が登場する前ということである。二人の社会学者が到達した結論は著しく異なっている。先に紹介したように、ベックは明確に批判的な立場を表明しており、現代のさまざまなリスクの重大さと、システム化によるリスクの生成を論じて、それらに関わる諸問題を強調している。ルーマンの出発点はこれと異なる。ルーマンはシステムと環境の区別からはじめる。エコロジーのコミュニケーションとの関係で言えば、全体社会というシステムとその環境の区別である。この区別を基礎に、全体社会はいかにしてエコロジカルな問題に対応できるのかという問題を探究する。

エコロジカルな問題に対する全体社会の対応などというものをどのように考えたらよいのか、まったく不明である。結局のところ、システムと環境との厳格な分離および全体社会とはコミュニケーションの総体であるという定義から、「全体社会は環境とコミュニケーションすることはできず、環境についてコミュニケーションすることができるだけである」という結論が導き出される［1989a: 117. 強調は原文］。さて、では、これを前提として、エコロジカルな危機に対する社会の対応をどのように論じるのか。ルーマンは、この問題に共鳴の概念を用いてアプローチする。この概念があらわすのは、環境における出来事がシステム内に何らかの影響を引き起こすという状況である。社会システムはオートポイエティックで作動において閉じたシステムであるという仮定からすると、共鳴はありそうにもないことである。同様に、作動において閉じているという社会システムの特性が意味するのは、共鳴はつねにきわめて選択的にしか起こらないということである。つまり、当該システムの作動様式によってフィルターにかけられるということである。そうだとしても、「社会の環境の状態と変化が社会内に共鳴を引き起こす条件を探究するならば、私たちは、社会生活のエコロジカルな基礎と危機の問題を、よりいっそう正確に定式化できる」とルーマンは信じる［1989a: 16. 強調は原文］。しかし、決定的に重要なのは、社会の脱中心化が意味するのは、社会は単一の声で語るわけではないということである。社会は一つにまとまっているわけではなく、エコロジカルな問題に統一的にアプローチできるわけでもない。一連の機能システムへの分化が含意するのは、エコロジカルな危機に対する全体社会の共鳴は、機能システムのレベルで検討されなければならないということである。

だが、機能システムがエコロジカルな問題に対してどのように共鳴を起こすかくわしく見てみれば、各機能システムはもっぱら「ローカルな」つまり各システム固有の基準に従って、まったくばらばらに共鳴を起こすように見える。たとえば、政治システムは〈政府／野党〉のコードを軸にそのコミュニケーションを組織するので、このシステムにとってエコロジカルな問題が取り上げるべき重要問題になるのは、それがこのコードの論理に翻訳できるかぎりでのみである。野党は汚染が拡大しているのは政府の責任だと言うだろうし、政府は自分たちの最近の取り組みを列挙して反論したり、エコロジカルな問題に無頓着なのは経済だと言って批判をかわしたりするかもしれない。いずれにせよ、こうしたやりとりが、エコロジカルな問題への実質的な取り組みにつながるような方策を生み出すという保証は何もない。実際、後で改めて論じるように、それはきわめてありそうにもないことである。

このように機能システムはきわめて選択的にしか作動しないので、社会は「エコロジカルな危機に直面しても、少なすぎる共鳴しか起こさない」[1989a: 116. 強調は原文]。同時に、より大きな問題を指摘する人もいるかもしれないとルーマンは言う。すなわち「多すぎる共鳴」という問題である[1989a: 116. 強調は原文]。これは全体社会とその環境の間での共鳴の問題というよりは、機能シス

テム間での共鳴あるいは相互依存の問題である。ルーマンによれば、

各機能システムは、それぞれのオートポイエーシス、コードとプログラムに応じて分化していてさえ、全体社会がその環境に対して関わるときとはまったく違う仕方で、コミュニケーションによって撹乱されうる。したがって、各機能システムはたとえそれぞれの固有のコードに従って作動していても、そしてそうであるがゆえに、一つの機能システムで起きた混乱が他のシステムに波及するということはきわめてありうることである。［1989a: 117］

ルーマンは、経済がいったん科学の成果を頼りにしはじめると、いかに経済システムが科学に依存するようになるかという例を挙げて、この問題を論証している。たとえば、製薬産業を支える調査研究が、数十年にわたって不当にコントロールされていたなどということが発覚すれば、製薬産業全体が深刻な影響を受けるであろう。ルーマンの主張の要点は、機能システム間のこうした共鳴がまったく制御不能であることである。その理由の一つは、近代の脱中心化した社会には、そこから機能システム間の共鳴を制御できるような特権的場がないことであり、もう一つは、各システムのオートポイエティックな論理がきわめて非対称的な効果を生み出すことである。

ルーマンがカオスの理論家のような論調で述べているように、

共鳴によって、一つのシステムにおける小さな変化が、別のシステムの大きな変化を引き起こしうる。毎日数千億ドルのお金が行き来していることを思えば、経済過程においてはまったく問題にならない金額であれ、それが政治家に支払われれば、政治的スキャンダルになりうる。
[1989a: 117]

以上のことは、社会はエコロジカルな危機に対応できるかという問題にとってきわめて大きな意味をもつ。そもそも、社会はその環境(と、ではなく)についてコミュニケーションできるだけなので、社会にエコロジカルな危機を十全に受け止めさせるような確固としたやり方があるわけではない。もちろん、緑の社会運動や環境科学者は、自分たちがエコロジカルな環境の代弁者である、あるいはもう少し控えめに、環境についての知識を提供する、と主張するかもしれない。それでも、エコロジカルな危機について何がコミュニケーションされようと、それが社会とその環境の関係に何らかの有効な影響を――望ましい影響よりはるかにわずかであれ――与える保証は何もない。社会が無数のオートポイエティックなコミュニケーション・システムから構成されているように、環境はあらゆる種類の(非コミュニケーション的な)オートポイエティック・システムから構成されており、コミュニケーションがそれらに直接アクセスすることはできない。

このことは、先に言及した問題を改めて示唆する。すなわち、機能システムがどのような対策をとろうと、そのことは、社会とそのエコロジカルな環境との関係に対してよりも、社会の内部で、つまりシステム間の共鳴に関して、はるかに大きな影響をもちやすいという問題である。たとえば、政治システムがエコロジカルな問題に関して集団的拘束力を有する決定を行うことができることはたしかである。たとえば、二酸化炭素の排出が許されるのはここまでという基準を決めることはできる。しかし、重要なのは、そうした決定が「エコロジカルな効果はまったくもたず、ただ社会内的な効果をもつだけ」であることである［1989a: 119］。たとえば、厳しい排出規制は、企業が規制の緩い地域や国々に生産活動を移す動きを誘発するかもしれず、そうなればヨーロッパにおける就業率には否定的な影響が出て、確実に期待できるエコロジカルな改善は正味ゼロということになるであろう。したがって、他の社会システムと同じように、政治システムもエコロジカルな危機を解消することはできない。社会の環境に思いどおりにアクセスすることはできないからである。政治システムはエコロジカルな危機についてコミュニケーションすることはできるが、そのコミュニケーションが、社会とその環境との関係を改善するよりは、社会の内部に（システム同士の関係ゆえに）予期しなかった影響をもたらす可能性の方が高い。社会の環境が政治的に（あるいは、それこそ社会的に）決定されるなどということは、絶対にありえない。

そのかわり、政治システムが「エコロジカルな問題に対処するための活動をはじめる場所」として自然な場所であることを、ルーマンは認める［1989a: 119］。結局、大きな問題は政治によって対処されることが多く、したがってルーマンの言い方によれば、政治システムは「一種の湯沸かし器として機能する」［1989a: 120］。しかし、政治システムにエコロジカルな危機への対処の責任を負わせることはリスキーな試みであることを、私たちは肝に銘じておくべきである。右で述べたように、エコロジカルな危機に対する「政治的に都合がよく、受け入れ可能な解決策」が何であれ、それが「他のシステムに機能障害」をもたらすかもしれないからである［1989a: 120］。

ルーマンがエコロジカルなコミュニケーションの分析において示そうとしていることは、エコロジカルな問題に対する安易な解決策はないということである。より衝撃的な言い方をすれば、そのような解決策に対しては巨大な構造的障害が存在するのであり、とりわけ機能的分化と、社会がコミュニケーションという作動によって環境に対して閉じていることとが、そうした構造的障害となっている。ルーマンの分析はより一般的な問題を意識させるということもできるかもしれない。すなわち、機能システムには、社会の全体に関わる課題、つまり個々の機能システムの境界をまたぐような課題に対処することがそもそもできないという問題である。脱中心化した社会には、機能システムごとにまったく異なった受け止め方をされるような問題を扱うための明確なやり方は存在しない。これは私たちには何の希望もないということであろうか。近代社会はその構造からしてエコロジカルな問題に対処することができないというこの悲観的な社会像を回避することはできないのであろうか。ルーマンの最も積極的な解決策は、社会的合理性の要請である。社会的合理性とは、「社会とその外部の環境というエコロジカルな区別を社会の内部に再導入し、それを社会の主要な区別として用いる」ことである［1989a: 137］。だが、この再参入の手続きが実際にどのように実現されるのか、という問題をルーマンは何ら具体的に論じてはいない。

この点では、ブルーノ・ラトゥールの著作が助けになるかもしれない。ラトゥールは新しい民主的秩序、いわゆる「事物の議会」を創出すべきだと論じてきた。その議会においては、とりわけエコロジカルな問題を新たなやり方で議論することが可能である［Latour 1993: 142-5; 2004］。簡単に言えば、科学と政治の通常の分離をやめて、両分野の代表に対話させるというのが、この新しい議会の構造である。これがどのように組織されるのかを具体的に示した成功例としてラトゥールは、一九九七年の京都会議を挙げている。成功例だというのは、この会議では、「政治家と科学者、実業家と戦闘的な人々とが同じ集会のベンチに座っていた」からである［2004: 56. 強調は原文］。多くの点でラトゥールはルーマンとまったく異なる見通しを語っている。たとえば、ラトゥールは、作動において閉じた一連の機能システムに社会が分化しているという社会像を前提にして議論を展開してはいない（ラトゥールはLatour 2005の中で、たびたびルーマンを批判している）。それでも、ラトゥールの事物の議会の提案を、ルーマンの用語で言い換えて理解することは可能であろう。ラトゥールが言及する京都の集会とは、システム理論の用語で言えば、個々の機能システムの論理を超えて、社会の全体に関わる課題に取り組むことが可能な組織をつくりだす試みとして理解することができる。第4章で論じたように、組織は各機能システムの分離を越えることができ、したがって機能的分化が全社会的問題への対処にとってどのように制限を課しているのかを、社会が観察するための手段を提供することができる。もちろん、どのような形の組織であれ、組織がエコロジカルな危機にうまく対処できるなどという保証は何もないことは明らかである。しかしそれでも、ルーマンの見方からすると、組織以外に私たちが信頼を寄せられるものはありそうにもない。

　エコロジカルな危機に関するルーマンの分析は、私たちにほとんど救いを与えてくれないが、そのことは現代社会が直面している他の課題に関する議論においてもさほど変わらない。とくに、つぎに論じるように、エコロジカルなコミュニケーションの分野でルーマンが描くかなり暗い見通しは、包摂と排除の分析においても同じである。

包摂／排除

第二次世界大戦以降、グローバリゼーションの進行が機能システムの内部に巨大な変化を引き起こしたことをルーマンは認める［1997a: 1143］。しかし、機能的分化そのものが変化しつつあるとか破棄されつつあるという主張には賛成しない。それゆえ、社会は晩期近代あるいはポストモダンの段階に突入したという見解［たとえばBauman 1997; Lyotard 1984］に対しては躊躇なく批判する。ルーマンからすれば、「いわゆるポストモダン」の説明は、彼が縷々《るる》述べているように［1997a: 1143-9］、機能的分化が、したがって近代が、本当に過去のものになったということの論証がぜんぜんできていない。言い方を変えれば、ルーマンには、私たちはポストモダン社会に住んでいると主張する社会学者たちが、近代性を特徴づける構造的秩序が本当に機能停止したということを示すことに成功しているとは、とても思えない［1989a: 114-5; たとえば1995h; 1997a: 1143-9］。ベックのリスク社会という診断に関するルーマンの議論が示すように、ルーマンの批判は、ポストモダンあるいは晩期近代の提唱者に向けられているだけでなく、近代社会は、あたかもサイン一つで、まったく新しい段階に入ったというあらゆる主張に向けられている。

このように言うからといって、機能的分化への転換を誤解してはならない。たとえば、機能的分化は他の分化形式を廃れさせるわけではない。ルーマンが述べているように、「システム分化の異なった形式は必ずしも排他的な関係にあるわけではない」［1990c: 424］。実際、ルーマンは、機能的分化が事実上生み出す無関心と不平等の帰結として、環節的分化と階層的分化が（再）登場する蓋然性を、機能的分化が現に高めていると主張している［1997a: 776］。これと関連して、機能的分化は進化によって達成されたのだから、それを変化しえない所与と見なすことは馬鹿げているということを、ルーマンはもちろん自覚している。機能的分化は歴史の偶発的な産物であって、別の分化様式が優勢になり、それによって変質させられることがありうる。したがって、異なる分化形式が共存することよりもはるかに重要なことは、将来、まったく新しい社会の分化様式が姿をあらわし、機能的分化に取って代わるかもしれないということをルーマンが示唆していることである。以下で私が論じたいのは、この新しい分化様式であるが、ルーマンはそれを〈包摂／排除〉という名称のもとで研究している。

包摂と排除に関するルーマンの分析については、第2章で人格と個性についてのルーマンの見方を確認する際に、簡単に触れた。そこで紹介したように、ルーマンは、近代の機能的に分化した社会においては、個性は排除による個性へと変化すると論じる。つまり、各個人は機能システムの外部で彼または彼女の個性を形成しなければならないのである。要点をもう一度確認しておけば、包摂とは「人間がコミュニケーションにおいて指し示されること、つまり話題になること」を意味する [Luhmann 1995d: 241. 強調は原文]。その反対の事態をルーマンは排除と言っている。たとえば、ある人が消費者として扱われれば、彼または彼女は経済システムに包摂されている。経済のコミュニケーションがその人をまったく問題にしなければ、彼または彼女は経済システムから排除されている。ルーマンは、近代社会では包摂と排除は機能システムによって組織されていると主張する。さまざまな機能システムが、人々がいつ、どのように、コミュニケーションにおいて関連する人格として扱われるかを決定するのである。

ところで、つぎの点を確認しておくことは重要である。すなわち、これらの概念が連想させるであろうことに反して、包摂が必ずしも好ましいこととは限らないし、同じように排除それ自体は悪いことではない。アルミン・ナセヒが観察しているように、「明確な支払い不能は、経済機能システムからの排除ではなく、包摂のきわめて特殊な形である。なぜなら、支払い不能は、支払いが期待可能であるかぎりでありうることだからである」[2002: 135. 強調は原文]。同様に、法システムにおいて罰則を科されることは、望ましくはないが特殊な包摂の形である。コインのもう一方の側を見れば、一時的な排除が必ずしも問題ではないように、一つの機能システムからの排除も必ずしも当人に否定的な影響を与えるとは限らない。たとえば、芸術や宗教からの排除がまったく何の問題にもならない人々がいる。しかし、ルドルフ・シュティヒヴェーが強調するように、「排除が繰り返し複数の社会システムとの関係で起これば、そしてそれらの排除が連鎖的に結びついていれば、排除は明らかに問題になる」[2002: 104]。

今の引用の最後の部分、つまり排除が連鎖的に結びつく場合への言及は重要である。なぜなら、この言及は、近代の機能的に分化した社会における包摂と排除の一般的なダイナミクスに関するルーマンの主要な主張の一つと関わっているからである。ルーマンによれば、包摂と排除は全面的にさまざまな機能システムによって組織されているので、一つの機能システムに包摂されていることは、他の機能システムに包摂されることの保証にはまったくならない。各機能システムは作動において閉じており、したがって包摂と排除に関してもそれぞれの固有の基準を適用するからである。これが意味するのは、たとえば、経済的包摂に成功したからといって、そのことが自動的に科学的あるいは政治的包摂をもたらすわけではないということである。これは第4章で各バイナリーコードの厳格な分離と、それによって各システムが他のシステムの作動の論理に無関心であることとの関係で論じたことである。ルーマンに言わせれば、包摂が脱中心化的に組織されるということは、結局「包摂の領域での統合が相当緩む」ことを意味する［1995d: 259. 強調は原文］。重要なのは、排除の領域ではこれと正反対のことが起こるとルーマンが付け加えていることである。

> 一つの機能システムからの排除がほとんど自動的に他の機能システムからの排除につながるがゆえに、排除の領域は高度に統合されている。……インドでの例だが、路上生活をしていて定まった住所をもたない家族は、子どもを学校に入学させることができない。
> ［1995d: 259］

もう一つの例として、あなたが仕事を失って経済システムから排除された場合を考えてみよう。この状態は、あなたには愛する人のためにプレゼントを買うお金がないということを意味する。そのことに加えて仕事が見つからないことで愚痴をこぼすといった状態が続けば、結局は、彼あるいは彼女はあなたに愛想を尽かしてしまうであろう（愛のシステムからの排除）。あなたは路上生活を始め、定まった住所がないことで投票用紙も受け取れず、それは政治システムからも排除されるということを意味する等々。少々誇張した例だが、論理は明快であろう。一つの成功（包摂）が必ずしもつぎの成功をもたらすわけではないのに対して、一つの不運（排除）は連鎖的に他の不運をもたらすということである。

重要なことは、ルーマンにとって、こうした事態はたんなる理論的反省、つまり機能システムという概念の抽象的な論理から導き出されるだけのことではないことである。まさにその反対で、排除が強力に統合されているという事態は、世界の多くの場所で観察できることなのである。ルーマンは、「野蛮を越えて」と題された論文で、疎外化と排除の著しい地帯を自ら訪れた際の印象をもとに、彼が排除の一般的状況と見なすところを記述している。長い引用だがお許し願いたい。

排除はいまだに存在している。しかも、大規模に、そして筆舌に尽くしがたいほど悲惨な形で存在している。大胆にも南米の諸都市の貧民街を訪れ、生きて帰れた者であれば、誰でもこのことについて話をすることができる。だが、炭鉱閉鎖後も取り残されたように存続するウェールズ地方の開拓地を訪れただけでも、そのことを確信できるであろう。そのことを確信するためには、経験的調査など一切不要である。自分の目を信じる者ならわかることである。しかも、その理解には強烈な印象がともなうので、手持ちの説明など一切通用しないだろう。搾取だの、社会的抑圧だの、周縁だの、中心と周辺との矛盾の増大だの、いろいろ論じられていることはわれわれも知っている。しかし、これらはみな、全員を包摂したいという願望にいまだに支配されている理論であり、したがって非難すべき対象を探している。資本主義とか、軍事力を備えた、あるいは国の有力な家系が関わっている、金融資本と産業資本の支配的同盟などが、非難の対象とされる。しかし、よく見れば、搾取されたり抑圧されたりする存在など見つからない。見いだされるのは、自己認識においても他者認識においてもたんなる肉体に貶《おとし》められ、ただ今日一日を何とか生き延びようとするだけの存在である。生き延びるために彼らに必要なのは、危険を察知する能力と、最も必要なものを手に入れる能力とを身につけることである。さもなければ、一切の「ブルジョア的」価値——それには秩序や清潔さや自尊心が含まれる——に関して、それらを受容しつつ無視することである。そして、これら見たことを総合すれば、これこそがつぎの世紀の主導的区別かもしれないと思いつくであろう。すなわち、包摂と排除である。

[Luhmann 2008a: 44-5. 強調は原文]

この引用から明らかなように、ここでルーマンが照準を向けているのは、疎外化や排除の通常の社会学的説明が的を射ていないという事態である。社会学者たちが搾取という古典的語彙に固執し、いわゆる抑圧者を確定しようとすれば、彼らは、現代の排除パターンが、搾取というカテゴリーがもはや時代遅れになるほど、はるかに広く深く浸透していることを捉え損ねる。今日の問題は、搾取についてどのように論じようと、それによって私たちが認識できることよりも、はるかに深刻であるとルーマンは信じているのである。

ルーマンの他の著作にくらべて、包摂と排除に関する議論は、その断固たる——そして、政治的に積極的に関与しようとしているかのような——論調ゆえに際立っている。より良き社会のために社会の変革を目指す明白に批判的・規範的なプログラムを好む研究者とは対照的に、ルーマンは、社会の有り様を記録し理解しようとはするが、社会を改善できるとは主張しない冷めた態度をとることがつねである。ところが包摂と排除の分析はまったく違う。もちろん、ルーマンが、政治的介入のために批判的・規範的プログラムを突然作成するなどということはない。だが、貧民街における排除のダイナミクスの記述と、社会的分化の新たな第一義的様式としての〈包摂／

排除〉についての診断／予測からは、明らかにルーマンの憂慮が伝わってくる。ルーマンは、機能的分化とその成果が否定されかねないと感じるとき、しばしば分化をやめた全体主義体制へ後退することの懸念を表明するが、ここでの懸念は、この新たな分化様式が、そうした全体主義体制への後退を招くという懸念ではない。もっと深刻である。すなわち、〈包摂／排除〉という分化は、ホッブズ的な自然状態にきわめて近い社会をイメージさせるのである。それゆえ、社会的秩序（と二重の偶発性）の問題が再登場する。

第4章で紹介したように、社会的秩序の問題は、歴史的には、コードと機能システムが誕生する引き金にもなった、象徴的に一般化されたコミュニケーション・メディアの発達によって解決されたとルーマンは主張する。ルーマンの分析が示すのは、まさにこの進化によって達成されたものが貧民街では機能していないということである。ゲットーや貧民街では、二重の偶発性に対処するための象徴的に一般化されたメディアが存在しないのである。人々はどこにでも潜んでいる危険に対してつねに警戒を怠らないようにしていなければならない。フリードリッヒ・バルケがルーマンの分析を簡潔にまとめて述べているように、「そうした状態にあるとすれば、排除の領域では、社会性の問題は多かれ少なかれ知覚の問題であって、コミュニケーションの問題ではない」[Balke 2002: 35]。実際、ルーマンの貧民街に関する説明では、人々は事実上たんなる肉体的存在として扱われており、肉体の基本的機能にだけ注目している。「彼らは肉体として走りまわっている。……最も重要な問題は、暴力、性的特徴等々である」[1994b: 5]。バルケの適切な言い方によれば、ここでルーマンが診断しているのは、「要するに、零度の社会的秩序である」[2002: 36. 強調は原文]。それは必要最小限度のきわめて不安定な形式に切り詰められた社会的秩序である。この零度の社会的秩序においては、機能システムを特徴づける複雑性はどこにも見当たらない。進んだ機能的分化の代わりに、人々は知覚的に敏感で、つねに危険がないか警戒するとともに、差し迫った肉体的必要を満たす術を探し求めている。別の言い方をすれば、ルーマンが記述する排除の領域では、社会性はジョルジュ・アガンベンが「剥き出しの生」と呼んでいるものに、つまり一切の価値を欠落させた生に、切り詰められている[Agamben 1998; Balke 2002: 27, 28]。

ルーマンは、〈包摂／排除〉が社会的分化の新たな様式としてすでに優勢になっているとは主張していない。それよりも、ルーマンの分析は、いくつかの地域に潜在していて数年後にようやく強くなるであろうとルーマンが信じている重要な傾向の説明になっている。この観察は、ジグムント・バウマンなど、ルーマン以外の重要な社会学者の著作に支持を見いだすことができる。バウマンによれば、私たちは今、人々を大規模に、そしてきわめて組織的なやり方で排除する社会に住んでいる[たとえば2002; 2004]。バウマンは「廃棄された生」について語り、昔のビッグ・ブラザーの論理を補完する新しいビッグ・ブラザーの論理の登場を観察している。

昔のビッグ・ブラザーは包摂――統合すること、人々を同調させ、その場に留めておくこと――に専念した。新しいビッグ・ブラザーの関心事は排除――今いる場所が本人に「適していない」人々を見つけ出し、その場所から追放し、「元の場所に」追い返すこと、さらに良いのは、どこであれ今いる場所の近くに来ることを許さないこと――である。

[Bauman 2004: 132. 強調は原文]

バウマンは、新旧のビッグ・ブラザーは、別々の領域で活動しているが、彼らの働きは相互補完的だと主張する。新しいビッグ・ブラザーは、社会の裕福な部分で自分の義務を果たしていて、誤った人間がゲーティッド・コミュニティやゲーティッド・クラブに近づかないように、つまり入ってこないように、見張っている。昔のビッグ・ブラザーは伝統的な排除の領域で、つまりゲットーや貧民街などで活動していて、そこに住む人々が境界をまたいだり逃げ出したりしないように、つまり出ていかないように、見張っている [Bauman 2004: 132]。

ルーマンが使う語彙は違う。ルーマンにとってはビッグ・ブラザーの問題ではない。代わりにルーマンは、「野蛮を越えて」いる状態について語る [Luhmann 2008a]。古代ギリシア人はヘレネスと野蛮人を区別した（実質的に包摂と排除の区別と似ている）が、ルーマンの分析が示唆するように、今日の排除の地帯は、「出口あるいは脱出方法がない空間」を指し示しているという意味で野蛮を越えているように思われる［Balke 2002: 30］。この区別の代わりに、ルーマンとバウマンは、近代社会は包摂される人々とそうでない人々、したがって社会的秩序零度の知覚と粗野な肉体の戦術に引き寄せられる人々とにますます分裂しつつあるという主張を共有している。

ルーマンの包摂と排除に関する議論は、重大な二つの疑問を呼び起こす。第一に、そもそもこれは正しい診断なのだろうか。第二に、この問題に私たちは何をすればよいのだろうか。まず最初の問題に関して言えば、包摂の側での弱い統合と排除の側での強い統合というルーマンの判断が、多くの議論を呼び起こしたことは指摘しておくべきだろう。たとえば、ニルス・モルテンセン［2004: 146］は、一つの資本形態は、いくらかコストはかかるが、他の資本形態に転換可能であるということを意味するブルデューの転換という概念を取り上げて、これは包摂の側にも複数の機能システムにまたがる一定の統合形式が現実にあることを示していると論じている。さらにゲーベルとシュミット［1998］は、ルーマンは排除における強い統合という見解を説得的には立証できていないと主張している。

しかし、私としてはこうした批判以上に、方法論に関する観察にもとづいてルーマンの診断の妥当性を評価することに興味がある。というのも、〈包摂／排除〉という問題に対する熱い思いを感じさせる点に関しては、ルーマンらしくないなと思う人もいるだろうという程度のことだが、この分化様式を捉えるためにルーマンが用いる方法論的アプローチに注目すれば、ルーマンらしくないという面がさらに際立つからである。第3章で説明したように、一九八〇年代後半以降のルーマンの社会学的著作を特徴づけるのは、二次観察が、つまり、観察システムがどのように観察するかを観察することが、ますます強調されるようになることである。ところが、興味深いことに、包摂と排除を分析する際には、この方法論的アプローチが見事に無視されている。より正確に言えば、バルケが説得的に論証しているように、エスノグラフィックな身振りによって取って代わられている [Balke 2002]。したがって、貧民街で何が起こっているのかを説明するのに、そこを訪れているときに得た印象で十分だとルーマンが信じるとき(「自分の目を信じる者」)、これは間違いなく一次観察であって二次観察ではない。つまり、他の観察者がどのように観察しているかということに依拠することなく、自分の直接的観察で満足している。バルケが、有名な人類学者のクリフォード・ギアツに言及しつつ述べているように、

排除の地帯に関するルーマンの文章から明らかに読み取れるのは、そもそも経験的な社会調査にはあまり熱意を感じていなかったこの著者が、ギアツが「そこにいること」の効果と呼ぶものに、要するにフィールドワークに——ただし、どちらかというと素人っぽい、少々観光旅行者的な趣のフィールドワークに——すっかり魅惑されていることである。 [2002: 29]

ルーマンの観光旅行者的な、いずれにせよ体系的ではない貧民街でのフィールドワークの帰結の一つは、彼の印象が、もしかしたらそこで新たな独特の社会性の形式が、つまり機能的分化の論理に対抗しつつ、たんなる肉体の活動や適応のゲームにも決して矮小化されない社会性の形式が、誕生していたかもしれないということを考える余地をなかなか与えないことである。まさに一次観察に転換したがゆえに、ルーマンは、彼の先入観が自分の記述に紛れ込むというリスクを犯し、さらに、貧民街が、彼には理解できないし、彼の全般的な理論枠組みにも適合しない社会性の様式によって特徴づけられるかもしれないという可能性を無視する。たとえば、貨幣、真理、芸術等々の象徴的に一般化されたメディアの機能的等価物が、貧民街で誕生していたかもしれない。つまり、二重の偶発性をそれなりに秩序あるやり方で制御するが、そのやり方が外部の一次観察者にはすぐには理解できないような新たなメディアが発達しているかもしれない。私が言いたいのは、それが事実だということではない。つまり、社会性の独特の形式が貧民街で実際に誕生していて、それは機能的分化の観点からは理解できないし肉体間のゲームとしても理解することができない、ということを言いたいのではない。私の批判の要点は、ルーマンの分析がそうした可能性に開かれていないということである。ルーマンは、短期間の訪問だけにもとづいて、自分が体験したことについての異なった解釈を考慮に入れることなく、妥当な説明が可能だと考えているのである〔Philippopoulos-Mihalopoulos 2008も参照〕。

ルーマンのアプローチを問題化できるからといって、それは彼の排除地帯の観察が間違っているということを必ずしも意味しない。同様に、〈包摂／排除〉という分化様式が登場しつつあるというルーマンの診断が間違っているというわけでもない。そして、間違っているわけではないからこそ、この分化様式の発展にどのように対処したらよいのかということが問題になる。何らかの方法で、この発展を食い止めるか遅らせることはできるのだろうか。それとも、ほとんど不可避の性格を帯びているのだろうか。ルーマンはもちろん、学問の一科目である社会学にこの苦境から脱する方法を提示することができるとは思っていない。「この〔排除地帯の――引用者〕診断が大まかにだけであれ当たっているとしても、社会は社会学からアドヴァイスや支援を期待することはできない」とルーマンは言う〔2008a: 46〕。たとえば資本主義を取り上げて、これに対して道徳的懸念を抱き、批判的・規範的観点から責任追及したところで、的を大幅に外すだけのことだとルーマンは信じている。これは社会には何の希望もないということだろうか。ルーマンは全面的に悲観的なわけではないが、解決策は機能的分化の論理の内部で探すほかはないと主張する。たとえば、社会的支援のための新たな機能システムが登場して、それが排除がもたらす事態への対処に専門的に取り組む可能性を示唆する〔1997a: 633〕。これとは別に、より根源的な示唆も行っている。すなわち、ある意味ではルーマンが描く排除のダイナミクスの背後にある根本的な問題である、機能システムが相互に他のシステムを無視するという問題に対して、何らかの対策が必要であることを示唆する。この無視は、各機能システムがそれぞれの特殊なバイナリーコードとメディアにもとづいたパースペクティヴしかとれないことの帰結である。この制約が専門化を保証するが、同時にこれによって、各機能システムは自ら生み出す排除が、他のシステムによって増幅されるかもしれないということに対して無自覚になってしまう[*2]（排除の側での強い統合）。こうした想定のもとで、ルーマンはつぎのように述べる。

この種の問題に上手に対処できる政治システムを考えることはきわめて困難である。実質的に唯一の可能性は、無視を、無視しているシステムに導入する方法を考えてみることである。これは、機能システムは無関心に依拠している、つまり何かを見ないこと、あるいは何かを問題視しないことに依拠しているということを機能システムに自覚させる方法、および、システムに、気にすると気にしないの区別をシステム内にコピーさせて、それによって何が起こりうるかを確かめさせる方法を、考えてみるということである。［1994b: 5］

ここでルーマンが指摘していることは、各機能システムは、それぞれのコミュニケーションがどのように環境に影響を与え、それがどのようにシステム自身に跳ね返ってくる可能性があるかを考慮できるようにならなければならないという意味での合理性の必要である。したがって、〈包摂／排除〉が新たな第一義的な分化様式になるかもしれないという問題に取り組むためには、各機能システムを促してそれぞれがどのように環境と関わっているのかを真剣に考えさせることが決定的に重要であると考えるのがルーマンの立場だと要約することができるかもしれない。

残念ながら、エコロジカルな危機に関する議論の場合と同じように、ルーマンは、それを実際にどのように達成するのかということについては、何ら具体的な指針を示さない。しかし、これまたエコロジカルな複合問題の場合と同じように、機能システムと関わりをもつさまざまな組織（政治的組織、企業等々［Luhmann 1994b: 5参照］）によって達成されなければならないということをルーマンは強調する。組織は機能システムよりもダイナミックに動けて、柔軟に変化もしやすいだけではない。組織は、同時に複数の機能システムにまたがって活動することもできるので、一つの機能システムからの排除が他のシステムにおける排除にどのようにつながりうるかを考慮するのに、機能システムよりも適しているのである。

第6章

権力と政治

政治こそ最も重要だと見なされることは多いが、近代の機能的に分化した社会における脱中心化という特徴は、こうした見方を掘り崩す。しかし、だからといって、政治システムが重要でなくなるわけではないことは明らかである。集団的拘束力を有する決定を行うことができることと、それを物理的力を用いて正統に強制できること、これらは政治システムの主要な能力であり、社会学的分析を必要とする。そこで、この章ではルーマンの政治システムの構想をさらにくわしく見ていきたい。その際、二段階で見ていく。最初に、ルーマンが記述する政治システムの内的分化を検討する。つぎに、福祉国家における政治をルーマンがどのように考えていたかを検討する。

これには、一般的に行われている政治的規制の特定の傾向をルーマンが脱分化につながりかねないと危険視し、それに対してどのように警鐘を鳴らしたのかということの検討も含まれる。こうした警鐘を分析すると、改めてルーマン理論の規範的基礎を考えさせられる。そこで本章では、ルーマン理論の規範的基礎についても詳細に検討する。

ルーマン理論において、政治と権力は密接に結びついている。したがって、政治システムについて検討した後で、ルーマンが権力をどのように理解していたのかを見ていく。最初に、ルーマンが時代遅れあるいは誤解を与えると見なしている権力についての考え方の概略を描く。つぎに、ルーマンが代替案として提示する権力概念について論じる。その際、彼の権力概念は二つの重要な柱によって支えられていることを私は主張する。すなわち、権力とは象徴的に一般化されたコミュニケーション・メディアであるというアイディアと、権力は従わなければ制裁を科すぞという脅かしと構造的に結びついているという主張である。この二つの支柱の概要をおさえたら、つぎに権力がどのように、政治的にではなく組織において行使されるとルーマンが考えているのか確かめる。最後にルーマンの権力論の二つの支柱に戻る。具体的には、制裁の支柱に対する批判を提起する。すなわち、制裁を不可欠としたことで、ルーマンの権力概念は、残念な前近代的偏向を帯びているというのが私の主張である。

そこで、権力に関する議論において、私はルーマンの理論にフーコーの権力分析の成果を取り入れる。ルーマンに関する議論でフーコーに依拠する理由は、フーコーが権力の鋭敏な歴史的分析によって広く認められていることである。したがって、フーコーの著作は、それとシステム理論が提供する洞察とを対照することで、後者を批判的に検討することに役立つ。とくに、ルーマンが制裁を強調することに対する私の批判は、フーコー的観察に大いに示唆を受けている。権力に関する議論でルーマンとフーコーを一緒に扱うからといって、両者のパースペクティヴが決定的に違っていることをうやむやにすることは許されない。しかし、当面の文脈では、ルーマンとフーコーを本格的に比較することは問題外である。私が主張するのはもっと控えめなことで、たんにフーコーの立場はルーマンの権力概念に特有の弱点を明らかにすることができるということと、その弱点の確認はルーマンの権力概念の修正を考えてみるきっかけとなりうるということだけである。

政治システムの内的分化

第4章で、政治システムとは社会的サブシステムの一つで、その機能は集団的拘束力を有する決定を行うことであるということは述べた。政治システムは他の機能システムから分化しているだけでなく、それ自身の内部でも分化している。具体的には、このシステムは「政治、行、政、公衆という三部分への分化」を軸に組織されているとルーマンは述べている［1990d: 47. 強調は原文］。ここで言う政治とは、政治家たちが、集団的拘束力を有する決定として何を決定すべきか、またそれをどのように決定すべきかということについてコミュニケーションを行う領域を意味し、「政治システム」の「政治」より狭いあるいは正味の領域のことである。行政とは「政治的観点および政治的権能にもとづいて拘束力を有する決定をつくり出す諸制度の総体」のことである［1990d: 48］。これには政治的決定を運用可能にし実行に移すあらゆる種類の管理運営機能も含まれる。最後に、公衆とは政治の視聴者のことであるが、たんにときたま選挙で政治家を選出するだけでなく、世論調査やマスコミへの関与、個人的な直接的接触などを通じて常時、政治家に影響を及ぼす人々である。この三つの部分の区別は、一見すると「議会、政府／行政、有権者という「国家機関」」という伝統的な考え方と同じように思える［1990d: 49］。古典的な政治学では、これら三つの機関の関係は基本的にヒエラルヒー・モデルに従って分析される。「議会は法律をつくり、諸施策を実現するための手段を提供する。行政府は政治的に決まったプログラムを実行に移し、公衆は決定に従うとともに議会の構成員を選出する」［1990d: 49］。ルーマンの分析は、二つの重要な点でこうしたイメージと異なる。

第一に、ルーマンが（「国家機関」に関わる概念よりも）政治、行政、有権者という各概念を好むということが意味するのは、政治システムの理解を、国家を基本とする伝統的な概念から解き放とうとしているということである。実際、ルーマンは国家と政治システムとを同一視する傾向を乗り越えたいと思っている。こうしたイメージに反対してルーマンが主張するのは、「国家」とは政治システムの自己記述にすぎないということである。つまり、国家とは立派な建築物や威厳のある象徴を備えた組織的な実在で、人はそのドアを叩いてそれぞれの懸念を伝えることができるような存在だとイメージするならば、そのような国家は存在しないということである。国家とはそのような実在ではなく、近代社会において政治システムが自らに与えた名称である。したがって、国家はたんなるゼマンティク上の指示対象として、つまり政治システムが自らを記述し、その権力を強めるために言及することができる何ものかとして、存在するにすぎない。

国家の権威として解釈されることで、この権力は自らを……必然的なものとして正統化できる。したがって、国家という概念は、政治に意味を与えるために使用されうるし、同時に政治の利用を制限するためにも使用されうる。それ（国家――引用者）は、「たんなる政治」以上であり、「たんなる政治」以下でもある。［1990e: 123］

別の言い方をすれば、「国家」はゼマンティク上の対象を指し示すものとして機能し、政治システムに重要性を与える（政治はその正統性を「国家」から導き出す）と同時に、政治システムの活動範囲に制限を課す（「国家の」権力が及ばないことに関して決定を行うことはできない。たとえば、イギリスの政治家には中国のインフラストラクチャーに関する決定を行う権限がない）。

第二に、上記のヒエラルヒー・モデルは政治システムの内的分化における公式的な回路を明示するにすぎない。現実には、この分化が達成された瞬間に、非公式の「対抗回路」も誕生し、それは今日においても機能しているとルーマンは言う。

行政は、政治のために法案を起草し、議会の各委員会や類似の制度を牛耳った。政治は、政党組織の力を借りて、公衆に対して、投票において何を、なぜ支持すべきか語りかけた。公衆は、利益団体や切実な訴えなど、さまざまなチャンネルを通じて行政に影響力を行使した。

［1990d: 49. また2000b: 253-65も参照］

このように、ルーマンは政治システムを政治↓行政↓公衆というモデルに還元せず、同時に機能し、その影響力においても公式の回路に劣らない対抗回路の存在を確認する。対抗回路によって、どのサブシステム（政治、行政、公衆）がどのサブシステムよりも重要なのか、もはやはっきりしない。結局、政治システムの内的分化は中心をもたない構造によって特徴づけられることになる。これは、ルーマンの機能的分化の分析が含意する近代社会の脱中心化と、ある程度似ている。

福祉国家における政治——ルーマンの規範性詳説

政治、行政、公衆の内的分化は、政治システムがどのように組織されているのかを記述するが、政治システムがその集団的拘束力を有する決定によって、より具体的には何を確実に達成しようとしているのかということの説明にはなっていない。異なった政治システムは、それぞれ異なった総合的目標をもっているかもしれないが、ルーマンによれば、通常、福祉国家と呼ばれる政治システムは一つの主要な目的を共有している。すなわち、「政治的包摂を実現することが福祉国家」の目標である［1990d: 35］。福祉国家の政治システムは、誰も政治の領域から排除されない状態をとにかく達成しようとする。あるいは、すべての人に政治システムの一員であるために必要な手段が提供される状態を達成しようとする（国家概念に対するルーマンの懐疑を想起すれば、福祉国家とは特殊な政治システムが、つまり政治的包摂を目指す政治システムが、自らを記述するためのたんなる名称であると付け加えることもできよう）。

より具体的には、今日の——そしてルーマンは明確に北欧の状況を想定して語っている——福祉国家は、たんに「すべての人にとっての社会福祉の最小基準を継続的に向上させること」に関心をもっているだけではない［1990d: 36］。それどころか、政治的包摂を確実に達成するために福祉国家には対処する責任があると（市民によっても政治家によっても同じように）見なされる新たな必要がつねに生じる有り様である。より根本的なこととして、本格的な補償の追求が起こっているとルーマンは述べる。それは「特定の生活の仕方の帰結として個人が被る不利益」のすべてに対して、福祉国家が補償するように要求する［1990d: 22］。これこそが、なぜ「日曜だけの船乗りのためのより安全なドック設備、公共の洗面所に熱風式ドライヤー等々」が公共の目標として、つまり福祉国家が取り計らうべきものとして、認められるのかということの理由である［1990d: 36］。

こうした補償を提供し、福祉国家に向けられるあらゆる要求に応えるためには、福祉国家はある意味で自らの政治的基盤を超越して、法と貨幣という象徴的に一般化されたコミュニケーション・メディアを動員する［1990d: 82］。そのため、これらのメディアが非政治的領域からもってこられたものでありながら、政治的目標を達成するために、いわば政治システムによって横領される。たとえば、公立学校の教育をもっと充実させるべきだという要求が高まれば、政治システムは教科書や教員養成の改善等々により多くの予算を配分するかもしれない。同じように、安全な道路に対する要求が高まれば、政治システムは、交通違反に対してより重い罰則を科すように法律を改正するかもしれない。ルーマンが言いたいのは、いずれのケースも、法律とお金のおかげで政治システムが実際に何かをやったと言えるということである。「われわれ政府は、国民のみなさまの懸念に耳を傾け、それにお応えするために交通違反に対する新しい罰則を設けました！」。法律やお金に変換されるそうした対応が効果を発揮するのか、それとも反対に予想に反する結果が生じるのかという問題は、また別の問題である。そしてそれは、もちろん新たな政治的争点になりうる。「われわれ野党は、政府の怠慢に警鐘を鳴らしてまいりました。警察に対して追加的な資源の投入を認めてこなかったのですから、交通違反に対して新しい罰則を設けても無駄である、なぜなら違反が起こったかどうかを監視する者がいないからである、と。どうやらわれわれの批判は正しかったようであります！」

福祉国家によって動員されたメディアに対するルーマンの主要な関心は、それらによって政治的に何が達成されうるのかということよりも、それらの効果には構造的な制約があるという点にあり、そのことをルーマンは確認している。まず、各機能システムの作動における閉鎖性ゆえに、政治システムが法律と貨幣を使用することによって生じるであろう法的効果と経済的効果について、どのような効果が生じるかを政治システムの権力を用いて決定することはできない。どのような効果が生じるかは、法システムと経済システムのそれぞれにおいて内的な制御を受けて決まることである。政治システムにできることは、政治的包摂に関するさまざまな目標が達成されたかどうかを確かめることだけであり、今後もそれは変わらない。そして、繰り返しになるが、それを確かめるのはあくまでも厳格に政治の論理に従う観察であり、経済や法律の論理に従う観察ではない。
これに加えてルーマンが強調するのは、法律とお金は「人々が自分の行動を特定の条件に合わせて変える外的理由を提供する」が（伝統的な想定では、たとえば税金が引き下げられれば人々はより多く働くであろう）、「人々自身が変わることは法律やお金によっても実現できない」ということである［1990d: 83-4. また92も参照］。ルーマンがここで問題にしているのは、福祉国家が市民を矯正したり生活を改善させようとしたりすることについてである。その例には、罪を犯した者が二度と犯罪を起こさないように心を入れ替えてもらうための治療的な働きかけや、失業者やその他の福祉サービスの受給者に自発的に自活のための手立てを講じてもらうために、積極的な気持ちをもってもらう働きかけなども含まれる。ルーマンによれば、こうした類の「人々を変えること」や「人々への働きかけ」は、法律とお金によって達成することはできない。実際、ルーマンはつぎのように述べている。

社会が提供するチャンスを人々が生かすことができるためには、人々に変わってもらわなければならない、というところに包摂の原則の限界があるように思われる。さらに、人々を変えようとすることは政治が自ら立てうる目標の中で最も危険な目標である。それに、「援助」の押し付けに対してそれなりの正当化が存在する場合であっても、中央集権的に統制され責任と成果に関心をもつテクノロジーなど存在しない。［1990d: 84］

この引用からわかるように、ルーマンはここで事実に関する立場と規範的立場の間を揺れ動いている。事実に関しては、社会システムと心理システムとの徹底した分離によって、社会的手段によって達成できることには明確な限界があり、人々の心に確実に影響を及ぼし、社会システムが望むように変えることができるような方法など決してありえない、とルーマンは信じている。規範的には、政治の究極の目標として人々に変わってもらおうとすることに大いに不安を感じている。ルーマンが伝えようとしているように思われる基本的なメッセージは、そのような試みは本質的に全体主義のたくらみと同じだということである。そこでは人々は自分自身の考えをもつことが許されず、政治的統制に服することになる。しかし、このように全体主義に陥りかねないにもかかわらず、福祉国家は、絶えずより多くのお金と法律で人々を統制しようとしつづけるとルーマンは苦言を呈する。これは問題である、とルーマンは言う。なぜなら、お金と法律に頼りつづければ、これらのメディアに致命的な過重負担をかけることになるからである。「お金に関して言えば、福祉国家はお金がかかりすぎる。それはインフレ傾向を促進し、それがまわりまわって福祉国家を破滅に導く」［1990d: 84］。法律に関して言えば、つぎからつぎへと新たな分野が法的規制を受けることになるということは、以前は人々の自主的決定に委ねられていた生活の諸側面（子どもをどのように育てるか、高齢者をどのように支えるか等々）が、今や強力な法的規制に服するということである。もちろんルーマンも、お金と法律によって実施される規制が、いかなる場合でも政治家と市民が問題だと思っている特定の問題に対応するものであるということはわかっている。しかし、あれこれの規制をつくり出すことを支持するそれなりの理由が提示されるとしても、それがもたらす過重負担というマイナス効果はたいてい無視されているとルーマンは批判する。

興味深いのは、ルーマンがメディアの過重負担について批判的意見を述べる中で、『コミュニケーション的行為の理論』（ルーマンが福祉国家の分析を出版したのとほぼ同じ時期に書かれた）において、よく知られているように貨幣と権力というメディアによって生活世界がますます植民地化あるいは合理化されることに警鐘を鳴らしたハーバーマスと突然手を組むことである［Habermas 1984: 340-3］。ルーマンとハーバーマスは、権力、貨幣、法というメディアの膨張を批判する点で接近するが、批判の拠り所となる規範的根拠は異なる。ハーバーマスは、生活世界を第一義的に尊重する左翼的立場をとっている。対してルーマンの側は、事実上、政治的なものに制限を課すことに主眼を置くネオリベラリズムの立場を支持している。ルーマンはネオリベラリズムの理論家であるというこの解釈は、ルーマン自身が自分の理論の規範性を認めていないこと、およびシステム理論のドクサにおいてルーマンの宣言する没規範性がしばしば当然のことと見なされたり額面どおりに受け取られたりしていることと食い違うので、この解釈について少し説明しておきたい。

たしかに、ルーマンの理論はリベラリズムの立場あるいは保守的な立場を助長するという主張は新しいものではない。これは、一九七〇年代にシステム理論は社会の変革よりもシステムの維持を促進すると論じたフランクフルト学派のルーマン批判の主要な一部であった（第1章参照）。はしなくも一九八〇年代と九〇年代にルーマンの政治社会学の中身が徐々に明らかになると、結局フランクフルトの研究者たちは正しかったことが証明された。ただし、理由は間違っていた。すなわち、ルーマンの社会学は近代社会を批判する際の拠り所となる政治要綱をまったく提供しないという指摘は正しくなかった。まさにその正反対である。一九八〇年代と九〇年代の全期間を通じて、機能システムの作動における閉鎖という概念は、たんに記述的‐分析的概念としてだけでなく、それと同じくらい最小国家という目標を支援する規範的テコとしても役立つことがますますはっきりした。政治に関するルーマンの著作におけるこの規範的次元をはっきりさせるために、以下ではクリス・ソーンヒルの優れた分析を援用する［Thornhill 2006］。私は彼の分析に全面的に賛成である。

ソーンヒルは、ルーマンの政治および福祉国家に関する考察のいかに多くが、分化と隠れた脱、分化のリスクの問題を軸に展開されているかを論証する。たとえば、ルーマンにとって、政治システムの正統性は、それが他の機能システムから分化していることと、内的に政治、行政、公衆に分化していることとに依拠していることをソーンヒルは示す[Thornhill 2006: 40-1]。その結果、他のシステムに対してであれ内的にであれ、政治システムの分化を曖昧にしかねない事態は、その正統性の危機を意味するということになる。そして、福祉国家において政治システムが広範囲にわたって法と貨幣を使用することで、まさにそのような脱分化が現在起こりつつあるということをルーマンは示唆する。ハーバーマスは生活世界の植民地化あるいは合理化について語っているが、それに対応させれば、ルーマンはシステムの植民地化を説得的に確認する。植民地化が起こっているところでは、たとえば福祉国家における法的規制は、「法的手段によって適切に扱いうる事柄の境界を踏み越えているのでは」という問いを惹起する[1990d: 85]。言い方を変えれば、福祉国家が法というメディアを動員することで、法と政治の境界(つまり分化)だけでなく、同時に法と法の規制を受けることになる諸領域(教育、家族生活等々)との境界も問題になる。同様に、福祉国家における政治システムはふんだんにお金を使うことで政治と経済という二つのシステムを実際上合体させるので、両者の境界が絶えず問題になる[2000b: 216]。要するに、政治的包摂という福祉国家の目標のおかげで政治システムは不断に拡張を迫られ、法律と貨幣の動員によって支えられているこの拡張あるいは植民地化は、政治システムとその環境内の諸システムとの境界を不安定にする。その結果、福祉国家は現実に、そして逆説的に、民主主義が頼りにしている厳格な分化を危険にさらし、したがってまた、あらゆる近代的政治システムにとって決定的に重要な正統性を脅かしている。[*1] そうルーマンは主張する。

　システムの植民地化という概念は私の発案でルーマンのものではないが、ルーマンの懸念と診断を捉えている。さらにこの概念は、政治、「操縦」、脱分化に関するルーマンの理論化にはらまれる根本的な、しかし未解明の緊張を捉えるためにも用いることができる。すなわち、一方で私たちは、福祉国家における政治システムはその境界を越え、実際に他のシステムを植民地化し、脱分化効果をもたらしているということを学んだ。他方でルーマンは、本当はシステムがその境界を越えることなど決してできないということを強調することを忘れない。これは作動において閉じたシステムの理論の要点そのものである。「操縦の限界」と題された論文で[1997b]、ルーマンはこの作動における閉鎖の含意を全面的に展開し、いかなるシステムも他のシステムを操縦することはできず、唯一可能な操縦は自己操縦であると論じている。「政治システムもこの点では例外ではない。政治も自分自身を操縦できるだけである。そして、もし操縦が環境の操縦を意味するとすれば、それはあくまでも政治システムの環境でしかありえない」[1997b: 46. 強調は原文]。他のシステムの操縦は不可能でも、他のシステムに影響を与える一定の刺激をシステムがつくり出すことはできるかもしれない。しかし、この刺激も、他のシステムの自己操縦によってふるいにかけられる。上述のように、この主張は理論的には作動における閉鎖という考えにもとづいていて、この考えは「あらゆるシステムと同じように、政治もそれ自身を超越することはできないし、したがってより高い次元で行為することもできない」ということを含意する［1997b: 47. 強調は引用者］。ここで緊張の存在はきわめて明瞭になる。一方で作動において閉じた政治システムは、その境界の外側で作動することはできない。他方でルーマンによれば、福祉国家の政治システムが行っているのがまさにそれである。これは、理論装置と経験的‐診断的観察との緊張と解釈することができるかもしれない。しかし、より重要なのは、この緊張が福祉国家に関するルーマンの規範的問題をあらわしていると解釈できることである。すなわち、福祉国家が、他の文脈では不可能と見なされていることで非難されているのである。

上述のように、福祉国家の拡大傾向にともなう副作用の一つと言われているのがインフレ傾向であり、しかも経済だけでなく法律においてもということであった。しかし、このルーマンの主張に対しては、たとえ貨幣が希少な資源だとしても、それだけでなぜ福祉国家が必然的に財政破綻に向かいつつあると言えるのかは、ただちに明らかではない（福祉国家の支出は、たしかに規範的‐政治的には問題になりうるにしても）という反論がありえよう。これは、福祉国家に対するルーマンの批判がいかに立証が不十分かということを示す一例にすぎないが、ルーマンの批判は分析的な根拠にもとづくというよりは政治的な動機にもとづいているという印象を強める。同様の例として、「福祉国家の可能性は雲散霧消してしまったように思われる」という冷淡な主張や [2000b: 426]、やはり十分な立証がされずに「福祉国家の縮小は不可避であると予見される」ということを強調していること [2000b: 428] などが挙げられる。

とはいえ、ルーマンの主要な関心が分化と脱分化に集中していることに変わりはない。脱分化（および民主主義にとってのその否定的含意）という気づかれずにいる問題への対処の仕方を概略ながらルーマンが提言しているところにも、この関心があらわれている。重要なのは、「社会の機能的分化によって与えられている文脈内では、集団的拘束力を有する決定に対するニーズを満たすという機能だけに政治を縮小する方が相応しいだろう」と述べている点である [1990d: 101]。この引用が暗に示しているのは、政治システムがこれまで実際にその境界をはみだしていて、今や本来の機能（集団的拘束力を有する決定を行うことであり、それのみである）に撤退すべきときだということである。同様に『福祉国家における政治理論』の最後の章（訳あって英訳書には含まれていない）では、ルーマンははっきりと「政治の限定的理解」の方が「拡張的」理解よりも好ましいと考えている [1981b: 156]。拡張的なモデルが、ますます多くの問題が政治的規制を受けるようになることを容認するのに対して、「限定的」アプローチは「政治の限界」を考え、政治的なやり方以外にも社会問題に対処する方法はあるということを示すために機能主義的方法を用いたりもする [1981b: 156-7]。したがって、ルーマンから見れば、福祉国家における政治システムを正しく理解してリストラすれば、政治システムは収まるべきところに収まって、現在は政治的に解決されている問題であっても機能的に等価な別の対処の仕方があるということが示されることになろう。

以上の議論から明らかと思われるのは、ルーマン自身は没規範性を標榜し非政治的な社会学理論を提示すると言っていても［1971b: 398-405におけるハーバーマスの批判に対するルーマンのコメントを参照］、彼の福祉国家における政治システムの分析には、明確な規範的－政治的プログラムが貫いていることである。より具体的には、ソーンヒルが適切に結論づけているように、

> ルーマンは国家の介入の限界や脱分化の危険性に関して説明する際、多かれ少なかれはっきりとネオリベラリズムの方針に賛同していた。実際、理論的経歴の全体を通じて、ルーマンは政治問題化しやすいと見なされるテーマ（とくに経済と教育）の数を制限することを勧めていたし、したがって最小国家モデルと政治の最小概念を支持していた。
>
> ［Thornhill 2006: 50, n. 8］

最後に強調しておきたいのは、ルーマンの規範性に関する分析は、政治と政治システム、およびそれらが分化か脱分化かという根本的問題とどのように関わるかということについてのルーマ

ンの考察のみに限定されたものだということである。私はルーマンの社会学理論そのものに規範的先入観が含まれていると言っているのではないし、そのような主張が立証可能だとも思っていない。たとえば、システムと環境の分離に規範的メッセージが内在しているわけではないし、システムがどのように作動するかということに注目することが、特定の、たとえば保守的な、ものの見方を誘発するわけでもない。

以上で福祉国家の政治に関するルーマンの理論には規範的基礎があることの検討を終えて、つぎにルーマンの権力概念に議論を移したい。というのも、福祉国家における政治システムが法律と貨幣を大々的に使用するにせよ、これらのメディアは基本的には権力を行使するための手段として利用されるからである。

ルーマンの権力論――古典的理論を越えて

第4章で述べたように、ルーマンにとって、権力はいくつかの象徴的に一般化されたコミュニケーション・メディアの一つであり、より具体的には自我が他我の行為を自己の行為の前提とすること（図式Aa↓Ea）を確実にするメディアである。この権力概念がどのような成果をもたらすのか、その全体を捉えるためには、ルーマンが問題にし、乗り越えようとした理論枠組みを理解することが決定的に重要である。[*2] ルーマンが乗り越えようとするのは、具体的には、政治学や社会学でよく見られる理論で、ルーマンが「権力の古典的理論」と呼んでいるものである。ルーマンがこの古典的理論とどのように格闘したのかを見ていく前に確認しておかなければならないのは、このテーマに関する主要な論稿が出版されたのが一九六九年から七五年にかけての時期だったことである。したがって、ルーマンが取り組んだのは、この時期に目立っていた理論であって、権力の理解に対するその後の、たとえばフーコーによってなされたような独創的な貢献は問題になっていない。もう一点確認しておきたいのは、ルーマンが「権力の古典的理論」という言い方をするとき、明らかに大雑把なくくり方をしているのであって、この包括的なカテゴリーの下で十把ひとからげにされたさまざまな立場を特徴づける内的な多様性が軽視されていることである。しかし、ルーマンにならって、私もこのようなカテゴリー化を問題にしないことにしたい。

ルーマンによれば、権力の古典的理論の典型はハーバート・A・サイモンによる権力の定義である。周知のように、サイモンは「私たちは「AはBに対して権力をもっている」という言明を、「Aの行動がBの行動を引き起こす」という言明に置き換えることができる」と述べている［Luhmann 1969: 150, n. 3 の引用］。ルーマンは、この権力概念はいくつかの理由で誤解を招くものだと考えている。最も重要な点は、この概念が権力を因果性の観点から分析し、権力とは従属する者が特定の仕方で行動するという事態を引き起こすものであり、この行動は権力の行使がなければ起きなかっただろうと想定することである。ルーマンが因果的説明にきわめて批判的なのは、因果性とは「そこに」ある何ものかではなく、観察者が帰属させるものであって、この観察者は同じ原因に対して別の結果を指摘したり、所与の結果に対して別の原因を指摘することもできたかもしれないからである（これが、ルーマンがその関心を因果性から機能主義的方法へ移した主要な理由である）。

権力の古典的理解に関するもう一つの問題は、それが権力を、権力保持者が所有する何らかの財産のように論じることである［Luhmann 1969: 158-9］。それが誤解を招くものであるのは、権力とは物体のように所有したり、遠ざけたり、再導入したり、他者に移転したり等々できるモノであると想定しているからである、とルーマンは言う。権力を所有可能な財産と見なしてしまうと、権力の行使を可能にする条件システムが容易に無視されてしまう。所有物という権力のイメージはまた、権力を研究するためには、特定の瞬間に権力を「保持」していると見なされる人物を探さなければならないということを含意する。換言すると、所有物と見なすアプローチは、権力を個人に帰属すると見なす個人主義的な説明の仕方を誘発する。最後に、所有物という権力概念は、権力はゼロ・サム・ゲームで、一方の側の権力が増大すれば、誰か他の人の権力は必然的に減少することになるという憶測をともなう。ルーマンによれば、これは疑わしい想定である［Luhmann 1969: 163; 1979: 179-82参照］。この問題は後で組織における権力について論じるときに改めて取り上げる。

　興味深いのは、権力の現代的な理解を展開しようとするフーコーの議論も、権力の古典的理論の前提を超越していることである。フーコーが乗り越える必要があると見ているのは、彼が権力についての主権言説あるいは法的－政治的イメージと呼ぶものである。このイメージは三つの主要な仮定にもとづいている［Foucault 1990: 94-6; Lemke 1997: 99 参照］。その第一は、権力は所有、交換等々が可能な財産であるという仮定である。これは、権力がゼロ・サム・ゲームと見なされていることを暗に示している。第二に、権力のこのイメージは、権力は特定の場所にあると想定している。典型的には中心とか「司令部」（支配者、国家等々）にあって、そこから社会の隅々にゆきわたると想定している。最後に、権力の主権イメージは、権力は抑圧することに役立つと主張する。この考え方によれば、権力と自由は相互に対立するということになる。権力が行使されれば、抑圧が支配し、自由が抑止される。フーコーは、このような権力概念が、どのように特定の歴史的文脈で誕生したのかを記述する。

> 王政とその諸制度の発展を通じて、この法的－政治的次元が成立した。この次元の言説は、権力が行使されてきた仕方や現に行使されている仕方を適切にあらわしているわけではまったくない。それは権力が自らを提示するコードであり、それに従って私たちが

権力のことを考えるように命じるコードなのだ。王政の歴史は、権力の事実と手法を法的－政治的言説によって覆い隠しながら進行したのである。［Foucault 1990: 87-8］

このような歴史化は、フーコーがねらっている分析の要点を示している。権力の法的－政治的イメージははるか昔に乗り越えられてしまった特殊な社会構造に対応するものである。しかし、この権力イメージが時代遅れであるにもかかわらず、法的－政治的な権力概念は、現代の社会理論や政治理論の中に根強く存続しているのである。したがって、よく引用される発言で、フーコーは「私たちはいまだに王の首を切り落としていません」と不満を述べている［1990: 88-9］。言い換えれば、権力についての現在の理解は、いまだに権力とは何らかの中心において所有され、他者を抑圧するために使われるものと想定しているということである。こうした事情を背景としてフーコーが目指すのは、権力はこうしたイメージを否定するもっと巧妙なやり方で行使されていることと、その巧妙なやり方とはどのようなやり方かを論証することである。

ここはフーコーの込み入った権力の系譜学を検証する場ではないので、つぎのことだけ述べれば十分であろう。すなわち、『監獄の誕生』［1977］でフーコーは、規律としての権力概念を展開したが、それは主権の言説において権力の消極的－抑圧的側面が強調されるのとは反対に、その積極的で生産的な側面を強調する概念である、と。フーコーはその後のいくつかの著作で、統治という形式の権力に対する関心を明確に述べているが、その場合の統治とは「行為の誘導」あるいは行為に働きかける行為と定義されている。[†1] 統治と考えられた場合の権力の行使とは、「他者の行為の可能な領域を構造化すること」であり、自分の行為の領域の構造化でもありうる［1982: 221］。こうした権力の概念は、リベラリズムの研究から導き出されたものだが、権力は自由と対立するという考えとは反対である。したがって、フーコーはつぎのように述べる。「権力が行使されるのは自由な主体を通じてであり、彼らが自由であるかぎりでのみ行使される」［1982: 221］。同様に、権力のこのような概念は、因果性モデルを基礎にしてはいないし、権力とは司令部にいる誰かによって所有されているものとも考えない［1990: 94-5 も参照］。

以上からフーコーの出発点がルーマンのそれと相当程度重なっていることは明らかであろう。とくに、古典的想定を克服されるべきものとして指摘するところでは、両者は驚くほど接近している。しかし、それに代わるそれぞれの権力概念を定式化するとき、両者は異なった方向に進む。ルーマンが社会学的な権力概念を提案するのに対して、フーコーは社会学的な枠組みの採用を慎重に回避する。フーコーが目指すのは権力の理論を展開することではなく、異なった時代に権力がどのように概念化されどのように問題化されたのかを、歴史的に探究することである。以下において、ルーマンの社会学的な権力理論の主要な要素について論じる際、しばしばフーコーの議論にも言及することになるであろう。

権力の二つの柱

ルーマンは、古典的な権力理論の誤解を招く想定をどのように乗り越えるのだろうか。そして、それに代わる彼の権力概念はどのようなものなのだろうか。私は、ルーマンの権力理論は二つの主要な柱から構成されていて、そのいずれもがパーソンズから大いに示唆を受けたものであることは明らかである、ということを主張したい。第一の柱は、権力の機能的概念あるいはメディア論的概念である。第二の柱は、権力は否定的なサンクションによって成り立っているという提案である。第一の柱については、すでに第4章で二重の偶発性と象徴的に一般化されたコミュニケーション・メディアについて論じた際に紹介しており、ここでは繰り返す必要はないであろう。つぎのことだけ確認しておけば十分である。すなわち、この見方によれば、権力というメディアの機能は、自我が他我の行為を自己の行為の前提とする蓋然性を高めることである。別の言い方をすれば、権力というメディアは、自我が他我の行為を自己の行為を条件づけるものとして受け入れるよう動機づけるのに役立つ［Luhmann 1997a: 355; 2000b: 60］。

興味深いのは、権力を行為と行為の関係として捉えるこの概念は、フーコーの統治の定義である行為を誘導する行為と構造的に同じである点である。ただし、ルーマンの象徴的に一般化されたコミュニケーション・メディアの理論は、はっきりと選択の規制を、つまり選択される行為に対する選択される働きかけの規制を問題にしているという違いはある［1976: 517］。フーコーは権力と自由の緊密な関係を強調しているが、メディアとしての権力という概念はこの点でもフーコーの議論と類似している。ルーマンの理論において、権力と自由の関係は選択という概念によって含意されている。もしも自我が他我の要求に逆らって行為することが不可能ならば、そもそも権力は必要ない。強制は権力の終焉を意味する。このことの帰結として、強制にはつねに一定のコストがともなうことになる。「強制を行う者は、その強制の程度に見合うだけの選択と決定の負担を引き受けなければならない。……複雑性の縮減は、強制を行う者と強制を受ける者とで分担してなされるのではなく、強制を行う者が全面的に引き受けることになる」［1979: 112］。例として、雇用主が被雇用者に特定の仕事をするように強制した場合を考えてみよう。この場合、万が一予期せぬ事態が生じれば、その責任を負うのは雇用主だけである。たとえば、特定の業務が違法だったなどということがあるかもしれない。その場合、被雇用者は、自分は違法行為をするように強制されたのだ（選択の余地はなかった）と弁明することが可能である。したがって、責任は雇用主が全面的に負うことになる。

　ルーマンの象徴的に一般化されたコミュニケーション・メディアの理論は、パーソンズの理論に影響されたものだが、その影響は部分的である。それに対して、ルーマンの権力理論の第二の柱は、パーソンズ理論の継承がいっそう顕著である。ルーマンはパーソンズ［1969］と同じように、権力と否定的サンクションとの間には本質的な結びつきがあるということを論証する。とにかく権力は否定的サンクションを科すことができるという可能性に依存しているとルーマンは主張する。たとえば、権力を象徴的に一般化されたコミュニケーション・メディアとして特徴づけるためには、「否定的サンクションという概念は不可欠である」と言う［1990f: 157. 強調は原文］。他のところでは、「政治権力は本質的に脅迫する権力である。いずれにしてもこの要素をぬきに、政治権力を考えることはできない」とも述べている［1988a: 45］。

以上のようなサンクションへの言及は、サンクションが実際に行使されることで権力は現実のものとなると言っているわけではないということを確認しておくことは重要である。サンクションは、正しくは選択の可能性あるいは選択肢であり、自我も他我もできれば避けたいが（いわば「回避可能な選択肢」）、自我が他我の行為を自己の行為の前提としない場合に、必要とあらば他我が頼りにすることができなければならない選択肢である。サンクションによって不利益を被る自我にとって、サンクションが端的に望ましくないものであることは明らかである。しかし、他我にとっても、サンクションはできれば回避したい選択肢である。なぜなら、サンクションを実行するということは、他我にとって望ましい行為を自我にやらせるためには、たんなる脅しだけでは不十分だったということを意味するからである。たとえば強制が必要だったのかもしれないが、先に述べたように強制は権力の終焉である。したがって、権力が行使されるのは、否定的サンクションが可能性に留まるかぎりでのみ、つまりいまだ現実化していない選択肢でありつづけるかぎりでのみである。もう一点、重要なのは、自我も他我もできればサンクションを回避したいと思っているとしても、サンクションの実行が両者にとってもつ重みは大きく異なっていることである。すなわち、サンクションの実行によって受けるダメージという点では、権力保持者（他我）の方が権力に服従する者（自我）よりも軽度である。たとえば、被雇用者（自我）に対する雇用主（他我）の権力が、解雇を示唆するという脅しにもとづいている場合、このサンクションの実行は、雇用主にとっても煩わしいことであろうが（雇用主は、解雇される者がやっていた仕事をやってもらうために新たに誰かを雇わなければならないだろうし、場合によっては自分でその仕事をやらなければならない）、職を失うのは被雇用者なのだから、結局、サンクション実行の衝撃をまともに受けるのは被雇用者である。まさにこの違いが権力者の権力を成り立たせているとルーマンは言う。他我にとってもサンクションの実行は望ましくないが、自我にとってはそれ以上に望ましくないのである。ルーマンは、これをスペンサー＝ブラウンに示唆されたやり方でも表現していて、権力の二つの側をもつ形式は、命令の実行｜サンクションの実行 であると述べている［Luhmann 1997a: 356 参照］。

先に紹介したように、福祉国家における政治システムが、ますます多くのお金を支出することでどのように政治的包摂を達成しようとしているかという議論をルーマン自身が行っていることを思えば、権力が、したがってまた政治権力が、いかに否定的なサンクションに依拠しているかということの強調は、意外と言ってよいかもしれない。福祉国家のような積極的な身振りは、否定的サンクションという権力像とどのように整合するのだろうか。たしかに、さまざまな社会的便益を供与し、あれこれの不利益に対する補償を行うとき、福祉国家はまさに「積極的サンクション」を用いているとルーマンは言っている。しかし同時に、「積極的サンクションの否定的サンクションへの転換の法則」が働くと主張する。「一定の規則性をもって支援が行われたり、さまざまなサービスが期待されたり、個人の生活を他者が支援することが習慣になったりすれば、それらがなくなることは脅威になる。つまりそうした支援やサービスをやめることはサンクションになりうる」[1990f: 158, 159. 強調は原文]。言い方を変えれば、福祉国家は、便益やサービスの提供をやめる可能性を、つまり積極的サンクションを否定的サンクションに転換する可能性を保持することで、権力を行使する。

最後に二点、指摘しておく必要がある。第一は、すでに明らかであろうが、どのようなサンクションに依拠して権力の行使がなされるのかという問いに対して、ルーマンは答えを限定するような論じ方をしていない。究極の否定的サンクションは物理的暴力であるが、その使用が正当である場合は限られている。したがって、積極的サンクションの否定的サンクションへの転換のような、物理的暴力に代わるより巧妙な手段が登場してきた。否定的サンクションは多様な形をとりうるので、権力の行使においてどのようなさまざまなサンクションが用いられ、それらがどのように機能するのかを探究する経験的研究が必要である。

第二に、ルーマンは、「象徴的一般化という概念は、**デフレーション**および**インフレーション**という概念を、貨幣の理論から権力の理論に転用することを可能にする」と述べている［1990f: 164. 強調は原文］。たとえば、口先だけの脅迫は、権力のインフレーションを起こす。自我が他我の言うことを聞かないときに、他我がサンクションを効果的に実行することができなければ、権力はいわばその力を失う。これに対して、権力のデフレーションが起こるのは、権力保持者に属すると見なされている権力を権力保持者が十分に行使しない場合である。たとえば、雇用主が決めたことに応じて仕事の仕方を調整するように雇用主は被雇用者に要求すべきなのに、それを要求しないことがあまりに多い場合、したがって権力構造をはっきり示し再生産することに失敗するならば、権力のデフレが起こるであろう［1979: 165-6］。

組織における権力

ルーマンによれば、政治システムは政治権力の秩序立った再生産をもたらすが、権力は政治システムの外部でも確認されうる。ただし、政治システムの外部で行使される権力の場合、その基盤は「寄生的」なものであることが多い。なぜなら、家族、経済、科学等々においては、システムの構造が、権力の継続的再生産を保障するようにはできていないからである［2000b: 69］。もちろん、序列化した権力の存在は、たとえば科学の内に見いだされる。教授はたいてい学生より権力が強いものである。しかし、このことは、科学的コミュニケーションのせいではないとルーマンは主張する。〈真／偽〉という科学のコード自体には、権力の永続的な再生産をもたらすことになるような要素は何もないというのである。近代の科学は大学を中核に構造化されており、科学における序列化した権力は、この大学という特殊な組織の産物であるというのがルーマンの理解である。したがって、現代のさまざまな組織において権力がどのように行使されているのかを探究することは有意義である。近代の社会において、非政治的権力は「公式組織にもとづいて」継続的に行使されることが一般的だからである［1990f: 160］。第4章で確認したように、公式組織とは、成員資格に関する規則をもち、意思決定によって作動する社会システムである。

ルーマンは、組織における権力の主要な形式として二種類を区別する［1979: 177-9］。第一の「組織権力」は、人を組織から排除する可能性を否定的サンクションとして用いる。もし被雇用者が業務命令を実行しなければ、彼または彼女は当該組織の成員ではなくなるかもしれない。つまり、一般的には解雇されるかもしれないということである。この権力の問題は、それほど自由自在に行使することができないことである。従業員が命令に従うことを拒むたびに解雇するなどということは、きわめて非現実的である。特殊な組織であればあるほど、個々の成員が集積する知識は、当該個人のみが所有していて、新人を採用することで代替できるようなものではない蓋然性が高まる。このことが意味するのは、回避されるべき選択肢（サンクション）は、ますます組織にとって高くつくものになるということである。したがって、組織は別の形で権力を行使することに利害関心をもつ。つまり、従業員の行動を規制するのは当然であるが、「組織権力」は文字どおり最後の手段にすぎないようなやり方で規制する権力の形式である。そこで組織はいわゆる「人事権力」を行使するとルーマンは言う。この権力が照準するのは、各成員が組織内でいかなる地位を占めるのか、あるいは失うのかという点である。もう少し具体的に言えば、この形式の権力は、従業員に対して現状よりは魅力に欠ける組織内の地位に異動する可能性を示唆することで従業員の行動を規制する。別の言い方をすれば、この形式の権力は、キャリア・サンクションによって行動の条件づけを行う。したがって、ルーマンが福祉国家に関して分析した積極的サンクションと否定的サンクション間の転換という策略は、組織内で権力はどのように行使されるかという問題にもあてはまる。

組織権力は、結局のところ積極的サンクションの否定的サンクションへの転換の一事例にすぎない。組織権力が依拠しているのはつぎのような事実である。すなわち、組織は、その成員資格、とりわけ高い地位への就任を、当人にとって有利なこととして授与することができるし、それらを授与しないこと、あるいは取り消すことは、否定的サンクションとして提示することができるという事実である。［1990f: 162. 強調は原文］

組織に特有の性質の一つは、権力の著しい拡張をじつに容易に可能にすることである。象徴的に一般化されたコミュニケーション・メディアという、権力の一般的概念においては、権力は、他我と自我の二重偶発性を制御するものであった。この他我と自我の二重偶発性は社会性の原初的状況であり、社会的なものの最小限の形式であるが、二人以上の人間が関わる場合の説明は与えてくれない。しかし、権力は一人の自我だけでなく、複数の自我の行為を規制することもできる。これはいわゆる「行為の連鎖」において起こることである。「行為の連鎖」とは、AはBに権力を行使し、そのBはCに権力を行使し、そのCはDに権力を行使し、……という事態である［1979: 132-4］。行為の連鎖とは広範な影響力を有しているということを意味するのではないということをルーマンは強調している。この連鎖は、Cに対するBの権力行使がAの統制下にあり、同様な関係がB、C、D……間にもあるかぎりでのみ存在する。ルーマンが述べているように、つぎのような場合には連鎖は存在しない。

王様は将軍に命令を下すことができ、将軍は自分の妻に指図をすることができ、妻は召使たちに同様に指図をすることができ、召使たちは、将軍家に仕える身ということで、近隣の人々に横暴な要求をする。……連鎖が存在するのは、権力の保持者がその連鎖に介入できる場合のみである。[1979: 133]

行為の連鎖は一種の統治、あるいはニコラス・ローズがフーコーの影響を受けた著作[1996: 43]で論じているように「遠隔作用」を可能にする。つまり、行為の連鎖のおかげで、他我は組織のあらゆるところに権力を行使することができるようになる。社長は、従業員の一人一人に何をすべきかを言ってまわる必要はない（大きな組織では、そんなことは不可能であろう）。部長や課長といった管理職者にその仕事をまかせればよいのである。「かくして、連鎖構造は、個々の権力保持者の選択能力を越える権力の増大を可能にする」[1979: 133-4]。

同時に、このような連鎖は、政治システムにおける政治、行政、公衆の関係に関してルーマンが見いだしたのと同じような対抗回路を生み出す。これには二つの面がある。第一は、連鎖のおかげで個々の結節点が自分の目的のために権力を利用できる可能性は、新たな環が付け加わるたびに増大する[1979: 133]。連鎖が長くなればなるほど、そのような局所的な「寄生者」を統制することは難しくなる。これに関連することだが、第二に、新たな環が連鎖に付け加わるのに応じて、情報の非対称性が増大する可能性も高まる。局所的に生み出される情報や知識のすべてに、権力の「中枢」（A）がアクセスすることなど不可能である。この二点が相まって意味することは、行為の連鎖は、「中枢」（A）の権力を増大させるだけでなく、連鎖の各環（B、C、D……）の権力も同じくらい増大させるだろうということである。実際、組織の複雑性が増大すれば、それは従業員にとって有利に働くだろうとルーマンは述べている。なぜなら、複雑性は行為の連鎖の組み込みを必要とし、その連鎖のおかげで従業員の権力も増大するからである。このことが示しているることをより一般化すれば、行為の連鎖は権力のゼロ・サム・ゲームではなくプラス・サム・ゲームをもたらすということであり、したがって権力の古典的理論の中心的含意の一つはその根拠が弱体化するということである。

公式の権力の連鎖と、それに対する情報にもとづく対抗回路との駆け引きは、たしかに外部の観察者には見えないかもしれない。「外部から見る、組織の均一性と組織権力を行使する能力とはたいてい過大評価される。権力は組織のトップにあることになっているが、実態は権力の複雑なバランスが成り立っているのであって、そのバランスは、とりわけテーマや状況に応じて変化する」［1990f: 163］。興味深いのは、外部からの組織の記述が実態にそぐわないものであるにもかかわらず、そのような記述が組織内で大きな効果を発揮しうるし、新たな非公式の権力の所在を生じさせることもあるとルーマンが主張している点である。最も重要なのは、組織のトップが組織内での権力闘争において、この外部イメージを利用できることである。

最上位の人々は、組織を去る可能性を示唆することで言うことをきかせようとすることができるし、それ以外に、組織がまとまりを欠き決定を行ったりそれを実行したりできる状態にないということが周囲の人々に明らかになるような状況をつくり出すこともありうる。これが公式上のトップが有する一種の非公式権力の基盤をなす。公式上のトップは、たんにそこに権力が帰属することになっているという事実に依拠しているにすぎず、この帰属は……事実に関する情報に対して敏感である。［1990f: 164］

ここまでの議論を要約しておこう。ルーマンは二つの柱からなる権力概念を用いて議論を展開していた。つまり、権力はメディアであると同時に本質的に否定的サンクションと結合したものと見なされていた。そして、この権力概念は、政治権力の領域に、つまり政治システムを中心とし、政治システムによって再生産される領域に妥当するとともに、政治システムの外部、とりわけ組織において見られる権力の行使にも適用された。

サンクションを取り除く——批判

権力に関する議論の最後に、権力と否定的サンクションとの結びつきがどれほど確実なことなのかを考察したいと思う。より明確に言えば、権力は否定的サンクションに依拠しているという主張は、ルーマン理論におけるゼマンティク上の短絡と呼びたい問題をあらわしていると私は思っている。この点を理解するためには、フーコーによる権力の分析に立ち戻ることが重要である。フーコーの分析を念頭に置くならば、ルーマンは権力の法的‐政治的イメージの主要な特徴の一つを、すなわち否定性（抑圧的側面、脅迫への依拠）を、改めて継承しているように見える。フーコーが示しているように、権力の否定的イメージは、特定の前近代的社会秩序に対応するものである。それは、王を頂点とする階層的に分化した社会であり、王が自分に従う者を抑圧することで権力を行使する社会である。ルーマンは、権力が所有されうる（王によってであれ、他の者によってであれ）という考えや、社会の特定の場所（たとえば封建制の頂点）に権力があるという見方を否定しようとしたが、権力は否定的サンクションと結びついているという主張が事実上意味するのは、彼の権力概念が「古いヨーロッパの」あるいは時代遅れのゼマンティクに埋め込まれているということである。そのゼマンティクにおいては、権力は命令に従わない者にサンクションを与えることができることに依拠するものとされていた。「古いヨーロッパのゼマンティク」という概念はルーマン自身のものである。ルーマンは、通常、この概念を、近代社会においてなおも登場するものの、当該語彙がもともと対応していた社会構造が機能的分化によって取って代わられたがゆえに、もはや適切ではなくなった前近代のゼマンティクを指示するために用いている。

フーコーが慎重に指摘しているように、権力の否定的概念が必ずしも間違っているわけではない。今日でも多くの権力が、命令に従わなければサンクションを与えることができることに依拠していることは明らかである。たとえば、被雇用者の行動は、解雇の可能性を示唆することで統制されているであろう。しかし、それでもこの否定的イメージは、今日行使されている権力の形態を説明するうえでは著しく不適切であり、フーコーが論じているように、規律、統治等々の観点から分析されるべきである。はっきり言えば、こうした権力形態の要点は、それらが行動の統制に関する否定的様式ではなく積極的な様式をあらわしているということである。たとえば、そうした権力は主体に働きかけて、彼ら自身の合意が要求するように行為するように、つまり従わない場合のためにサンクションを用意しておくということがなくても望ましいように行為するように、誘導しようとする。たとえば、現代の知識労働者を管理するためには、否定的サンクションの示唆に頼る必要はない。否定的サンクションに代わって、つねに誠実に働くように指示するエートスを彼らにインストールすることで、知識労働者に対する権力は行使される。つまり、労働者に働きたいという欲望を抱かせることで権力は作動するのである。

以上の議論を踏まえてルーマンに戻るならば、彼の権力理論の否定的サンクションの柱は、二重の意味で彼自身の目的に反していると私は主張したい。一方で、この柱はルーマンの機能的分化の理論と調和しない。なぜなら、サンクションを不可欠なものとする概念は、ルーマンの権力概念が前近代の階層的に分化した社会に対応したものであることを示唆するからである。他方で、権力と否定的サンクションとの間に本質的結びつきがあるとすることは、古いヨーロッパのゼマンティクが暗示するやり方とは違うやり方で権力が行使される可能性をアプリオリに否定することになる。ルーマンには権力に関する支配的な（前近代の）ゼマンティクから実際の権力の作動を推論するという傾向があるが、そのような推論は、権力の行使の仕方における歴史的変化を無視してしまうというリスクを犯すことになるのである。

さて、以上の批判に対してどのように対処すべきだろうか。以上の批判は、ルーマンの権力理論は破綻しているということを意味するのだろうか。私はそうは思わない。しかし、一定の修正を施すことは正当なことだと確信する。具体的には、権力と否定的サンクションとの結びつきを緩め、後者はいろいろある行為による行為の条件づけの仕方の一つにすぎないと見なすことに賛成したい。否定的サンクションの柱は控えめの扱いにする一方で、権力の機能的な理解（他我と自我の行為の偶発性を統制する必要に対する進化の産物としての権力）は強調してよいであろう。この機能的な柱のみを強調することには二つの積極的な意味がある。一つは、ルーマンの権力理論が、より開かれた、経験的事実に敏感な形態を獲得することになるだろうことである。そうなれば、他我の行為が自我の行為の前提となるのはどのようにしてか、またいかなる手段によってか、という問題は経験的問題になるであろう。もう一つは、権力についての機能的アプローチが、ルーマンが機能的分化を強調することと整合的であることである。この点はフーコーのパースペクティヴと比較したときのルーマンの重要な貢献と言ってよいであろう。要するに、機能的な柱だけに焦点をあてても、権力がさまざまな社会的分化の形式とどのように関係しているかという問題も含めて、権力を社会学的に分析するというルーマンの関心は維持されるということである。

私は別のところで、この機能的－メディア論的柱を強調して、フーコーの権力分析における枢要な関心事項である主体の形成の問題を、ルーマンのシステム理論にどう組み込むことができるか、具体的にはいわば「ゼマンティク上の押しつけ」の形式として組み込むことができるのではないかと論じたことがある［Borch 2005b: 162-4参照］。これは、否定的サンクションへのこだわりを抑制すれば、権力の行使の仕方における経験的多様性に対して、ルーマンの権力の社会学がいかに敏感になりうることを示す一例にすぎない。

第７章

結論

本書では、ルーマンの壮大な社会学の業績の一端を紹介し論じることしかできなかった。私はルーマンのシステム理論における多くの主要概念を取り上げるように努めたし、社会現象に対するルーマンのアプローチと探究の仕方の意味を伝えようとも試みた。だからと言って、ルーマンの業績のさまざまな層のうち本書では扱えなかった層がたくさんあることは紛れもない事実である。しかしそれでも、概念と分析に関するルーマンの主要な業績のいくつかは読者のみなさんに伝えることができたであろうことを切に願っている。それらの業績は、将来の社会学研究において有益であろうと私は思っている。そこで、この最後の章では、私がルーマンの主要な業績と考えるものを要約し、彼の議論におけるいくつかの盲点を指摘し、最後にルーマンの足跡をたどっていくことにどのような意味があるのか述べてみたい。

ルーマンの主要な社会学的業績

社会学理論の評価の仕方はいろいろある。ルーマンの場合、彼の理論活動の三段階それぞれについてと、その三段階にまたがるより一般的な業績の両方について、その重要性を論じることが妥当である。

三段階のそれぞれにおいて重要な社会学的貢献がなされている。第一段階は多くの点で最もラディカルでない段階だが、そこでのルーマンの主要な貢献は、パーソンズの遺産のたんなる継承にとどまらない機能主義的プログラムの定式化である。パーソンズの構造－機能主義の代替案として機能－構造主義的アプローチを強調することで、ルーマンは今日、機能主義がどのようなものでありうるかということについて新たな考え方を提案する（いまだに多くの解説者がパーソンズ理論と結びつけてルーマンを論じているように、この移行は十分には成功していないと論じることも可能かもしれない）。ルーマンのこの機能主義は、第1章で紹介したように、問題と解決策との関係におけるさまざまな可能性を探究するために比較を行うというアプローチだが、これは社会学的啓蒙というルーマンの概念を理解するためのとっかかりを与えるだけでなく、広範な応用分野を示唆する貴重な思考の道具である。そこで、私は、ルーマンの比較を行う機能主義は、社会的世界の偶発性を示すために利用可能な重要な分析道具であると主張したい。所与の問題と所与の解決策との間に疑う余地のない関係が成り立っていると現時点で見なされている事態も、別様に考えることが可能であることを示すことで、自然なこと、あるいは必然的なことと見えることでも、いわば機能的に脱構築可能である。たとえば、組織の場合、新たな人員を採用するという課題に対して特定のやり方で対処することが経営者の習性になっているかもしれない（特定の新聞に採用職種を掲載する）。ここで機能主義的方法が、問題と解決策をまったく新しく考えるための反省の道具を提供する。要するに、比較を行う機能主義を強調することで、ルーマンが、社会学者も社会学者でない人も同じように誘うのは、どんなときでも別様に考えてみることはできないかと反省してみることであり、真実であり正しいと見なされている事態を越えていくことである。新しい解決策は考えられないだろうか、現在の解決策を反省することは、問題の見方そのものも刷新することにならないだろうか、と問うてみることである。もちろん、社会学者にして社会理論家である者で偶発性を重視するのはルーマンだけではない。フーコーもまたそうした研究者である。彼は知識や主体性が歴史的現象と見なされるべきこと、したがって変化しうる偶発的な現象と見なすべきことを一貫して示した。しかし、この偶発性への関心が厳密に社会学的な方法論として具体化されていること、そしてこの方法論が理論活動の中心に位置づけられていることが、ルーマンの際立った特徴である。

ルーマンの理論活動における第二段階の主要な社会学的貢献が、社会的なものはオートポイエティックなコミュニケーション・システムから成り立っているという構想であることは明らかである。この構想には二つの側面があって、一つは社会性とはコミュニケーションの問題であるという理解であり、もう一つはコミュニケーション（社会システム）はオートポイエティックに組織されているという主張である。この二つの面でルーマンによる理論的刷新は大いなる業績と見なされるべきであろう。社会的なものをコミュニケーションと見なすことで、ルーマンは、社会的生活を概念化するにあたって言語とコミュニケーションを中心的なものと見なす、社会理論における言語論的転回に賛同するだけではない。社会および社会的なものとはコミュニケーションにほかならないということと、コミュニケーションだけがコミュニケーションするということを主張することで、実際には賛同などというレベルを超えて、言語論的転回の最もラディカルな含意をルーマンは引き出す。社会の自己構成について、これほどラディカルで、それでいて概念的に首尾一貫した見方を提示する社会学者はほかにいない。これと密接に結びついているコミュニケーションはオートポイエティックであるという理解もまた、画期的な業績である。実際、オートポイエーシスから導き出される社会学的な帰結を探究した（最も有名なのは、社会システムはその境界を越えることはできないことを強調したことである）ことこそ、社会理論に対するルーマンの主要な貢献の一つである。オートポイエーシスを理論の骨格に組み込んだことはルーマンの並々ならぬ理論的創作力を物語るだけでなく、社会はコミュニケーションによって自己構成されているというアイディアを理論的に具体化するものでもある。

機能主義的アプローチが方法論的性質のものであったのに対して、コミュニケーションとオートポイエーシスという枠組みは、より理論的で分析的な機能を果たしている。それは社会的なものの構成と基本的な作動様式を記述し、それがさまざまな社会システムの経験的研究を、すなわちそれらの作動の論理と相互関係の経験的研究を、主導する基盤を提供する。

最後に、彼の理論活動の第三段階におけるルーマンの社会学に対する主要な貢献は、二次観察を強調したことである。この転換は、認識論的問題に対するルーマンの関心が次第に強まったことと関係しているが、同時により現実的な社会学的含意を有してもいた。最も重要なのは、二次観察の理論は、社会学者に観察の焦点を「何」という問いから「どのように」という問いに転換するように促す方法論的プログラムを導入することである。つまり、ルーマンは、社会的世界は何であるように見えるか（たとえば統計データにもとづいて）ということを記述するよりも、観察者がそれをどのように観察しているかを観察することによって社会的なものを記述するように社会学者を促す。より具体的には、この方法論的プログラムは、「観察している観察者は誰なのか、その観察者はどのように、つまりいかなる区別にもとづいて、観察しているのか」と問うのである。

ルーマンのより一般的な業績、つまり上記の三段階の区別とは関係のない（少なくとも三段階のいずれにも収まらない）業績に目を転じるならば、とくに五つの貢献が注目されるべきであろう。第一は、社会学の課題の中心に理論を位置づけたことである。ルーマンは、新たな経験的データを集めることよりも、理論に対して熱い思いを抱いていたので、社会学は新たな理論体系を必要としていると強く主張した。これに関連して、従来の社会学は理論的危機に陥っていると見たルーマンは、社会に関する新たなグランド・セオリーによってしかこの危機を克服することはできないと主張した。そのようなグランド・セオリーが必要だという見解に賛同できない人もいるだろうし、それどころか、そもそものような理論の構築が可能とは思えない人もいるだろうが、それでも、そのようなグランド・セオリーの構築を試みたこと――さらには、これまでのところそれなりに成功していること――はルーマンの功績である。新たなグランド・セオリーの構築は、並々ならぬ理論的創作力によって推進されてきたが、その出発点はシステムと環境の区別という単純で素朴な区別であった。ルーマンの一般的貢献の第二は、この〈システム／環境〉の区別が含意することを精緻に理論化しつづけたことである。第三は、ルーマンの機能的分化の理論が、近代社会を構造化する特徴について社会学が行ってきた古典的論争を刷新する有力な理論であることである。この点で、ルーマンは異なった作動を行うさまざまな社会的領域（の進化）についての透徹した分析を提供してきたし、新たな社会の転換が起こっている（ポストモダニティ、晩期モダニティ等々）という診断に対しては安易すぎるという警告を行ってきた。これに関連することだが、ルーマンは機能的分化がもたらした成果を、とりわけ民主主義にとっての意義を、強調してきたし、それによって近代性を熱心に擁護する論陣を張ってきた。

以上の三点の貢献については本書でも十分注意を払ってきたつもりだが、これから指摘したいと思っている残りの二点については、簡単な言及しかしてこなかった。すなわち、第四は、ルーマンがつくりあげた総合的な社会学は、人間主体を基軸とはしない社会学であることである。これは、社会システムとはコミュニケーションのシステムであるという理解からの重要な帰結である。ヒューマニズムの伝統とのつながりを断ち切ることで、ルーマンはさまざまな分野のポスト構造主義者たちの陣営に与することになったが、ポスト構造主義的な理論風景の中で、社会学的な考えを強力に提示したことは、この分野でのルーマンの主要な貢献と見なせよう。最後の第五は、あらゆる分野の著作において時間を重視してきたことである。時間の重視は、社会理論と進化論的目標とを結合するという初期の関心にさかのぼる。しかし、社会性における時間の側面を理解することに対する関心は、その後の多くの議論においても見いだされる。すなわち、意味の三つの次元の一つとして時間を含めたことから、機能的分化がどのように時間次元の分化を引き起こすかという分析を経て、個々の機能システム（とりわけ法と経済）の時間の側面に関する議論に至るまで、一貫して見られることである。

ルーマン理論における盲点

一次観察と二次観察の議論においてルーマンが強調しているように、あらゆる観察には盲点がある。言うまでもなく、これはルーマン自身の観察にもあてはまる。〈システム／環境〉という区別を、分析を主導する区別として選択することで、ルーマンはこの区別ではうまく捉えられない社会生活の局面に対して盲目的である。より正確に言えば、〈システム／環境〉という区別をルーマンが採用し解釈するというその特定のやり方が、分析のための凝視において盲点を生み出すのである。以下ではルーマン社会学におけるいくつかの欠点あるいは盲点を指摘してみたい。

第一の盲点は空間である［Filippov 2000も参照］。私はすでにこれまでの章で、ルーマンの理論体系には空間性への注目が欠けていることを論じた。それは、社会システムは「決して空間的に制限されてはおらず、まったく異なる形式の、つまり純粋に内的な形式の境界を有する」［1997a: 76］という言明に最も集約的にあらわれている。ルーマンによれば、システムと環境との区別はいかなる点でも空間的なものではない。もちろん、いくつかの事例ではルーマンも空間の重要性を認めている。まずは相互行為システムに関する理解がそうである。相互行為システムは、相互行為する者が一緒にいることと反照的知覚に依存しているので、特定の空間と密接不可分である。同様に、『社会システムとしての芸術』においても空間に関する議論を行っているが、そこでの議論は主に空間が「脳の神経生理学的作動」としてどのように現象するかということに関するものである [Luhmann 2000a: 111]。最後に、排除された人々の地区の調査は、実質的に「一定の事情のもとでは、環境は空間的なものであることが判明する」ことを示している [Balke 2002: 30]。しかしながら、これらの空間に関わる環境の空間特性がルーマンによって体系的に分析されることはない。

ルーマンが「空間次元の特別扱いをやめること」[Stichweh 1998: 343] は、いくつかの理由で驚きである。第一は、この特別扱いの中止が積極的な理論的選択の結果であって、偶然の産物ではなさそうなことである。たとえば、マトゥラーナによるオートポイエティック・システムの理解には空間性に関する明確な言及が含まれているが (第2章参照)、ルーマンがオートポイエーシス概念を借用する際に、この空間性の次元は継承されなかった。だが、空間性への注目の欠如は分析的理由からも驚きである。地理学者や空間の理論家たちが示してきたように、特定の空間的事情によって、あるコミュニケーションが他のコミュニケーションよりも行われやすくなる。このことが意味するのは、空間が社会システムにとって決定的な意味をもっているかもしれないということである。たとえば、創造力をかきたてる建物や部屋もあれば、その反対の建物や部屋もある。ルーマンの用語を使うならば、これは空間性と社会性の構造的カップリングとして構想することができるかもしれない。実際、ルドルフ・シュティヒヴェーはルーマンのこの盲点を是正しようとしてこの構想を展開している。シュティヒヴェーによれば、私たちは空間を社会と構造的にカップリングするものと見なすべきである。これは、彼自身が認めているように、「社会は意識とのみ構造的にカップリングしているというルーマンのドグマ」[Stichweh 1998: 348. 強調は原文]に抵触するかもしれない提案である。

私が注意を促したいと思うつぎの盲点は、社会システムの作動の次元と存在論的地位に関わる。ルーマンは、彼のシステム理論が何らかの存在論を含んでいるということを決して認めようとしないが、彼のオートポイエティック・システムの理解は、無意識のうちに特定の存在論を組み込んでいると主張することは正当であると私は思っている。私はそれを作動の存在論と呼びたいと思うが、それによれば、それぞれのシステムには一つのタイプの作動しかありえない。社会システムはコミュニケーションによってのみ特徴づけられ、法システムは法的作動によってのみ、経済システムは経済的作動によってのみ等々。理論的観点からはこの主張は有意味である。つまり、ルーマンのオートポイエティックな自己再生産という概念から生じる主張であるという点では有意味である。しかしながら、一つのシステムに一つの作動という主張もまた、特有の盲点を生み出す。すなわち、経験的には複数のタイプの作動によって自己再生産する機能システムが存在あるいは登場するかもしれないという可能性に対する不注意を生み出す。ルーマンの概念はこの可能性をアプリオリに排除し、したがって経験的事実に対する敏感さの欠落をもたらす。たとえば、ルーマンであれば経済のコードと科学のコードの衝突という観点から分析するかもしれない事態が、経済的にして科学的という二重の作動様式によって組織化される新しいタイプのシステムの誕生として分析した方が適切ということがあるかもしれないのである。

第三の盲点はシステムと環境の関係に関わる。構造的カップリングとか相互浸透といった概念を提起しているものの、〈システム／システム〉関係も含めて、システムがその環境とどのように関係しているのか理解しようとすると、ルーマンの理論が提供してくれるものはきわめてわずかであるという印象は免れがたい。システム理論は、システムの内部のプロセスについては洗練された説明を提示しているのに、システムの外部との関係の記述の方は説得力に乏しく未発達のままである。理論的概念としても、ルーマン（およびその他の人）が提示した特定の経験的分析においても、構造的カップリングはしばしば「魔法の」概念として働きがちである。関係についての話はいつも構造的にカップリングしているで終わる。しかし、システムは構造的にカップリングしていると主張したからといって、それで実質的にどれほどのことが言われたことになるのかと、批判的に問いたくなるであろう。カップリングがどのように生じ、発展し、維持され等々するのか、そしてそれぞれにどのような特別な意味があるのか、それらを詳細に示す方がずっと面白いのではないだろうか。これに関連して、カップリングは二値的なやり方（存在しているか否か）で分析されるべきなのだろうか、それとも、あるカップリングは他のカップリングよりも強力であるといった具合に、カップリングが強さの程度に左右されることはありうるのだろうか。これらの問いはルーマンの理論においてはほとんど探究されないままである。こうした批判的反省は、〈システム／環境〉および〈システム／システム〉関係は社会学的なシステム理論のパラメーターでは適切に理解することができないということを言いたいがためになされているのではない。これは、ルーマンの理論には、理論的にも経験的にも、より説得的な（より曖昧さの少ない）解決を待っている側面がまだまだあるということをあらわしているにすぎない。

以上のもの以外にも盲点を指摘することはできるであろう。直前に言及したことを改めて取り上げるならば、強度はルーマンが二値的論理を強調することで生じる盲点である。ルーマンにとってはいつでも一方か他方か（システム／環境、政府／野党、支払い／非支払い等々）が問題であって、より多くとかより少なくといった程度の差が問題になることはごくまれである。さらに、感情の社会的役割についてもルーマンはほとんど黙して語らない。最近、社会理論の分野で、全面的な「感情論的転回」が宣言されているが［たとえばClough and Halley 2007］、それは感情の社会的役割を研究するものである。さまざまな研究がなされているが、とりわけ経済において、製品のデザインが顧客に商品に対する愛着を抱いてもらえることを目指してなされるとき、感情はどのように操作されるのかということが研究されている。この分野の文献において重視されていることの一つは、感情はたんなる個人的現象ではなく、むしろ社会的事象であるということである。ルーマンの著作においては、ときおり感性や感情について論評がなされているが、ルーマンは自分の社会学において感情に確固とした位置づけを与えていないというルク・チョンピ[2004]の主張は正しい。より正確に言えば、ルーマンはたしかに感情や感性について考察しているが、それらをたんに「前社会的」で、個人的で、意識に固有の現象と見なし、明らかに社会的な現象であるとは考えていない。つまり、ルーマンは感情の真に社会的性格に対して盲目である[Staubmann 2004]。最後に、物質性もルーマンの理論における盲点であると言うことができるかもしれない。社会性をコミュニケーションとしてのみ定義したために、ルーマンは物質性が(ある程度空間性と似て)どのように作用してコミュニケーションを条件づけるかという問題を無視した。

以上のような盲点があるということに対して、私たちはどのような方策をとればよいのだろうか。二つの選択肢がありうる。一つは、ルーマンの理論枠組みを用いることが最適である問題を研究するときにはルーマンの枠組みを支持し(たとえば、機能主義、二次観察、機能的分化を適用することが有意義な場合はそれらを適用する)、ルーマンの枠組みがあまり適さない問題(空間、感情、物質性等々)の場合は別の社会学者に依拠することである。結局これは一種の特化論であろう。つまり、これについてはルーマンが適しているが、それについてはラトゥール、ハーバーマス等々が適している、といった考え方である。もう一つの選択肢は、ルーマン理論の盲点を真剣に受け止め、それに内在的に、つまりシステム理論の諸命題を基礎に、対処するように努めることである。こちらの選択肢は、ルーマンが提示した理論体系の改良を目指しながら、確認された弱点に対応する試みということになろう。私は以下で、本書を終えるにあたってルーマンの遺産をどう引き継ぐかということについて所見を述べるが、そこで論じるように、私の見解では、上記の選択肢のうち後者こそがルーマンの理論活動のやり方に最も合致する選択肢である。

ルーマンの志を受け継ぐ

ルーマンの主要な遺産が見いだされるのは特定の分析や概念装置においてだけでないことは、ほぼ間違いない。理論化に対する彼の態度こそがルーマンの主要な遺産かもしれない。ルーマンの理論活動の特徴は、その並外れた折衷主義である。すなわち、社会学、哲学、サイバネティックス、生物学等々、さまざまな分野から、ルーマンが自分自身の試みに役立つと思うかぎりで、さまざまなアイディアや建築ブロックとしての概念を借用し、それを自己の理論という建造物に組み込んだ［King and Thornhill 2003: 204-6も参照］。ルーマンにとっては、彼の理論の基礎であるシステムと環境の区別だけが不可侵で、それ以外のすべての部品については、改良や修正は自由である

（ただし、当然ながら、ルーマン自身は研究者人生を通じて特定の見解を支持した）。また、この修正が、すぐには同化できないくらい異質な理論的伝統（たとえばパーソンズ、マトゥラーナ、デリダ）からアイディアを借用することであっても、ルーマンにとっては問題でなかった。

折衷主義は、調和しない要素を一緒にしてしまうかもしれないので、高い代償を払うことになるものである。しかし、ルーマンの折衷主義は、その誤りをあげつらうよりも称賛されるべきだと私は思う。なぜなら、それは、並外れて自由な精神にもとづいて社会学を展開している証拠だからであり、この自由な精神にもとづくやり方が、ルーマンの場合は途方もない理論的創造力と数多くの刺激的アイディアを生み出したからである。したがって、ルーマンの志を受け継ぐとすれば、それには、彼の理論活動の核心にある生産的折衷主義への招待を受けることも含まれるであろう。このことは、より実質的にはつぎのことを意味する。すなわち、ルーマンは社会学のグランド・セオリーを展開したが、彼の理論化に対する態度が示唆しているのは、システム理論によって理論活動を行うということは、誰もが自由に彼が展開した理論に新たな理論的知見を結合して、それをいっそう発展させつづけるように誘うことを意味するということである。したがって、ルーマンのシステム理論を、残された状態のままに保つべき不変の、ミイラ化した代物のように扱うのはやめよう。社会学的想像力を強化するために、さまざまな知見を摂取しながら理論をいっそう精緻に展開しつづけること、これこそがルーマン自身の精神にかなうことであろう。

第1章

［原注］

＊1――早い時期に書かれたルーマンのテキストが死後出版された際、編集者アンドレ・キーセアリンクはその注釈において、このテキストは一九六九年にビーレフェルト大学での最初のゼミナールの一つのために用意されたものだと書いているが［Kieserling 2008: 94］、それは間違いである。この不正確さに対する私の注意を喚起し、この点も含めてルーマンの初期の経歴をくわしくご教示いただいたディルク・ベッカー氏に感謝申し上げる。

＊2――ルーマンは、わざとハーバーマスの言葉づかいをまねてつぎのように皮肉な言い方をしている。「システム理論は、理性と支配から自らを解放した」［1971b: 401］。

＊3――これはまさにルーマンの機能主義的方法から帰結する。その方法によれば、問題とその解決策との間に真の関係があるわけではない。第4章と第5章でくわしく論じるように、社会的世界に対する真の見方がただ一つあるという考え方の拒否は、社会が多くの自己言及的システムに分化したことの帰結でもある。

＊4――社会学の分野以外でのルーマンの著作の受容については、de Berg and Schmidt［2000］が詳細に調べている。

[訳注]

†1――原語（英語）はserene enlightenmentであり、日本語に訳せば「澄んだ啓蒙」とか「落ち着いた啓蒙」といったところである。しかし、ドイツ語辞典でabgeklärtを引くと、「(人生経験を経て）心の澄み切った、円熟の境地に達した……」とあり、「限界の自覚」との関係では「澄んだ」よりは「円熟した」の方が適切と判断した。sereneに「円熟した」という訳はないようだが、以下においてもsereneが「啓蒙」を修飾する言葉として使われているところでは「円熟した」と訳す。

第2章

[原注]

＊1――ルーマンは、社会システムについての自らの考察が「人間が存在するということを否定していないし、地球上の異なる地域の生活条件がまったく異なるということも否定していない。ただ、そうした事実から社会の定義にとっての何らかの基準を導き出すことを控えるだけである」と主張している［1997a: 35; Luhmann in Moeller 2006: 238-9. 強調は引用者］。

＊2――少なくともルーマンの構想においては存在できない。システムについての早い時期の概念では、全体に言及していたし、その全体は部分から成り立っているとされていた。〈システム／環境〉という区別の利点は、システムの内部のダイナミクスと、システムとシステムの外部との関係を同時に論じられることである。システムを〈全体／部分〉という関係によって成り立っていると見なすことについての議論はLuhmann［1995g: 5-8］を参照。

＊3――自我と他我の概念については、以下でコミュニケーションについてのルーマンの理解を論じる際に、改めて取り上げる。

＊4――ルーマンはこのことを、オートポイエーシスは進化の産物であるということを示唆しながら強調しているが、進化の過程ではオートポイエーシスは程度の問題とされている［たとえば Teubner 1993: 27］。

＊5――アンドレアス・フィリポポロス－ミハロポロスは、ルーマンの著作を脱構築的に読むという興味深い試みにおいて、システム理論の内部においても、主要な関心は環境に向けられるべきだと論じている［Philippopoulos-Mihalopoulos 2010 参照］。

＊6――図2・1には、社会システムの主要な三種類が載っている。相互行為、組織、社会（全体社会）である。これらの区別については第4章で改めて論じる（三一二頁訳注2も参照）。

＊7――ルーマンによれば、「自我と他我（もう一人の自我）という概念は、役割や人格、あるいはシステムをあらわすものではなく、有意味な言及を集めて結合する特別な地平をあらわす」［1995g: 80-1］。このように自我と他我は「解釈上の可能性」［1995g: 80］を意味するということだが、ルーマン自身の例はたいてい自我と他我を人格またはシステムとして扱っている。

＊8――コミュニケーションが行為に依存するということでの議論について、洞察に富んだ分析を展開しているものとして Stäheli［2000b］を参照。シュテーヘリは、ルーマンが彼のコミュニケーション理論の中に行為を再導入したことは不必要であるだけでなく、しっかりとしたコミュニケーション理論を土台にして社会学を展開すべきだという提案のラディカルさを減じるものであり、後者の点がとくに問題だと論じている。

*9――ルーマンは、フッサールの現象学に触発されたことと相違点についてLuhmann［1986; 1996］で言及している。

*10――近年、類似の主張が、ルーマンを高く評価するドイツの哲学者ペーター・スローテアディィクによってなされている（スローテアディィクとルーマンについて論じたものとしてBorch［2008］参照）。スローテアディィクは近代社会を気泡体foam，つまり小さな気泡の複雑な絡まり合いとして記述するグランド・セオリーを提案している。スローテアディィクによれば、気泡体という概念の利点の一つは、政治的に大歓迎されて動員されるということになりにくいことである［Sloterdijk 2004: 866］。もっと多くの気泡とか新しい泡沫とかを欲する政治家がいるだろうが。

*11――ルーマンは最初期の著作では反人間主義のプログラムを展開しようとしていたわけではないということは確認しておこう。その正反対で、Schimank［1996: 137］が観察しているように、ルーマンは、人間を自らの社会学的分析の準拠点に格上げする人類学的立場をとっていた。とくにLuhmann［1970: 131, n. 9］参照。

*12――ルーマンが論じているのは社会の第一義的な分化様式についてであるということを確認しておくことは重要である。近代の機能的に分化した社会においても、環節的分化や階層的分化の要素を見いだすことは十分可能である。たとえば、マフィアは、機能的に分化した社会における環節的分化の具体例である［Luhmann 1995d: 251-8 参照］。

［訳注］

†1──「想定している」と訳した原語はassumeで、たとえば『ジーニアス英和大辞典』（大修館書店）には、「〈人が〉〈事〉を（明確な根拠はなくても）想定する、憶測する、……を本当〔確か〕だと思う」とある。ドイツ語原語はausgehenで、佐藤勉監訳書では「〜から出発している」と訳されている。訳文としては「出発している」がわかりやすいと思うが、英語の辞書にはない訳語であることやつぎの文とのつながりを考慮して「想定している」と訳した。

†2──本書ではthe human subjectという表記が数カ所出てくる。subjectは「主体」と訳したいところだが、直後に出てくる「私の左足」という例は、通常の日本語で「主体」という語を聞いたときに、その一部をなすものとして連想するようなものではないと思われる。そこで、ここでは「主体」という訳語は避けて、たんに「人間」と訳した。ほかのところでは「人間主体」などと訳した。

†3──原語はmateriality continuum. ここや九一頁の「相互浸透」についての説明を読むと、心理システムそのものが、社会システムのmateriality continuumに含まれると著者は理解しているように思われる。しかし、この言葉は、たとえば脳という心理システムと社会システムに共通の（＝連続している）物質的基盤をあらわしているのではないかと思う。著者が出典箇所として挙げているLuhmann 1997a: 100は、システムの境界の存立は境界をまたぐ物質的連結性を前提としている、という主旨と思われるので、それを踏まえて、このように訳しておく。

†4──「(相手あるいは他者の）予期を（私が）予期する」という事態をreflexiveと表現している。

私見ではぴったりの日本語はない。「反省的」と訳したところもあるが、通常の日本語では「相手の予期を反省する」とは言わないので、ここは「反省的」とは訳しにくかった。英和辞典に載っている訳語では、「再帰的」よりは「反射的」の方がまだ近いと判断し、そのうえで日本語辞典に載っているような「反射」の意味の想起を回避することを意図して「反照的」と訳しておく。

†5――英文はby self-contact, 独文はim Selbstkontaktで前置詞が微妙に違う。ドイツ語原文の方をとって「ながら」と訳しておく。

†6――英文ではexpecting those actionsとなっていてthoseの意味が不明だが、ドイツ語原文はErwartung anderen Handelnsなので「他者の行為」と訳した。

†7――「コミュニケーション」と訳した部分の原語はunderstanding（理解）であるが、著者の勘違いで、かつ校正もれと判断した。

†8――引用元の英訳書ではby her and her aloneとなっているところが、本書ではby him and herとなっている。著者は何も断っていないが、名詞に性があるドイツ語とない英語に由来する誤訳と判断しての修正と思われる。by him and herで大きな問題はないが、and her aloneと英訳してある部分が欠落してしまうので、ドイツ語原文に従って訳しておく。

†9――論旨を踏まえれば「システムに依拠しない個性」とでも訳したいところだが、原語がキーワードとして流布しているexclusionであることがわからなくなることも問題と考え、日本語としては意味不明という印象を与えるか誤解を与える可能性があるが、直訳調で訳した。

第3章

[原注]

＊1――ルーマンがスペンサー＝ブラウンに依拠している点について論じているものとしては、Baecker［1993］, Luhmann［1988d; 1999a］, Borch［2000］を参照。以下の論述は部分的には最後の文献を下敷きにしている。

＊2――この点が、観察と知覚の決定的な違いだとルーマンは述べている。知覚は「形式をもたない区別 unformed distinctions」にすぎない。つまり、何らかの知覚像を獲得するが、それは二つの側をもつ区別にもとづいてではない［Luhmann 2000a: 28］。しかし、知覚は観察の背景をなしているかもしれないし、一方の側が指し示される区別の導入を引き起こすことができる。

＊3――ここにアーヴィング・ゴッフマンの『フレーム分析』との類似性を見ることができるかもしれない［Borch 2000: 110 参照］。ゴッフマンがこの本で分析しようとした問題は、相互行為する人々が、繰り返し直面する根本的問い、すなわち「ここで今何が起こっているのか」という問いにどのように対処しようとするのかという問題である［Goffman 1974: 8］。ゴッフマンによれば、個別の状況がはめこまれるフレームを考慮に入れることによってしか、この問いに答えることはできない。個別の状況において適切に行為できるためには、適用される区別のコンテクストを知っていなければならない。フレームが変化すれば、それに応じて区別の意味も変化する（ゴッフマンはそれを「キーイング keying」と呼んでいる。1974: 43-5参照）。ゴッフマンとルーマンを合体させて、いかなる区別もそれ自身のフレームをもっていると言うことができるかもしれない。通常、人々は、それぞれの瞬間に作動しているフレームを意

識している。したがって、適切にフレームを分析することは誰もが従うべきルールであり、誤った解釈をすれば何らかの制裁を受けるかもしれない。

＊4——一次観察から二次観察への移行は、『形式の法則』の限界を際立たせる。スペンサー＝ブラウンの論文は、一次観察を、つまり一次観察者がどのように区別を設けるかを論述するものと見なすことができるが、一次以外の高次の存在を、つまり再参入された形式の存在を認めていた [Esposito 1993: 101]。しかし、『形式の法則』は、そのような高次の形式化を提供していない。エレーナ・エスポジトによれば、二次観察の形式化のためには、マークされた状態とマークのない状態とを越えた第三の（架空のものではない）値が必要である [Esposito 1991: 54]。ルーマンがこうした論理的問題について論じる際しばしば言及するドイツ人論理学者ゴットハルト・ギュンターは、二次観察の形式化に使えるかもしれない多値論理の展開を試みてきている（ギュンターの著作について論じたものとしてKlagenfurt 1995参照）。ルーマンは、ギュンターがこの試みに成功しているとは思っておらず、したがってギュンターの主要な功績は正しい問題の定式化を行った点にあるのであって、その問題に対する適切な解決策を発見したわけではないと見なしている。

＊5——ルーマンは、まれにだが、はっきりと三次観察について論じている [たとえば2000a: 61]。

＊6——ルーマンとタルドの関係についてはBorch [2005c] 参照。

＊7——ルーマンを継承して研究をしている多くの学者が、システム理論とデリダの脱構築とをどのように関係づけるかということを論じつづけている。たとえば、Philippopoulos-Mihalopoulos [2010], Rasch [2000], Stäheli [2000a], Teubner [2001] 参照。

[訳注]

†1――「観察者たち」と訳したところの原語はobserversだが、これはobserverの間違い、あるいは校正もれと判断した。いちいち断らないが、ほかにも同じ間違いと思われる箇所が本章中に若干あり、訳者の判断で訂正した。

†2――原語はoperative epistemologyだが、「作動に注目した」あるいは「作動中心の」という意味をあらわすために「作動主義的」と訳した。

第4章

[原注]

＊1――晩年のいくつかの著作で、ルーマン[1997a: 847ff.]は、相互行為、組織、全体社会への分化と並んで、抵抗運動（たとえば、グリーンピース）が独自の種類のシステムをなすかもしれないということを示唆した。しかし、抵抗運動というシステムの候補については、以下では論じない。

＊2――とはいえ、社会システムの鍵概念であるコミュニケーションが、ミクロ、メソ、マクロといった通常の区別のいずれにも関わるのだから、ここでの対応の話はあくまでも大まかな話である。コミュニケーションを成り立たせている情報、伝達、理解の三重の選択は、ミクロの現象でもメソの現象でもマクロの現象でもない。コミュニケーションはこれらのレベルのすべてを同時に作動させるのであり、いずれかのレベルに還元することはできない。コミュニケーションはそのようなレベルの区別とは関係なく行われる。

＊3——ルーマンがゴッフマンから大いに示唆を受けていることは明白だし、ゴッフマンはシステム理論に近いことを言っているとさえ論じている［Luhmann 1975b: 34, n. 11］。

＊4——とはいえ、システム理論による相互行為の本格的な分析がないわけではない。Kieserling［1999］参照。

＊5——ルーマンの組織概念の分析に関してはBakken and Hernes［2003］, Seidl and Becker［2006］参照。

＊6——たとえば、介護と支援の機能システムが認知されるようになってきたのと同様に［Baecker 1994］、スポーツを独自の機能システムと見なすことに賛成している研究者もいる［Bette 1999; Stichweh 1990］。

＊7——パラドクスと脱パラドクス化に大いに関心があるルーマンは、バイナリーコードを使いつづけることで、あらゆるコードの特徴である——とルーマンは主張する［たとえば1989a: 39］——潜在的なパラドクスを、実践的に脱パラドクス化することに成功しているということを強調する。この潜在的なパラドクスは、コードをそれ自身に適用すると、明らかになる。たとえば、真と偽の区別それ自体は真なのであろうか。合法と違法（法システムのコード）を区別することは合法なのだろうか等々。機能システムは、日常の作動においてコードを使用することで、このパラドクスを展開する（「無視する」と読むべし）のであり、コードをそれ自身に向けることはない。

＊8——ルーマンは、道徳が独自の機能システムとして進化することはなかったと主張する。とはいえ、道徳はコミュニケーションの特殊な形式をなしている。すなわち、各人に尊敬または軽

蔑を帰属させることに関わっている。この道徳的コミュニケーションは、いかなる分野にも適用できる。たとえば、政治家の言動が道義に反すると見なされることがあり、そうなると尊敬よりは軽蔑を招くことになる。同じように動物実験を必要とする科学的研究も不道徳と見なされることがあり、個別の科学者に対する軽蔑を生み出す。このように道徳的コミュニケーションが特定の分野に限定されることなく適用されるがゆえに、道徳が独自の機能システムとして発展することがなかったのだとルーマンは言う［2008c 参照］。しかし、だからこそ、あらゆる分野が道徳的コミュニケーションの対象になりうるという事実にもかかわらず、さまざまな機能システムのバイナリーコードが道徳的コード化に応じるというふうにはならないのであり、ここではその点こそが決定的に重要である。

＊9——これが、ルーマンの理論とパーソンズが提案したこととを分かつ決定的なポイントである。パーソンズも象徴的に一般化されたメディアの理論を展開したが、彼はシステムの分化がそれぞれのメディアの発達に先行すると主張した。ルーマンから見てこの主張の問題点は、パーソンズの理論が経験的事実に対して鈍感になってしまうことである。パーソンズの場合、メディアは彼が認定する四つのサブシステムから演繹されたものにすぎない。これに対して、ルーマンによれば、メディアがいくつあるかは経験的問題であり、理論的に演繹できる問題ではない［Luhmann 1976: 515］。

＊10——例外は、バイナリーコードへと発展することがなく、したがって独自の機能システムを発展させることもなかった諸価値である。諸価値がこのように発展しなかったことも、ルーマンが諸価値を他のメディアに並ぶ象徴的に一般化されたメディアとして扱うことをためらった

理由である。

＊11――権力保持者と権力服従者という概念は、権力についてのルーマンの本を英訳したものから採用したが、これらの概念は、ルーマンが、権力を所有されうるものであるかのように理解してはならないと論じていることを曖昧にするきらいがある（第6章参照）。

＊12――ルーマンの法社会学に関して、より詳細な議論に関心を抱かれた読者は、以下の優れた分析を参照されるようお勧めする。King and Thornhill [2003], Nobles and Schiff [2004], Philippopoulos-Mihalopoulos [2010], Teubner [1993]。

＊13――経済システムに関するルーマンの最も重要な議論は『社会の経済』[1988b] で展開されている。この本全体の英訳はないが、いくつかの部分訳がある。Luhmann [1982b; 1997b] 参照。システム理論がどのように経済社会学に貢献できるかということに関する議論と具体的論証については、Dirk Baecker [1991] とJens Beckert [2002] 参照。

＊14――ルーマンとマルクスの関係に関する広範な議論を展開しているものとしてPahl [2008] 参照。

＊15――ルーマンは自分の機能的分化の理論がいかにヴェーバーの遺産を継承するものであるかをはっきりと認めているが［たとえば1987b: 19］、ルーマンの理論とヴェーバーの理論を比較することに対しては、どのようなものであれ、きわめて批判的である。ルーマンはあるインタヴューで、「私の理論的見解とヴェーバーのそれとの間には（ほとんど）何の関係もないと思います」と述べている［Sciulli 1994: 44］。

＊16――これとは異なる統合問題へのアプローチは、第5章で包摂と排除について検討する際に取り上げる。

[訳注]

†1――interactionを「相互作用」と訳すべきかは迷うところである。ルーマンが「行為」概念ではなく「コミュニケーション」概念を基礎に理論展開していることを踏まえれば、「相互行為」という訳語はさけた方がよいかもしれないが、日本語としては「相互行為」の方がわかりやすいと判断し、その点を優先して「相互行為」と訳しておく。

†2――図2・1（五〇頁）にあるように、Social Systemsが上位概念で、その下位概念としてInteractions, Organisations, Societiesの三者が区別されている。Societiesは「社会」と訳すのが一般的だが、そうすると上位概念の「社会システム」の「社会」との区別が曖昧になる。また、ここで紹介しているように、Societiesには「コミュニケーションの総体」といった独特の定義が与えられている。以上を踏まえて、Societiesは「全体社会」と訳すことが慣行化している。

問題は、societyという単語が出てきたらすべて機械的に「全体社会」と訳すべきかどうかである。つまり、当然ながら、Interactions, Organisations, Societiesの区別があまり問題になっていない。したがって著者がその区別をどれくらい意識しているのかはっきりしない文脈でもsocietyという単語が頻出する。その場合でも「全体社会」と訳してしまうと、この単語にあまり馴染みがない読者にとっては、かえって唐突あるいは奇異に感じられることが危惧される。ましてや、modern societyを「近代全体社会」を訳すわけにもいかない。他方で、日本語で「社会」という単語を見たとき、「相互行為」や「組織」を思い浮かべる人はほとんどおらず、「日本の社会」のような使用例を思い浮かべるのが一般的ではなかろうか

(「経済社会」のような使い方もあるが)。そのような想起は、コミュニケーションの総体としてのsocietyのイメージとして、大きな問題はないと思われる(グローバル化の時代において「全体社会」は結局「世界社会」であるという議論はあるが)。とすれば、societyをたんに「社会」と訳しても、致命的な欠陥があるとは言えない(読者のみなさんが図2・1の区別を知っていれば、なおさら問題ない)。

そこで、本書ではInteractions, Organisations, Societiesの区別が話題になっている文脈では「全体社会」と訳し、その区別があまり問題になっていないところ、また「社会」と訳して大きな問題はないと思われるところでは、日本語としての自然さを優先してたんに「社会」と訳すことにする(ここまでもそのように訳してきた)。こういう方針をとった場合の問題は、上で言及したようにsocial systemsやsocial theoryを「社会システム」「社会理論」と訳した場合の「社会」(つまり原語は形容詞)との区別がつかないことである。そこで、ごくまれにしか出てこないが「全体社会というシステム」をあらわす場合は「全体社会システム」と訳した。したがって、「社会システム」という表記が出てきたらすべてsocial systemsの訳である。

同様に、登場数は少ないがsocial theoryも厄介である。ドイツ語であればsozialとgesellschaftlichの二つの形容詞を使い分けることができる(あるいはGesellschaftstheorieのように二つの名詞をつなげてしまう)が、たぶん英語ではそのような区別ができない(本書ではsocietalが「全体社会」の形容詞として使われている可能性があるが、この形容詞が出てくるのは一部の章だけであり、著者が本書全体を通じて自覚的に使い分けているという確信はもてなかった)。したがって、social theoryは図2・1のSocial Systemsのレベルの理論なのか、その下位区分としてのSocietiesのレベルの理論なのか、それとも両者を含む(あるいはそのような区別を意識していない)のか、はっきりしない。ただし、文脈から判断すれば、「全体社会の理論」の意味でsocial theoryと表記しているようである。全体社会の機能的分化もsocial differentiationと表記しているので、socialという形容詞はまさにsocietyの形容詞として使用するのが一般的なのであろう。

ちなみに、類似のことはしばしば登場するthe socialでも問題になる。「社会的なもの・こと」くらいにしか訳しようがないが、どんな事態をイメージすればよいのか、はっきりしない。本書では「社会的」と形容しうるものの総体を指しているように読めるが(著者によっては、もう少し特殊な意味をこめているように思われる場合もある)、何をもって「社会的」と形容するのか、その核心部分がはっきりしないのである。

読者のみなさんには、以上のような方針と事情を頭の片隅に置いて読んでいただければ幸いである。

†3——原語はsystem references. referenceも訳しにくい単語である。「自己言及」に合わせて「システム言及」と訳しても日本語としてはほとんど意味不明である。以下の引用を踏まえて、ここは「関係」と訳した。

†4——AとEはalter(他我)とego(自我)の頭文字、eとaはexperience(体験)とaction(行為)の頭文字である。なお、著者の地の文では「自我の選択が他我によって自分自身の選択の前提として受け入れられる」となっているようにE→Aであるが、引用されているルー

マンの文章ではA→Eである。本書七八頁に、ルーマンは「通常の〈他我－自我〉関係を逆転して、自我をコミュニケーションの受け手、他我を発言者としている」という記述があることから推察すれば、著者は「通常の」論じ方をしたということであろう。

第5章

［原注］

＊1――しかし、さまざまな機能システムがますます二次観察に注目するという共通の傾向があるとルーマンは言う。たとえば、政治システムは、世界を、それが世論によってどのように観察されるだろうかという観点から観察し、芸術家は、芸術作品が鑑賞者によってどのように観察されるだろうかということについての見方をともなう芸術作品をつくる等々［Luhmann 1997a: 766-7］。

＊2――このような無視ゆえに、象徴的に一般化されたコミュニケーション・メディアは極悪非道なメディアと見なすことも可能かもしれないとルーマンは言う。つまり特定のものだけを重視し、それ以外の一切を考慮しないなどというのは極悪非道と言えなくもないということである［1988b: 245参照］。

第6章

［原注］

＊1――キングとソーンヒルは、福祉国家における脱分化が、政治システムの内的分化の次元でも起

こっていることをルーマンが観察していることに注目している。福祉国家はますます多くの規制を実施しなければならないという重荷を背負うことで、つぎのような事態が生じる可能性をルーマンの分析は示唆する。「福祉国家は、政治システムの核心部分で機能的分化を侵食する。そして、行政と政治とを融合して一つの特権的まとまりにしてしまう傾向がある。それによって、それらが分離していることで対抗勢力をなし、抑制と均衡が働くという事態を消滅させる」[King and Thornhill 2003: 81]。

＊2——以下の部分は、Borch [2005b] に依拠している。同稿はルーマンの権力理論についての広範な議論を提示している。

[訳注]

†1——conductは名詞としては「行為」という意味と「指揮、管理、運営」などの意味がある。動詞としては「導く」が第一義である。以下の説明を読んでもconduct of conductがこの二義を意識した表現であることがわかる。そこで「行為の誘導」等の訳が考えられるが、それだとわざわざconductあるいはactionを重ねた表現をしているという肝心な点が伝わらない。そこで、「行為を誘導する行為」と訳しておく。それに合わせてaction upon actionは「行為に働きかける行為」と訳しておく。

訳者あとがき

本書は、Christian Borch, *Niklas Luhmann*, Routledge, 2011 の全訳である。著者は一九七三年生まれということなので、三七歳か三八歳で本書を出版したことになり、新進気鋭の研究者である。インターネットで彼の名前を入力して検索すると、すぐにCBS（コペンハーゲン・ビジネス・スクール）の彼のホームページが出てくる。彼の動画もあり、これまで発表した論文のデータなども載っているので、関心のある方はそちらをのぞいてみていただきたい。

さて、一九九八年にルーマンが亡くなってから、早一六年が経とうとしている。本書でも当然ながらルーマンの驚異的な多産ぶりに触れ、死後出版があいついでいることも紹介しているが、それに呼応するかのように日本でも、分厚い翻訳書が、しかも二巻本（『社会の社会』『社会の科学』）、三巻本（『社会構造とゼマンティク』）といった大著を含めて、つぎつぎと刊行されている。翻訳大国日本の面目躍如といったところだが、それにしても、この多さは突出している。ましてや現代の理論家で「用語集」まで出版される著者はきわめてまれである。今さら言うまでもないことだが、それほど難解でもあるということである。

ルーマンが扱った分野やテーマが膨大だったことに応じて、さまざまな分野の日本人および外国人研究者による著書や論文集もすでに相当数あるが、それらはそれらでかなり難しい。「入門書」が切望される所以である。しかし、カントやヘーゲルの入門書を著すことが難題であるように、ルーマンの入門書を書くことも、相当難しい作業のはずである。基本的な概念と論理を解説する、膨大な分野に及ぶルーマンの業績の全体を一通り紹介する、ルーマンの理論の発展段階も論じる、理論のアクチュアリティと魅力も伝える、批判と残された課題などにも触れる……、それらを少ない紙数で、やさしく。こう書いただけでも、ルーマンの入門書を書くことが、いくつもの難しい「選択」(ルーマンのキーワードの一つ)を迫られるものであることがわかるであろう。ある程度、広く浅くになるのは避けられないだろうし、いまひとつ物足りないと感じるような内容になっても仕方のないところである。

ところが、ルーマンの受容がそれほど活発でないと本文中で紹介されている英語圏で出版された本書は、原書で本文約一四〇頁という小著でありながら、なかなか内容の充実した入門書だな、という読後感を与える本である。たまたま訳者個人の興味関心に合っていた、といった個人的バイアスを割り引いても、なかなか充実した入門書だと思う。

最初の「謝辞」を見ると、別々に発表した論文をまとめ、それに新たに書き加えて本書ができあがったのであろうから、つまり、最初から単行本として出版することを予定して内容と構成が考えられていたわけではない可能性が高いので、結果的にたまたま、ということかもしれないが、私たち読者にはたいへんありがたい「たまたま」である。じつは、ルーマンがビーレフェルト大学を退官した一九九三年に出版され、早くも九五年には邦訳が出たゲオルク・クニールとアルミン・ナセヒの『ルーマン 社会システム理論』(新泉社)という、これまたたいへん優れた入門書がすでに存在する。本書と併せて一読することをお薦めしたいので、それとの違いにも触れながら、どういった点が充実していると感じさせるのか、何点か挙げてみようと思う。

一点目は、何と言っても取り上げている話題、事項の多さ、要するに「情報」量の多さである。クニールとナセヒの著作が取り上げていて本書で取り上げていない事項ももちろんあるが、言及している事項の多さは本書の方が圧倒的に多い。クニールらの著作ではまったくかほとんど触れていない事項で印象的なものをいくつか挙げてみる。

ルーマンがごく短期間ながらフランクフルト大学のアドルノのポストに就いていたなどという驚きのエピソード、ルーマンが自己の理論の対照相手をハーバーマスから次第にデリダへと変えたという話、スペンサー＝ブラウンの『形式の法則』の比較的くわしい紹介、「コードの衝突」や「象徴的に一般化されたコミュニケーション・メディア」と各「機能システム」の一通りの紹介を含めた近代社会の機能的分化とその帰結に関するかなりくわしい紹介、たぶん多くの人が気になっているルーマン理論の規範的立場の考察(実質的に新自由主義者だ！）、環境問題のように複数の機能システムにまたがる問題への対処に関しては組織に期待がかかるということになるのではという示唆、「どちらかというと素人っぽい、少々観光旅行者的な趣のフィールドワークにすっかり魅了されている」などという批判的コメントも紹介されているルーマン晩年の「包摂／排除」の議論の紹介、フーコーを援用しての権力論の突っ込んだ議論等々。

もちろん、ルーマン没後一〇年以上経っての本なので、ルーマンの全著作の概観や段階区分の議論（第三段階という独自の主張を含む）があり、最後には総括的な「主要な業績」と「盲点」と、どういう態度でルーマン理論を継承するかということもしっかり書いてある。

二点目は、さまざまな事項に言及しているとはいえ、とくに近代社会の機能的分化とその帰結に二つの章、政治システムに一章を割いて、それぞれくわしく紹介あるいは論じていることである。ルーマンのように包括的で体系的な理論を展開しようとする理論家に興味をもつ人の多くは、結局のところ私たちが生きている現代社会を総体としてどう把握したらよいのかという問題（全体社会の自己記述）に関心があるのではないかと思うが、前者はそれに応えるものである。後者の政治あるいは権力論も、社会学ではきわめてポピュラーなテーマであり、ルーマンの福祉国家に関する議論や権力論など、かなり突っ込んだ紹介と議論を行っている。

三点目として、言及されている社会学者、理論家、思想家の多さも印象的である。パーソンズとハーバーマスは当然として、マルクス、ヴェーバー、デュルケームといった古典的理論家、すでに名前の出たデリダとフーコーに加えてブルデュー、ラトゥール、バウマン、アガンベン、ベックといった現代ヨーロッパのそうそうたる理論家、思想家たち、そして日本ではまだほとんど知られていないヨーロッパの研究者たち。たいていはほんの少し触れる程度だが、それでもさまざまな文脈でルーマン理論の理解を深める手がかりを与えてくれる。これまたクニールらの著作にはない特徴である。

四点目は、入門書としては異例といってもよいくらい、ルーマン理論に対する問題点の指摘や批判的コメントが多いことである。最後の章には、ルーマンの「盲点」がまとめられているが、それ以外にも、たとえば、ルーマンの権力論の修正提案までしてしまうなどというのは、通常の入門書の守備範囲を越えていよう。また、福祉国家についての議論において、ルーマンは、一方でオートポイエーシスの論理からすればありえないと論じていることが、他方で現実に起こっている(「システムの植民地化」!)と論じていることになるのでは、という指摘や、ルーマンは存在論を嫌うが、「一つのシステムには一種類の作動のみ」というのも存在論ではないのか、という指摘など、ルーマン理論の本質的問題点(理論で現実を割り切ってしまう傾向)を突いているように思える。三点目のところで、日本ではまだほとんど知られていないヨーロッパの研究者たちも言及されていると書いたが、それらもたいていはルーマン理論の問題点の指摘という文脈で言及されている(ルーマンの理論を発展させている人の紹介もある）。もともと入門書用ではなく単独の論文として書かれた文章が基になっているからかもしれないが、三点目とあいまって、ルーマンを絶対化することなく、広い討論の世界へと目を向けるように誘ってくれる。

だいたいこんなところが、訳者が、本書はなかなか充実した入門書だと感じる特徴である。クニールらの著書が、おそらく最初から単行本用に全体の構成が考えられ、項目を絞り込んで、整然とした記述になっているのにくらべると、本書は章ごとの変化に富んでおり、項目ごとに論述の濃淡があり、全体として賑やかというか盛りだくさんという印象を受ける。繰り返しになるが、良くも悪くも単独の論文をまとめて本書ができあがったことが結果的に功を奏したのではないかと思う。

クニールらの著書や本書のような優れた入門書があるとないとでは、ルーマンの理論世界への入りやすさがぜんぜん違うはずである。本書によってルーマンの著作を読んでみよう、あるいは改めて読んでみようと思う人が少しでも増えることを願う。

最後になるが、訳者にとって本書は二冊目の単独訳となる。前回のルーマンの『エコロジーのコミュニケーション』に引き続き、新泉社の竹内将彦氏には大変お世話になった。このような優れた入門書を訳す機会を与えていただいたことに、心より感謝申し上げる。

庄司　信

von Foerster, H. (1984b) 'On Constructing a Reality', pp. 288-309 in *Observing Systems*, 2nd edn, Seaside, California: Intersystems Publications.

von Foerster, H. (1992) 'Entdecken order Erfinden: Wie läßt sich Verstehen verstehen?', pp. 41-88 in E. von Glaserfeld et al. *Einführung in den Konstruktivismus*, Munich: Piper.

Weber, M. (1920) *Gesammelte Aufsätze zur Religionssoziologie, Vol. 1*, Tübingen: J. C. B. Mohr.

Weber, M. (1978) *Economy and Society: An Outline of Interpretive Sociology*, ed. Guenther Roth and Claus Wittic, Berkeley, Los Angeles and London: University of California Press.

gabe, Vol. 2, Frankfurt am Main: Suhrkamp.（居安正訳『社会分化論』青木書店，1970年）

Sloterdijk, P.（2004）*Sphären III. Schäume*, Frankfurt am Main: Suhrkamp.

Spencer-Brown, G.（1969）*Laws of Form*, London: George Allen and Unwin.（大澤真幸・宮台真司訳『形式の法則』朝日出版社，1987年）

Stäheli, U.（2000a）*Sinnzusammenbrüche. Eine dekonstruktive Lektüre von Niklas Luhmanns Systemtheorie*, Weilerswist: Velbrück Wissenschaft.

Stäheli, U.（2000b）'Writing Action: Double Contingency and Normalization', *Distinktion* 1: 39-47.

Staubmann, H.（2004）'Der affektive Aufbau der sozialen Welt', *Soziale Systeme* 10(1): 140-58.

Stichweh, R.（1990）'Sport — Ausdifferenzierung, Funktion, Code', *Sportwissenschaft* 20: 373-89.

Stichweh, R.（1998）'Raum, Region und Stadt in der Systemtheorie', *Soziale Systeme* 4(2): 341-58.

Stichweh, R.（2002）'Strangers, Inclusions, and Identities', *Soziale Systeme* 8(1): 101-09.

Tarde, G.（1962）*The Laws of Imitation*, Gloucester, Massachusetts: Peter Smith.（池田祥英・村澤真保呂訳『模倣の法則』河出書房新社，2007年）

Teubner, G.（1993）*Law as an Autopoietic System*, trans. Anne Bankowska and Ruth Adler, Oxford: Blackwell.（土方透・野﨑和義訳『オートポイエーシス・システムとしての法』未來社，1994年）

Teubner, G.（2001）'Economics of Gift — Positivity of Justice: The Mutual Paranoia of Jacques Derrida and Niklas Luhmann', *Theory, Culture & Society* 18(1): 29-47.

Thornhill, C.（2006）'Niklas Luhmann: A Sociological Transformation of Political Legitimacy?', *Distinktion* 13: 33-53.

von Foerster, H.（1984a）*Observing Systems*, 2nd edn, Seaside, California: Intersystems Publications.

Parsons, T. and Smelser, N. J. (1956) *Economy and Society*, London: Routledge and Kegan Paul. (富永健一訳『経済と社会　1・2』岩波書店，1958／59年)

Philippopoulos-Mihalopoulos, A. (2008) 'On Absence: Society's Return to Barbarians', *Soziale Systeme* 14(1): 142-56.

Philippopoulos-Mihalopoulos, A. (2010) *Niklas Luhmann: Law, justice, society*, London and New York: Routledge.

Precht, R. D. (2009) *Liebe. Ein unordentliches Gefühl*, Munich: Goldmann Verlag.

Rasch, W. (2000) *Niklas Luhmann's Modernity: The Paradoxes of Differentiation*, Stanford, California: Stanford University Press.

Reese-Schäfer, W. (1992) *Luhmann zur Einführung*, Hamburg: Junius.

Rose, N. (1996) 'Governing "advanced" liberal democracies', pp. 37-64 in A. Barry, Osborne, T. and Rose, N. (eds) *Foucault and political reason: Liberalism, neo-liberalism and rationalities of government*, Chicago, Illinois and London: University of Chicago Press.

Schaff, A. (1962) *Introduction to Semantics*, trans. Olgierd Wojtasiewicz, Oxford: Pergamon Press. (平林康之訳『意味論序説』合同出版，1969年)

Schimank, U. (1996) *Theorien gesellschaftlicher Differenzierung*, Opladen: Leske + Budrich.

Schulze, G. (1992) *Die Erlebnisgesellschaft: Kultursoziologie der Gegenwart*, Frankfurt am Main: Campus.

Sciulli, D. (1994) 'An Interview with Niklas Luhmann', *Theory, Culture & Society* 11(2): 37-68.

Seidl, D. and Becker, K. H. (2006) 'Organizations as Distinction Generating and Processing Systems: Niklas Luhmann's Contribution to Organization Studies', *Organization* 13(1): 9-35.

Simmel, G. (1989) 'Über sociale Differenzierung: Sociologische und psychologische Untersuchungen', pp. 109-295 in *Georg Simmel Gesamtaus-*

neapolis: University of Minnesota Press.（小林康夫『ポスト・モダンの条件―知・社会・言語ゲーム』水声社，1989年）

Maturana, H. (1981) 'Autopoiesis', pp. 21-33 in M. Zeleny (ed.) *Autopoiesis: A Theory of Living Organization*, New York and Oxford: North Holland.

Maturana, H. (2002) 'Autopoiesis, Structural Coupling and Cognition: A history of these and other notions in the biology of cognition', *Cybernetics & Human Knowing* 9(3-4): 5-34.

Mingers, J. (2008) 'Can social systems be autopoietic? Assessing Luhmann's social theory', *Sociological Review* 50(2): 278-99.

Moeller, H. -G. (2006) *Luhmann Explained: From Souls to Systems*, Chicago and La Salle, Illinois: Open Court.

Mortensen, N. (2004) *Det paradoksale samfund. Undersøgelser af forholdet mellem individ og samfund*, Copenhagen: Hans Reitzels Forlag.

Nassehi, A. (2002) 'Exclusion Individuality or Individualization by Inclusion?', *Soziale Systeme* 8(1): 124-35.

Nassehi, A. and Nollmann, G. (eds) (2004) *Bourdieu und Luhmann. Ein Theorienvergleich*, Frankfurt am Main: Suhrkamp.（森川剛光訳『ブルデューとルーマン―理論比較の試み』新泉社，2006年）

Nobles, R. and Schiff, D. (2004) 'Introduction', pp. 1-52 in N. Luhmann *Law as a Social System*, Oxford: Oxford University Press.

Pahl, H. (2008) *Das Geld in der modernen Wirtschaft. Marx und Luhmann im Vergleich*, Frankfurt am Main and New York: Campus Verlag.

Parsons, T.(1951)*The Social System*, London: Routledge and Kegan Paul.(佐藤勉訳『社会体系論』青木書店，1974年）

Parsons, T. (1969) 'On the Concept of Political Power', pp. 352-404 in *Politics and Social Structure*, New York: The Free Press.（「政治権力概念について」新明正道監訳『政治と社会構造　上・下』誠信書房，1973／74年所収）

zen, Frankfurt am Main: Suhrkamp.（村上淳一訳『社会の教育システム』東京大学出版会，2004年）

Luhmann, N. (2002c) 'Identity — What or How?, pp. 113-27 in *Theories of Distinction: Redescribing the Descriptions of Modernity*, ed. William Rasch, Stanford, California: Stanford University Press.

Luhmann, N. (2002d) 'The Cognitive Program of Constructivism and the Reality That Remains Unknown', pp. 128-52 in *Theories of Distinction: Redescribing the Descriptions of Modernity*, ed. William Rasch, Stanford, California: Stanford University Press.

Luhmann, N. (2002e) 'What Is Communication?', pp. 155-68 in *Theories of Distinction: Redescribing the Descriptions of Modernity*, ed. William Rasch, Stanford, California: Stanford University Press.

Luhmann, N. (2002f) 'How Can the Mind Participate in Communication?, pp. 169-84 in *Theories of Distinction: Redescribing the Descriptions of Modernity*, ed. William Rasch, Stanford, California: Stanford University Press.（「意識はコミュニケーションにどう関わるか」村上淳一訳『ポストヒューマンの人間論』東京大学出版会，2007年所収）

Luhmann, N. (2002g) 'I See Something You Don't See', pp. 187-93 in *Theories of Distinction: Redescribing the Descriptions of Modernity*, ed. William Rasch, Stanford, California: Stanford University Press.

Luhmann, N. (2004) *Law as a Social System*, trans. Klaus A. Ziegert, Oxford: Oxford University Press.

Luhmann, N. (2006) 'System as Difference', *Organization* 13(1): 37-57.

Luhmann, N. (2008a) 'Beyond Barbarism', *Soziale Systeme* 14(1): 38-46.

Luhmann, N. (2008b) *Liebe: Eine Übung*, ed. André Kieserling, Frankfurt am Main: Suhrkamp.

Luhmann, N. (2008c) 'Soziologie der Moral', pp. 56-162 in *Die Moral der Gesellschaft*, ed. Detlef Horster, Frankfurt am Main: Suhrkamp.

Lyotard, J. F. (1984) *The Postmodern Condition: A Report on Knowledge*, Min-

Observations on Modernity, trans. William Whobrey, Stanford, California: Stanford University Press.（「近代社会における近代的なるもの」馬場靖雄訳『近代の観察』法政大学出版局，2003年所収）

Luhmann, N. (1998c) 'Contingency as Modern Society's Defining Attribute', pp. 44-62 in *Observations of Modernity*, trans. William Whobrey, Stanford, California: Stanford University Press.（「近代社会の固有値としての偶発性」馬場靖雄訳『近代の観察』法政大学出版局，2003年所収）

Luhmann, N. (1999a) 'The Paradox of Form', pp. 15-26 in D. Baecker (ed.) *Problems of Form*, trans. Michael Irmscher with Leah Edwards, Stanford, California: Stanford University Press.

Luhmann, N. (1999b) 'Sign as Form', pp. 46-63 in D. Baecker (ed.) *Problems of Form*, trans. Michael Irmscher with Leah Edwards, Stanford, California: Stanford University Press.

Luhmann, N. (2000a) *Art as a Social System*, trans. Eva M. Knodt, Stanford, California: Stanford University Press.

Luhmann, N. (2000b) *Die Politik der Gesellschaft*, ed. André Kieserling, Frankfurt am Main: Suhrkamp.（小松丈晃訳『社会の政治』法政大学出版局，2013年）

Luhmann, N. (2000c) *Die Religion der Gesellschaft*, ed. André Kieserling, Frankfurt am Main: Suhrkamp.

Luhmann, N. (2000d) *Organisation und Entscheidung*, Opladen: Westdeutscher Verlag.

Luhmann, N. (2000e) *The Reality of the Mass Media*, trans. Kathleen Cross, Cambridge: Polity Press.（林香里訳『マスメディアのリアリティ』木鐸社，2005年）

Luhmann, N. (2002a) *Einführung in die Systemtheorie*, ed. Dirk Baecker, Heidelberg: Carl-Auer-Systeme Verlag.（土方透監訳『システム理論入門 ルーマン講義録1』新泉社，2007年）

Luhmann, N. (2002b) *Das Erziehungssystem der Gesellschaft*, ed. Dieter Len-

Westdeutscher Verlag.（「教育メディアとしての子ども」『教育学年報』4, 1995年）

Luhmann, N. (1995d) 'Inklusion und Exklusion', pp. 237-64 in *Soziologische Aufklärung 6. Die Soziologie und der Mensch*, Opladen: Westdeutscher Verlag.（「インクルージョンとエクスクルージョン」村上淳一編訳『ポストヒューマンの人間論』東京大学出版会, 2007年所収）

Luhmann, N. (1995e) 'Kausalität im Süden', *Soziale Systeme* 1(1): 7-28.

Luhmann, N. (1995f) 'The Paradoxy of Observing Systems', *Cultural Critique* 31: 37-55.

Luhmann, N. (1995g) *Social Systems*, trans. John Bednarz, Jr., with Dirk Baecker, Stanford, California: Stanford University Press.（佐藤勉監訳『社会システム理論　上・下』恒星社厚生閣, 1993／95年）

Luhmann, N. (1995h) 'Why Does Society Describe Itself as Postmodern?' , *Cultural Critique* 30 (Spring): 171-86.

Luhmann, N. (1996) *Die neuzeitlichen Wissenschaften und die Phänomenologie*, Vienna: Picus Verlag.（「近代科学と現象学」村上淳一編訳『ポストヒューマンの人間論』東京大学出版会, 2007年所収）

Luhmann, N. (1997a) *Die Gesellschaft der Gesellschaft*, Frankfurt am Main: Suhrkamp.（馬場靖雄・赤堀三郎・菅原謙・高橋徹訳『社会の社会　1・2』法政大学出版局, 2009年）

Luhmann, N. (1997b) 'Limits of Steering', *Theory, Culture & Society* 14(1): 41-57.

Luhmann, N. (1997c) 'Selbstreferentielle Systeme', pp. 69-79 in F. B. Simon (ed.) *Lebende Systeme: Wirklichkeitskonstruktionen in der systemischen Therapie*, Frankfurt am Main: Suhrkamp.

Luhmann, N. (1998a) *Love as Passion: The Codification of Intimacy*, trans. Jeremy Gaines and Doris L. Jones, Stanford, California: Stanford University Press.（佐藤勉・村中知子訳『情熱としての愛』木鐸社, 2005年）

Luhmann, N. (1998b) 'Modernity in Contemporary Society', pp. 1-21 in

Luhmann, N. (1993c) 'Observing Re-entries', *Graduate Faculty Philosophy Journal* 16(2): 485-98.

Luhmann, N. (1993d) *Risk: A Sociological Theory*, trans. Rhodes Barrett, Berlin and New York: Walter de Gruyter.

Luhmann, N. (1994a) 'Die Tücke des Subjekts und die Frage nach den Menschen', pp. 40-56 in P. Fuchs and Göbel, A. (eds) *Der Mensch — das Medium der Gesellschaft?*, Frankfurt am Main: Suhrkamp.（「主体の欺計と，人間とは何かという問い」村上淳一編訳『ポストヒューマンの人間論』東京大学出版会，2007年所収）

Luhmann, N. (1994b) 'The Idea of Unity in a Differentiated Society', paper presented at the XIIIth Sociological World Congress, Bielefeld, Germany (July).

Luhmann, N. (1994c) 'Politicians, Honesty and the Higher Amorality of Politics', *Theory, Culture & Society* 11(2): 25-36.（「政治家の誠実さと政治家の高等な非モラル性」土方昭訳『パラダイム・ロスト』国文社，1992年所収）

Luhmann, N. (1994d) '"What Is the Case?" and "What Lies Behind It?" The Two Sociologies and The Theory of Society', *Sociological Theory* 12 (2): 126-39.（「なにが扱われているのか？　その背後にはなにが隠されているのか？」土方透・松戸行雄共編訳『ルーマン，学問と自身を語る』新泉社，1996年所収）

Luhmann, N. (1995a) *Die Kunst der Gesellschaft*, Frankfurt am Main: Suhrkamp.（馬場靖雄訳『社会の芸術』法政大学出版局，2004年）

Luhmann, N. (1995b) 'Die gesellschaftliche Differenzierung und das Individuum', pp. 125-41 in *Soziologische Aufklärung 6. Die Soziologie und der Mensch*, Opladen: Westdeutscher Verlag.（「社会分化と個人」村上淳一編訳『ポストヒューマンの人間論』東京大学出版会，2007年所収）

Luhmann, N. (1995c) 'Das Kind als Medium der Erziehung', pp. 204-28 in *Soziologische Aufklärung 6. Die Soziologie und der Mensch*, Opladen:

in *Essays on Self-Reference*, New York: Columbia University Press.（「社会学の基礎概念としての意味」佐藤嘉一・山口節郎・藤澤賢一郎訳『批判理論と社会システム理論—ハーバーマス＝ルーマン論争　上』木鐸社, 1984年所収）
Luhmann, N.（1990l）'The Improbability of Communication', pp. 86-98 in *Essays on Self-Reference*, New York: Columbia University Press.（「コミュニケーションの非蓋然性」土方透・大澤善信訳『自己言及性について』国文社, 1996年所収）
Luhmann, N.（1990m）'The World Society as a Social System', pp. 175-90 in *Essays on Self-Reference*, New York: Columbia University Press.（「社会システムとしての世界社会」土方透・大澤善信訳『自己言及性について』国文社, 1996年所収）
Luhmann, N.（1990n）'The Medium of Art', pp. 215-26 in *Essays on Self-Reference*, New York: Columbia University Press.（「芸術のメディア」土方透・大澤善信訳『自己言及性について』国文社, 1996年所収）
Luhmann, N.（1991）'Am Ende der kritischen Soziologie', *Zeitschrift für Soziologie* 20(2): 147-52.
Luhmann, N.（1992a）'Kommunikation mit Zettelkästen: Ein Erfahrungsbericht', pp. 53-61 in *Universität als Milieu. Kleine Schriften*, ed. André Kieserling, Bielefeld: Haux.
Luhmann, N.（1992b）'Operational Closure and Structural Coupling: The Differentiation of the Legal System', *Cardozo Law Review* 13: 1419-41.（「作動上の閉鎖性と構造的カップリング」土方透訳『法の社会学的観察』ミネルヴァ書房, 2000年所収）
Luhmann, N.（1993a）*Das Recht der Gesellschaft*, Frankfurt am Main: Suhrkamp.（馬場靖雄・村上隆広・江口厚仁訳『社会の法　1・2』法政大学出版局, 2003年）
Luhmann, N.（1993b）'Deconstruction as Second-Order Observing', *New Literary History* 24: 763-82.

Evolution of Society', pp. 409-40 in J. C. Alexander and Colomy, P. (eds) *Differentiation Theory and Social Change: Comparative and Historical Perspectives*, New York: Colombia University Press.

Luhmann, N. (1990d) *Political Theory in the Welfare State*, Berlin and New York: De Gruyter. (徳安彰訳『福祉国家における政治理論』勁草書房, 2007年。ただし, 同訳書はLuhmann, N. (1981b) の翻訳で, このLuhmann, N. (1990d) には, それに含まれていない論文 (章) が追加されている。次の (1990e) と (1990f) は同訳書には含まれていない。)

Luhmann, N. (1990e) 'State and Politics: Towards a Semantics of the Self-Description of Political Systems', pp. 117-154 in *Political Theory in the Welfare State*, trans. and introduced by John Bednarz, Jr, Berlin and New York: Walter de Gruyter.

Luhmann, N. (1990f) 'Societal Foundations of Power. Increase and Distribution', pp. 155-165 in *Political Theory in the Welfare State*, trans. and introduced by John Bednarz, Jr, Berlin and New York: Walter de Gruyter.

Luhmann, N. (1990g) 'Risiko und Gefahr', pp. 131-69 in *Soziologische Aufklärung, Vol. 5: Konstruktivistische Perspektiven*, Opladen: Westdeutscher Verlag.

Luhmann, N. (1990h) 'Der medizinische Code', pp. 183-95 in *Soziologische Aufklärung, Vol. 5: Konstruktivistische Perspektiven*, Opladen: Westdeutscher Verlag.

Luhmann, N. (1990i) 'Sozialsystem Familie', pp. 196-217 in *Soziologische Aufklärung, Vol. 5: Konstruktivistische Perspektiven*, Opladen: Westdeutscher Verlag.

Luhmann, N. (1990j) 'Sthenographie', pp. 119-37 in N. Luhmann et al. *Beobachter. Konvergenz der Erkenntnistheorien?*, Munich: Wilhelm Fink Verlag.

Luhmann, N. (1990k) 'Meaning as Sociology's Basic Concept', pp. 21-79

4: Beiträge zur funktionalen Differenzierung der Gesellschaft, Opladen: Westdeutscher Verlag.

Luhmann, N. (1987c) *Rechtssoziologie*, 3rd edn, Opladen: Westdeutscher Verlag.

Luhmann, N. (1988a) 'Die "Macht der Verhältnisse" und die Macht der Politik', pp. 43-51 in H. Schneider (ed.) *Macht und Ohnmacht*, Vienna: St. Pölten.

Luhmann, N. (1988b) *Die Wirtschaft der Gesellschaft*, Frankfurt am Main: Suhrkamp. (春日淳一訳『社会の経済』文眞堂, 1991年)

Luhmann, N.(1988c)*Erkenntnis als Konstruktion*, Berne: Benteli Verlag.(「構成としての認識」土方透・松戸行雄共編訳『ルーマン, 学問と自身を語る』新泉社, 1996年所収)

Luhmann, N. (1988d) 'Frauen, Männer und George Spencer Brown', *Zeitschrift für Soziologie* 17(1): 47-71.

Luhmann, N. (1988e) 'The Third Question: The Creative Use of Paradoxes in Law and Legal History', *Journal of Law and Society* 15(2): 153-65. (馬場靖雄訳「第三の問い」河上倫逸編『社会システム論と法の歴史と現在―ルーマン・シンポジウム』未來社, 1991年所収)

Luhmann, N. (1989a) *Ecological Communication*, trans. and introduced by John Bednarz Jr, Cambridge: Polity Press. (庄司信訳『エコロジーのコミュニケーション』新泉社, 2007年)

Luhmann, N. (1989b) 'Individuum, Individualität, Individualismus', pp. 149-258 in *Gesellschaftsstruktur und Semantik, Vol. 3*, Frankfurt am Main: Suhrkamp. (「個人・個性・個人主義」高橋徹・三谷武司『社会構造とゼマンティク3』法政大学出版局, 2013年)

Luhmann, N. (1990a) *Die Wissenschaft der Gesellschaft*, Frankfurt am Main: Suhrkamp. (徳安彰訳『社会の科学　1・2』法政大学出版局, 2009年)

Luhmann, N. (1990b) 'The Future of Democracy', *Thesis Eleven* 26: 46-53.

Luhmann, N. (1990c) 'The Paradox of System Differentiation and the *ry in Social Science: Essays in Honor of Talcott Parsons, Vol. 2.*, New York: The Free Press.

Luhmann, N. (1979) *Trust and Power: Two works*, with an Introduction by Gianfranco Poggi, Chichester and New York: John Wiley & Sons.

Luhmann, N. (1981a) *Gesellschaftsstruktur und Semantik. Studien zur Wissenssoziologie der modernen Gesellschaft, Vol. 2*, Frankfurt am Main: Suhrkamp.（馬場靖雄・赤堀三郎・毛利康俊訳『社会構造とゼマンティク2』法政大学出版局，2013年）

Luhmann, N. (1981b) *Politische Theorie im Wohlfahrtsstaat,* Munich: Günter Olzog Verlag.（徳安彰訳『福祉国家における政治理論』勁草書房，2007年）

Luhmann, N. (1982a) 'Durkheim on Morality and the Division of Labor', pp. 3-19 in *The Differentiation of Society*, trans. Stephen Holmes and Charles Larmore, New York: Columbia University Press.

Luhmann, N. (1982b) 'The Economy as a Social System', pp. 190-225 in *The Differentiation of Society*, trans. Stephen Holmes and Charles Larmore, New York: Columbia University Press.（「社会システムとしての経済」土方昭監訳『社会システムのメタ理論』新泉社，1984年所収）

Luhmann, N. (1982c) 'The Differentiation of Society', pp. 229-54 in *The Differentiation of Society*, Trans. Stephen Holmes and Charles Larmore, New York: Columbia University Press.

Luhmann, N. (1986) 'Die Lebenswelt — nach Rücksprache mit Phänomenologen', *Archiv für Rechts- und Sozialphilosophie* 76(2): 176-94.（青山治城訳「生活世界」『状況』1998年1・2月合併号）

Luhmann, N. (1987a) *Archimedes und wir. Interviews*, ed. Dirk Baecher and Georg Stanitzek, Berlin: Merve Verlag.（「アルキメデスと私たち」土方透・松戸行雄共編訳『ルーマン，学問と自身を語る』新泉社，1996年所収）

Luhmann, N. (1987b) '"Distinctions directrices". Über Codierung von Semantiken und Systemen', pp. 13-31 in *Soziologische Aufklärung, Vol.*

年所収）

Luhmann, N. (1969) 'Klassische Theorie der Macht: Kritik ihrer Prämissen', *Zeitschrift für Politik* 16: 149-70.

Luhmann, N. (1970) 'Soziologie als Theorie sozialer Systeme', pp. 113-36 in *Soziologische Aufklärung, Vol. 1: Aufsätze zur Theorie sozialer Systeme*, Opladen: Westdeutscher Verlag. (「社会システム理論としての社会学」土方昭監訳『改訂版　法と社会システム』新泉社, 1988年所収）

Luhmann, N. (1971a) 'Sinn als Grundbegriff der Soziologie', pp. 25-100 in J. Habermas and N. Luhmann, *Theorie der Gesellschaft oder Sozialtechnologie. Was leistet die Systemforschung?*, Frankfurt am Main: Suhrkamp. (「社会学の基礎概念としての意味」佐藤嘉一・山口節郎・藤澤賢一郎訳『批判理論と社会システム理論―ハーバーマス＝ルーマン論争　上』木鐸社, 1984年所収）

Luhmann, N. (1971b) 'Systemtheoretische Argumentationen. Eine Entgegnung auf Jürgen Habermas', pp. 291-405 in J. Habermas and Luhmann, N. *Theorie der Gesellschaft oder Sozialtechnologie. Was leistet die Systemforschung?*, Frankfurt am Main: Suhrkamp. (「システム理論の論拠―ユルゲン・ハーバーマスへの回答」佐藤嘉一・山口節郎・藤澤賢一郎訳『批判理論と社会システム理論―ハーバーマス＝ルーマン論争　下』木鐸社, 1987年所収）

Luhmann, N. (1975a) 'Interaktion, Organisation, Gesellschaft: Anwendungen der Systemtheorie', pp. 5-20 in *Soziologische Aufklärung, Vol. 2: Aufsätze zur Theorie der Gesellschaft*, Opladen: Westdeutscher Verlag.

Luhmann, N. (1975b) 'Einfache Sozialsysteme', pp. 21-38 in *Soziologische Aufklärung, Vol. 2: Aufsätze zur Theorie der Gesellschaft*, Opladen: Westdeutscher Verlag. (「単純な社会システム」土方昭監訳『社会システムと時間論』新泉社, 1986年所収）

Luhmann, N. (1976) 'Generalized Media and the Problem of Contingency', pp. 507-32 in J. J. Loubser et al. (eds) *Explorations in General Theo-*

dieu und Luhmann. Ein Theorienvergleich, Frankfurt am Main: Suhrkamp.（森川剛光訳『ブルデューとルーマン―理論比較の試み』新泉社，2006年）

Kneer, G. and Nassehi, A.（1993）*Niklas Luhmanns Theorie sozialer Systeme. Eine Einführung*, Munich: Wilhelm Fink Verlag.（舘野受男・池田貞夫・野﨑和義訳『ルーマン　社会システム理論』新泉社，1995年）

Knodt, E. M.（1995）'Foreword', pp. ix-xxxvi in N. Luhmann *Social Systems*, Stanford, California: Stanford University Press.

Latour, B.（1993）*We Have Never Been Modern*, trans. Catherine Porter, Cambridge, Massachusetts: Harvard University Press.（川村久美子訳『虚構の「近代」―科学人類学は警告する』新評論，2008年）

Latour, B.（2004）*Politics of Nature: How to Bring the Sciences into Democracy*, trans. Catherine Porter, Cambridge, Massachusetts: Harvard University Press.

Latour, B.（2005）*Reassembling the Social: An Introduction to Actor-Network-Theory*, Oxford: Oxford University Press.

Lemke, T.（1997）*Eine Kritik der politischen Vernunft. Foucaults Analyse der modernen Gouvernementalität*, Hamburg und Berlin: Argument.

Luhmann, N.（1962）'Funktion und Kausalität', *Kölner Zeitschrift für Soziologie und Sozialpsychologie* 14: 617-44.（「機能と因果性」土方昭監訳『社会システムのメタ理論』新泉社，1984年所収）

Luhmann, N.（1964）'Funktionale Methode und Systemtheorie', *Soziale Welt* 15: 1-25.（「機能的方法とシステム理論」土方昭監訳『改訂版　法と社会システム』新泉社，1988年所収）

Luhmann, N.（1967a）'Soziologie als Theorie sozialer Systeme', *Kölner Zeitschrift für Soziologie und Sozialpsychologie* 19: 615-44.（「社会システム理論としての社会学」土方昭監訳『改訂版　法と社会システム』新泉社，1988年所収）

Luhmann, N.（1967b）'Soziologische Aufklärung', *Soziale Welt* 18: 97-123.（「社会学的啓蒙」土方昭監訳『改訂版　法と社会システム』新泉社，1988

the Rationalization of Society, trans. Thomas McCarthy, Boston, Massachusetts: Beacon Press.（河上倫逸・藤澤賢一郎・丸山高司他訳『コミュニケイション的行為の理論　上・中・下』未來社，1985／86／87年）

Habermas, J. (1987) '*Excursus on Luhmann's Appropriation of the Philosophy of the Subject through Systems Theory*', pp. 368-85 in *The Philosophical Discourse of Modernity: Twelve Lectures*, trans. Frederick Lawrence, Cambridge: Polity Press.（「ルーマンのシステム論における主観哲学の横領」三島憲一・轡田収・木前利秋・大貫敦子訳『近代の哲学的ディスクルス　II』岩波書店，1990年所収）

Højlund, H. (2009) 'Hybrid inclusion: the new consumerism of Danish welfare services', *Journal of European Social Policy* 19(5): 421-31.

Horster, D. (1997) *Niklas Luhmann,* Munich: Verlag C. H. Beck.

Jokisch, R. (1996) *Logik der Distinktionen: Zur Protologik einer Theorie der Gesellschaft,* Opladen: Westdeutscher Verlag.

Kauffman, L. (1987) 'Self-reference and recursive forms', *Journal of Social and Biological Structures* 10(1): 53-72.

Kieserling, A. (1999) *Kommunikation unter Anwesenden: Studien über Interaktionssysteme*, Frankfurt am Main: Suhrkamp.

Kieserling, A. (2008) 'Editorische Notiz', pp. 93-5 in N. Luhmann *Liebe: Eine Übung*, Frankfurt am Main: Suhrkamp.

King, M. and Thornhill, C. (2003) *Niklas Luhmann's Theory of Politics and Law*, Houndmills, Basingstoke: Palgrave Macmillan.

Klagenfurt, K. (1995) *Technologische Zivilisation und transklassische Logik. Eine Einführung in die Technikphilosophie Gotthard Günthers*, Frankfurt am Main: Suhrkamp.

Kluge, A. (2009) *Das Labyrinth der zärtlichen Kraft. 166 Liebesgeschichten*, Frankfurt am Main: Suhrkamp.

Kneer, G. (2004) 'Differenzierung bei Luhmann und Bourdieu. Ein Theorienvergleich', pp. 25-56 in A. Nassehi and Nollmann, G. (eds) *Bour-*

view with Michel Foucault', pp. 111-19 in *Ethics: Subjectivity and Truth. The Essential Works of Michel Foucault 1954-1984, Vol. 1*, ed. Paul Rabinow, New York: The Free Press.

Foucault, M. (2003) *"Society Must Be Defended": Lectures at the Collegè de France, 1975-1976*, New York: Picador.

Girard, R. (1977) *Violence and the Sacred*, trans. Patrick Gregory, Baltimore, Maryland and London: The Johns Hopkins University Press. (古田幸男訳『暴力と聖なるもの』法政大学出版局, 1982年)

Göbel, M. and Schmidt, J. (1998) 'Inklusion/Exklusion: Karriere, Probleme und Differenzierungen eines systemtheoretischen Begriffspaar', *Soziale Systeme* 4(1): 87-117.

Goffman, E. (1963) *Stigma: Notes on the Management of Spoiled Identity*, Englewood Cliffs, New Jersey: Prentice-Hall. (石黒毅訳『スティグマの社会学―烙印を押されたアイデンティティ』せりか書房, 2001年)

Goffman, E. (1974) *Frame Analysis: An Essay on the Organization of Experience*, New York: Harper & Row.

Granovetter, M. (1985) 'Economic Action and Social Structure: The Problem of Embeddedness', *American Journal of Sociology* 91(3): 481-510.

Günther, G. (1979) 'Life as Poly-Contexturality', pp. 283-306 in *Beiträge zur Grundlegung einer operationsfähigen Dialektik, Vol. 2*, Hamburg: Felix Meiner Verlag.

Habermas, J. (1971) 'Theorie der Gesellschaft order Sozialtechnologie? Eine Auseinandersetzung mit Niklas Luhmann', pp. 142-290 in J. Habermas and Luhmann, N. *Theorie der Gesellschaft oder Sozialtechnologie. Was leistet die Systemforschung?*, Frankfurt am Main: Suhrkamp. (「社会理論か社会テクノロジーか」佐藤嘉一・山口節郎・藤澤賢一郎訳『批判理論と社会システム理論―ハーバーマス＝ルーマン論争　下』木鐸社, 1987年所収)

Habermas, J. (1984) *The Theory of Communicative Action, Vol. 1: Reason and*

Social, Durham, North Carolina and London: Duke University Press.

de Berg, H. and Schmidt, J. (2000) *Rezeption und Reflexion: Zur Resonanz der Systemtheorie Niklas Luhmanns außerhalb der Soziologie*, Frankfurt am Main: Suhrkamp.

Durkheim, E. (1964) *The Division of Labor In Society*, trans. George Simpson, New York: The Free Press of Glencoe.（井伊玄太郎訳『社会分業論 上・下』講談社学術文庫，1989年）

Esposito, E. (1991) 'Paradoxien als Unterscheidungen von Unterscheidungen', pp. 35-57 in H. U. Gumbrecht and Pfeiffer, K. L. (eds) *Paradoxien, Dissonanzen, Zusammenbrüche: Situationen offener Epistemologie*, Frankfurt am Main: Suhrkamp.

Esposito, E. (1993) 'Ein zweiwertiger nicht-selbständiger Kalkül', pp. 96-111 in D. Baecker (ed.) *Kalkül der Form*, Frankfurt am Main: Suhrkamp.

Filippov, A. (2000) 'Wo befinden sich Systeme? Ein blinder Fleck der Systemtheorie', pp. 381-410 in P. -U. Merz-Benz and Wagner, G. (eds) *Die Logik der Systeme. Zur Kritik der systemtheoretischen Soziologie Niklas Luhmanns*, Constance: UVK.

Foucault, M. (1977) *Discipline and Punish: The Birth of the Prison*, London: Penguin.（田村俶訳『監獄の誕生―監視と処罰』新潮社，1977年）

Foucault, M. (1982) 'The Subject and Power', pp. 208-26 in H. L. Dreyfus and Rabinow, P. *Michel Foucault: Beyond Structuralism and Hermeneutics*, Chicago, Illinois: University of Chicago Press.（井上克人・高田珠樹・山田徹郎他訳『ミシェル・フーコー――構造主義と解釈学を超えて』筑摩書房，1996年）

Foucault, M. (1990) *The History of Sexuality, Vol. 1: An Introduction*, trans. Robert Hurley, New York: Vintage Books.（渡辺守章訳『知への意思（性の歴史Ⅰ）』新潮社，1986年）

Foucault, M. (1997) 'Polemics, Politics, and Problematizations: An Inter-

1997年)

Beck, U. (1995) *Ecological Politics in an Age of Risk*, trans. Amos Weisz, Cambridge: Polity Press.

Beckert, J. (2002) *Beyond the Market: The Social Foundations of Economic Efficiency*, trans. Barbara Harshav, Princeton, New Jersey and Oxford: Princeton University Press.

Berger, P. L. and Luckmann, T. (1966) *The Social Construction of Reality: A Treatise in the Sociology of Knowledge*, London: Penguin Books. (山口節郎訳『現実の社会的構成―知識社会学論考』新曜社, 2003年)

Bette, K. -H. (1999) *Systemtheorie und Sport*, Frankfurt am Main: Suhrkamp.

Borch, C. (2000) 'Former, der kommer i form-om Luhmann og Spencer-Brown', *Distinktion* 1: 105-22.

Borch, C. (2005a) *Kriminalitet og magt. Kriminalitetsopfattelser i det 20. århundrede*, Copenhagen: Forlaget politisk revy.

Borch, C. (2005b) 'Systemic Power: Luhmann, Foucault, and Analytics of Power', *Acta Sociologica* 48(2): 155-67.

Borch, C. (2005c) 'Urban Imitations: Tarde's Sociology Revisited', *Theory, Culture & Society* 22(3): 81-100.

Borch, C. (2008) 'Foam architecture: managing co-isolated associations', *Economy and Society* 37(4): 548-71.

Bourdieu, P. (1986) 'The Forms of Capital', pp. 241-258 in J. G. Richardson (ed.) *Handbook of Theory and Research for the Sociology of Education*, New York: Greenwood Press.

Castells, M. (1996) *The Rise of the Network Society*, Oxford: Blackwell.

Ciompi, L. (2004) 'Ein blinder Fleck bei Niklas Luhmann? Soziale Wirkungen von Emotionen aus Sicht der fraktalen Affektlogik', *Soziale Systeme* 10(1): 21-49.

Clough, P. T. and Halley, J. (eds) (2007) *The Affective Turn: Theorizing the*

Baecker, D. (1994) 'Soziale Hilfe als Funktionssystem der Gesellschaft', *Zeitschrift für Soziologie* 23(2): 91-110.

Baecker, D. (1999a) 'Introduction', pp. 1-14 in D. Baecker (ed.) *Problems of Form*, trans. Michael Irmscher, with Leah Edwards, Stanford, California: Stanford University Press.

Baecker, D. (1999b) 'When etwas der Fall ist, steckt auch etwas dahinter', pp. 35-48 in R. Stichweh (ed.) *Niklas Luhmann: Wirkungen eines Theoretikers: Gedenkcolloquium der Universität Bielefeld am 8. Dezember 1998*, Bielefeld: Transcript.

Bakken, T. and Hernes, T. (eds) (2003) *Autopoietic Organization Theory: Drawing on Niklas Luhmann's Social Systems Perspective*. Olso: Abstrakt.

Balke, F. (2002) 'Tristes Tropiques: Systems Theory and the Literary Scene', *Soziale Systeme* 8(1): 27-37.

Bateson, G. (2000) *Steps to an Ecology of Mind*, Chicago, Illinois and London: University of Chicago Press.

Bauman, Z. (1997) *Postmodernity and its Discontents*, Cambridge: Polity Press.

Bauman, Z. (2002) *Society under Siege*, Cambridge: Polity Press.

Bauman, Z. (2004) *Wasted Lives: Modernity and its Outcasts*, Cambridge: Polity Press. (中島道男訳『廃棄された生―モダニティとその追放者』昭和堂, 2007年)

Beck, U. (1992) *Risk Society: Towards a New Modernity*, trans. Mark Ritter, London: Sage. (東廉・伊藤美登里訳『危険社会―新しい近代への道』法政大学出版局, 1998年)

Beck, U. (1994) 'The Reinvention of Politics: Towards a Theory of Reflexive Modernization', pp. 1-55 in U. Beck, Giddens, A. and Lash, S. (eds) *Reflexive Modernization: Politics, Tradition and Aesthetics in the Modern Social Order*, Cambridge: Polity Press. (松尾精文・叶堂隆三・小幡正敏訳『再帰的近代化―近現代における政治, 伝統, 美的原理』而立書房,

参考文献

Agamben, G. (1998) *Homo Sacer: Sovereign Power and Bare Life*, trans. Daniel Heller-Roazen, Stanford, California: Stanford University Press. (高桑和巳訳『ホモ・サケル—主権権力と剝き出しの生』以文社, 2007年)

Alexander, J. C. and Colomy, P. (1990) *Differentiation Theory and Social Change: Comparative and Historical Perspectives*, New York: Columbia University Press.

Andersen, N. Å. (2003) *Discursive analytical strategies: Understanding Foucault, Koselleck, Laclau, Luhmann*, Bristol: The Policy Press.

Andersen, N. Å. (2008) *Partnerships: Machines of Possibility*, Bristol: The Policy Press.

Andersen, N. Å. (2009) *Power at play: The relationships between play, work and governance*, Basingstoke: Palgrave Macmillan.

Anz, T. (2009) 'Niklas Luhmanns rätselhaftes Gastspiel im Zentrum Kritischer Theorie: Über eine abgebrochene Spurensuche — mit einer Nachbemerkung zu Jürgen Habermas' Stil wissenschaftlicher Kommunikation', *literaturkritik. de* 6 (June) www.literaturkritik.de/public/rezension.php?rez_id=13166 (consulted May 2010).

Arnoldi, J. (2009) *Risk: An Introduction*, Cambridge: Polity Press.

Baecker, D. (1991) *Womit handeln Banken? Eine Untersuchung zur Risikoverarbeitung in der Wirtschaft, with an Introduction by Niklas Luhmann*, Frankfurt am Main: Suhrkamp.

Baecker, D. (1993) 'Im Tunnel', pp. 12-37 in D. Baecker (ed.) *Kalkül der Form*, Frankfurt am Main: Suhrkamp.

ヴァレラ，フランシスコ（Varela, Francisco） 62-63
ヴィシャス，シド（Vicious, Sid） 107
フォン・フェルスター，ハインツ（Von Foerster, Heinz） 133
フォン・グラザースフェルト，エルンスト（Von Glasersfeld, Ernst） 133
ヴェーバー，マックス（Weber, Max） 15, 75-76, 103, 147, 177, 184, 193, 195, 311 の注 15

人名索引（アルファベット順）

本文でも原注でも文献表示のためだけに登場し，
したがって日本語表記をしていない人名は，アルファベット表記のままにした。

マ・ヤ・ラ

ナ・ハ

タ

サ

事項索引（アイウエオ順）

／によって複数の訳語が列挙してあるのは，同一の原語（単語）の訳を
文脈に応じて変えていることを意味する。

ア

カ

著者

クリスティアン・ボルフ◎Christian Borch

一九七三年生まれ
デンマークのコペンハーゲン・ビジネス・スクール経営・政治・哲学学部教授
専門分野／社会学的システム理論、群衆、経済社会学、建築、政治
著書／『群衆の政治——社会学のもう一つの歴史』（ケンブリッジ大学出版、二〇一二年、未邦訳）、『建物が醸し出すムード——建築に関する経験と政治』（ビルクホイザー、二〇一四年、未邦訳）ほか

訳者

庄司 信◎しょうじ・まこと

一九五八年、山形県生まれ
一橋大学大学院社会学研究科博士課程中退
ノースアジア大学准教授を経て、現在、日本赤十字秋田看護大学非常勤講師ほか
専門分野／社会学理論、社会哲学
訳書／ニクラス・ルーマン『エコロジーのコミュニケーション』新泉社、〔共訳〕『ニクラス・ルーマン講義録1 システム理論入門』『ニクラス・ルーマン講義録2 社会理論入門』新泉社、E・J・ホブズボーム『ナショナリズムの歴史と現在』大月書店ほか

ニクラス・ルーマン入門
社会システム理論とは何か

2014年5月1日　第1版第1刷発行

著　者　クリスティアン・ボルフ
訳　者　庄司 信
発行所　新泉社
東京都文京区本郷 2-5-12
tel 03-3815-1662　fax 03-3815-1422
印刷・製本　萩原印刷株式会社

ISBN978-4-7877-1406-0 C1036

ブックデザイン——堀渕伸治◎tee graphics
本文組版————tee graphics

◎ルーマンの著作

エコロジーのコミュニケーション　現代社会はエコロジーの危機に対応できるか？

ニクラス・ルーマン著／庄司 信訳　三〇〇〇円＋税

システム理論入門　ニクラス・ルーマン講義録〔1〕

ニクラス・ルーマン著／ディルク・ベッカー編／土方 透監訳　四二〇〇円＋税

社会理論入門　ニクラス・ルーマン講義録〔2〕

ニクラス・ルーマン著／ディルク・ベッカー編／土方 透監訳　四二〇〇円＋税

プロテスト　システム理論と社会運動

ニクラス・ルーマン著／カイ－ウーヴェ・ヘルマン編／徳安 彰訳　二八〇〇円＋税

公式組織の機能とその派生的問題　上・下巻

ニクラス・ルーマン著／〔上〕沢谷豊、関口光春、長谷川幸一訳、〔下〕沢谷豊、長谷川幸一／訳

〔上〕三〇〇〇円＋税、〔下〕四二〇〇円

◎ルーマン関連図書

ルーマン　社会システム理論
ゲオルク・クニール、アルミン・ナセヒ著／舘野受男、池田貞夫、野﨑和義訳　二五〇〇円＋税

デリダ、ルーマン後の正義論　正義は〈不〉可能か
グンター・トイプナー編著／土方透監訳　三八〇〇円＋税

リスク　制御のパラドクス
土方 透、アルミン・ナセヒ編著　三五〇〇円＋税

宗教システム／政治システム　正統性のパラドクス
土方 透編著　三二〇〇円＋税

ブルデューとルーマン　理論比較の試み
アルミン・ナセヒ、ゲルト・ノルマン編／森川剛光訳　三五〇〇円＋税

ルーマン・システム理論　何が問題なのか　システム理性批判
ギュンター・シュルテ著／青山治城訳　四二〇〇円＋税